TÜBINGER RECHTSWISSENSCHAFTLICHE ABHANDLUNGEN

Herausgegeben von
Mitgliedern der Juristischen Fakultät
der Universität Tübingen

Band 73

AF752267

Wege zu einem europäischen Zivilprozeßrecht

Tübinger Symposium zum 80. Geburtstag von Fritz Baur

in Zusammenarbeit mit der
Juristischen Fakultät der Universität Tübingen
herausgegeben von

Wolfgang Grunsky, Rolf Stürner,
Gerhard Walter, Manfred Wolf

J.C.B. Mohr (Paul Siebeck) Tübingen

Die Vereinigung der Freunde der Universität Tübingen e.V. (Universitätsbund), die Zahnradfabrik Friedrichshafen AG, die Daimler-Benz AG, die Robert Bosch GmbH und die Südwestdeutsche Landesbank haben die Veranstaltung des Symposiums und die Drucklegung dieses Bandes durch Spenden gefördert. Dafür sei ihnen an dieser Stelle herzlich gedankt.

Die Deutsche Bibliothek – CIP-Einheitsaufnahme

Wege zu einem europäischen Zivilprozeßrecht:
Tübinger Symposium zum 80. Geburtstag von Fritz Baur / in Zusammenarb. mit der Juristischen Fakultät der Universität Tübingen hrsg. von Wolfgang Grunsky ... – Tübingen : Mohr, 1992
(Tübinger rechtswissenschaftliche Abhandlungen ; Bd. 73)
ISBN 3-16-145966-0
NE: Grunsky, Wolfgang [Hrsg.]; Baur, Fritz: Festschrift; GT

© 1992 J.C.B. Mohr (Paul Siebeck), Tübingen

Das Werk einschließlich aller seiner Teile ist urheberrechtlich geschützt. Jede Verwertung außerhalb der engen Grenzen des Urheberrechtsgesetzes ist ohne Zustimmung des Verlags unzulässig und strafbar. Das gilt insbesondere für Vervielfältigungen, Übersetzungen, Mikroverfilmungen und die Einspeicherung und Verarbeitung in elektronischen Systemen.

Das Buch wurde von Computersatz Staiger in Pfäffingen aus der Bembo-Antiqua gesetzt, von Gulde-Druck in Tübingen auf säurefreies Werkdruckpapier der Papierfabrik Niefern gedruckt und von der Großbuchbinderei Heinr. Koch in Tübingen gebunden.

ISSN 0082-6731

Vorwort

Fritz Baur hat am 6. Juli 1991 seinen achtzigsten Geburtstag gefeiert. Am 12. Juli 1991 hat aus diesem Anlaß im Auditorium Maximum der Tübinger Universität ein wissenschaftliches Symposium stattgefunden, zu dem die Tübinger Juristische Fakultät und die Schüler Fritz Baurs eingeladen hatten. Der Band enthält die Vorträge dieser Veranstaltung, die auf Wunsch Fritz Baurs dem Thema „Wege zu einem europäischen Zivilprozeßrecht“ gewidmet war. Die Reihenfolge der Vorträge ist im Band beibehalten. Die gedruckte Fassung der Vorträge ist teilweise um einige Bemerkungen ergänzt und mit Nachweisen versehen worden; der Beitrag von Rolf A. Schütze ist noch hinzugekommen. Es steht zu hoffen, daß der Band die Diskussion um ein europäisches Zivilprozeßrecht fördern wird. Darin läge für Fritz Baur als einem der engagierten Europäer unter den bekannten Prozessualisten der Nachkriegszeit der eigentliche Sinn dieser akademischen Ehrung.

Fritz Baur hat das Erscheinen dieses Bandes nicht mehr erleben dürfen. Er ist am 2. Mai 1992 in seinem Tübinger Heim verstorben. So ist diese Sammlung prozessualer Beiträge nachträglich dem Gedächtnis eines Gelehrten mit großer wissenschaftlicher und menschlicher Ausstrahlung gewidmet.

Im Mai 1992 Die Herausgeber

Inhaltsverzeichnis

Das Europäische Zivilprozeßrecht – Einheit oder Vielfalt?

von

Rolf Stürner

Konstanz

I. Die Bedeutung des Themas

Die deutsche Prozeßwissenschaft hat lange Tradition. Manchmal hat sie in ihrer Geschichte auch dem Gesetzgeber und politischen Neuerungen zu trotzen versucht und ihr Eigenleben betont. Exemplarisch dafür steht das Vorwort *Wetzells* zu seinem berühmten Lehrbuch des gemeinen Prozesses, das 1878 in Neuauflage erschien und damit ein Jahr vor dem Inkrafttreten der Reichszivilprozeßordnung[1], die das Werk in die Rechtsgeschichte verbannte: *Wetzell* übergeht diesen kleinen Schönheitsfehler mit der lapidaren Bemerkung, der Zeitpunkt, zu dem das Buch erscheine, sei kein günstiger – was ihn dann aber nicht daran hinderte, ein mehrere hundert Seiten langes Opus magnum der wissenschaftlichen Öffentlichkeit zu übergeben. Wenn man manche Diskussionen der deutschen Prozessualistik verfolgt, die liebevoll Themen herkömmlicher Dogmatik pflegen, fühlt man sich angesichts der heraufdämmernden europäischen Rechtseinheit an *Wetzell* erinnert oder an Bemühungen um einen bayerischen oder württembergischen Prozeß, die noch 1868 oder 1869 den kommenden deutschen Prozeß nicht so recht zur Kenntnis nehmen wollten[2]. Was bringt Europa dem Prozeß und der Prozessualistik – die Einheit eines neuen Prozesses oder eine verknüpfte Vielfalt, die den Nationen und ihrer Praxis und Wissenschaft ihr Eigenleben läßt? Als *Fritz Baur*, den dieses Symposium ehren soll, seinen Wunsch zum Thema

---

[1] *Wetzell*, System des ordentlichen Prozesses, 3. Aufl. 1878, S. V.

[2] Bayerische Prozeßordnung 1869; Württembergische Prozeßordnung 1868.

äußerte, entschied er sich für die Zukunft statt für die Vergangenheit – eine beherzigenswerte Offenheit für das Neue, welche die jüngere Generation verpflichtet. Es ist in der Tat reizvoller und auf die Dauer auch wichtiger, darüber nachzudenken, wie der künftige Zivilprozeß aussehen und welche Rolle dabei die deutsche Prozeßtradition spielen wird, als bekannte Figuren prozessualer Dogmatik um neue gedankenreiche Facetten zu bereichern.

II. Die fünf Grundmodelle

Im Grunde genommen lassen sich fünf Grundmodelle europäischer Prozeßentwicklung denken und anstreben, wie sie rechtshistorischer Erfahrung entsprechen und sich dabei allerdings nicht immer in Reinkultur verwirklichen, sondern auch Mischformen bilden.

1. Einheitslösung

Eine Einheitslösung könnte darin bestehen, daß bei allen Gerichten zivilrechtlicher Zuständigkeit die gleiche Prozeßordnung gilt, u.U. angepaßt an lokale oder nationale Besonderheiten. Diese Lösung wählte das Deutsche Reich 1879[3], Italien 1865[4] und – für einen Vielvölkerstaat schon überraschender – Österreich, beginnend mit der öAGO 1781 und endend mit der öZPO von 1895[5].

2. Nationale Vielfalt

Das zweite, gegensätzliche Lösungsmodell würde es bei der nationalen Vielfalt der Prozeßordnungen belassen und die Entwicklung dem freien Markt überlassen, der dann durch innereuropäische Rechtsvergleichung eine wettbewerbsorientierte, beschränkte und allmähliche Harmonisierung bewirken könnte. Die notwendige Vernetzung leisten bei diesem Modell ein gemeinsames internationales Prozeßrecht und Rechtshilfere-

---

[3] Zur Vorgeschichte zusammenfassend *Rosenberg/Schwab,* Zivilprozeßrecht, 14. Aufl. 1986, § 4 V u. § 5.

[4] Hierzu *van Caenegem,* History of European Civil Procedure, International Encyclopedia of Comparative Law, Vol. XVI, Ch. 2., 1973, S. 94/95.

[5] Aufschlußreich *Jelinek,* Einflüsse des österreichischen Zivilprozeßrechts auf andere Rechtsordnungen, in: Habscheid (Hrsg.), Das deutsche Zivilprozeßrecht und seine Ausstrahlung auf andere Rechtsordnungen, 1991, S. 41 ff. (sub III).

geln, deren Anwendung ein gemeinsames oberstes Gericht kontrolliert. Dieses Muster entspricht in mancherlei Hinsicht der Schweizerischen Entwicklung mit ihren kantonalen Prozeßordnungen[6] und dem groben Gang der US-amerikanischen Prozeßgeschichte, die trotz der Vielfalt des state law durch den großen Einfluß des sogenannten Field-Code des Staates New York doch Tendenzen zu einer ähnlichen Grundkonzeption zeigt[7]. In beiden Fällen hat das Prozeßrecht allerdings weithin gemeinsame historische Wurzeln. Auch andere größere Flächenstaaten verwirklichen dieses Modell, wie z. B. Brasilien zwischen 1891 und 1939[8] oder – allerdings unter den Vorzeichen der Herrschaft einer Einheitspartei –, die frühere UdSSR[9]. Frankreich ließ die deutsche ZPO in modifizierter Form in Elsaß-Lothringen als droit local fortgelten[10].

3. *Zweispurigkeit*

Das dritte Grundmodell fährt zweispurig: neben dem Prozeß der Einzelstaaten stünde als zweite Säule der Prozeß nach einer gesamteuropäischen Prozeßordnung vor einer besonders organisierten Gerichtsbarkeit, die für die Beurteilung gesamteuropäischen Rechts zuständig wäre. Die zweispurige Gerichtsbarkeit mit ihrer Konkurrenz zwischen Einzelstaats- und Bundesprozeß findet sich von Anfang an in den Vereinigten Staaten[11] und – als Ergebnis einer längeren historischen Entwicklung – auch in der Schweiz[12]. Dabei ist wesentlich, daß der Bundesprozeß nicht nur dazu dient, in letzter Instanz die Rechtseinheit zu wahren, sondern daß dem Bürger schon in erster Instanz der Weg zur Bundesgerichtsbarkeit offensteht, soweit Bundesrecht betroffen ist. Für die U.S.A. besteht ein bundesgerichtlicher Instanzenzug, für die Schweiz – weniger bekannt – neben der letztinstanzlichen eine erstinstanzliche bundesgerichtliche Zuständigkeit, die die Bürger statt des Kantonsgerichts einverständlich wählen können. Bei der allein entwicklungsbedingten Rechtsharmonisie-

---

6 Hierzu *Guldener,* Über die Herkunft des Schweizerischen Zivilprozeßrechts, 1966.

7 Ausführlich *Junker,* ZZP 101 (1988), 241 ff.

8 Vgl. *Barbosa Moreira,* Der Einfluß des deutschen Zivilprozeßrechts in Portugal und Brasilien, in: Habscheid, aaO. (Fn. 5), S. 387 ff., 389 f.

9 Bekannt ist allerdings in Europa eigentlich nur der russische Prozeß; hierzu *Roggemann,* Die Zivilprozeßordnung der RSFSR, 1965.

10 Dazu *Rouhette,* L'influence en France de la science allemande du procès civil et du code de procédure civile allemande, in: Habscheid, aaO. (Fn. 5), S. 159 ff., 164 ff.

11 Dazu *Schack,* Einführung in das U.S.-amerikanische Zivilprozeßrecht, 1987, S. 2 ff.

12 *Walder-Bohner,* Zivilprozeßrecht, 3. Aufl. 1983, S. 23 ff.; *Habscheid,* Schweizerisches Zivilprozeß- und Gerichtsorganisationsrecht, 2. Aufl. 1991, S. 19 ff.

rung tritt die Bundesprozeßordnung auf dem Markt prozessualer Gestaltungsmöglichkeiten als Konkurrent der Prozeßordnungen der Einzelstaaten auf[13].

4. *Gemeinsamer rechtlicher Rahmen*

Das vierte Regelungsmuster gibt dem Bund bzw. der Gemeinschaft die Kompetenz zur Schaffung eines rechtlichen Rahmens, welchen dann die einzelnen Länder ausfüllen. Es ist erstaunlich, daß sich dieses Modell im Prozeßrecht in größerem Stile gar nicht, sondern allenfalls punktuell verwirklicht hat. Ein Beispiel für die punktuelle Realisierung ist § 47 VwGO mit seiner Ermächtigung an die Länder, Satzungskontrollverfahren zu schaffen[14]. Wo eine Gesamtverfassung mit prozessualen Grundrechten besteht, bildet sich allerdings nicht selten die Tendenz zu einem richterlichen Rahmenrecht auf verfassungsrechtlicher Ebene, an dem sich das Recht der Einzelstaaten – z. B. in den U.S.A. oder der Schweiz[15] – messen lassen muß. Dabei handelt es sich aber letztlich um ein anderes, allenfalls ähnliches Phänomen, wie es in Europa auf der Basis prozessualer Menschenrechte und ihrer Pflege durch den EGMR mehr und mehr ebenfalls bestimmtere Konturen annimmt.

5. *Modellgesetzentwürfe*

Eine letzte und fünfte Harmonisierungsvariante bietet das Modellgesetz. Es wird ohne Bindungswirkung von nichtlegislatorischen Gremien erarbeitet und verdankt seine prägende Kraft als Regelungsmuster der politischen Autorität des Gremiums oder seiner sachlichen Autorität, die den nationalen Gesetzgeber zur Übernahme veranlaßt. Im Verfahrensrecht sind hier als Vorbilder bundesstaatlicher Rechtsvereinheitlichung zu nennen der Uniform Foreign Country Money Judgements Recognition Act 1986 in den U.S.A.[16], das Schweizerische Konkordat über die Schiedsgerichtsbarkeit[17], die Regelung des Gegendarstellungs-

---

[13] Für die U.S.A. deutlich *Junker,* ZZP 101 (1988), 241 ff., 258 ff.; für die Schweiz *Walder-Bohner,* SJZ 1982, 105 ff., 110 f.

[14] Z. B. § 5 AGVwGO BW.

[15] Für die Schweiz *G. Walter,* ZZP 102 (1989), 141 ff., 164 f.; *Habscheid,* Zivilprozeßrecht, Rdnr. 50.

[16] Hierzu *Weinschenk,* Die Anerkennung und Vollstreckung bundesdeutscher Urteile in den Vereinigten Staaten unter dem Foreign Country Money Judgements Recognition Act, 1988; *Ebke,* ZZP 102 (1989), 491 ff.

[17] *Habscheid,* Schweizerisches Zivilprozeßrecht, S. 27, 511 ff.

prozesses im Musterentwurf eines Pressegesetzes[18] oder der Entwurf eines Verwaltungsverfahrensgesetzes in der Bundesrepublik[19]. Wichtige Modellgesetze zur supranationalen Rechtsvereinheitlichung sind der Modellentwurf einer ibero-amerikanischen ZPO 1988[20] und das Unicitral-Modellgesetz über die internationale Handelsschiedsgerichtsbarkeit von 1985[21].

III. Der Stand prozessualer Rechtsvereinheitlichung in der EG

1. Verknüpfte nationale Vielfalt

Die Harmonisierung des Zivilprozeßrechts und des Vollstreckungsrechts folgt bisher innerhalb der EG ganz ohne Zweifel dem Modell nationaler Vielfalt mit einem gemeinsamen internationalen Prozeß- und Vollstreckungsrecht. Dieses Modell gibt Art. 220 EWGV als Mindeststandard vor, wenn er völkerrechtliche Vereinbarungen[22] zwischen den Mitgliedsstaaten zur Vereinfachung der gegenseitigen Anerkennung und Vollstreckung von Entscheidungen verlangt. Das europäische Gerichtsstands- und Vollstreckungsübereinkommen schafft völkervertraglich gemeinsame internationale Zuständigkeiten und ein vereinfachtes Vollstreckbarerklärungsverfahren, der EuGH wacht auf Vorlage nationaler Gerichte über die einheitliche Auslegung und Anwendung[23]. Ein entsprechender Vertrag über Insolvenzanerkennung ist allerdings bisher im Entwurfsstadium hängen geblieben[24]. Bemerkenswert ist, daß es für Zustellungen über die Grenze und für Beweishilfe über die Grenze ein gemeinsames internationales Prozeßrecht der EG-Staaten ebensowenig gibt wie für die Einholung von Rechtsauskünften. Hier helfen bisher

---

[18] §§ 10 und 11 der LandespresseG der alten Bundesländer übernehmen modifiziert den Musterentwurf der Innenminister.

[19] Zur Genese *Maurer,* Allgemeines Verwaltungsrecht, 7. Auflage 1990, § 5.

[20] Hierzu *Prütting,* FS Baumgärtel, 1990, S. 459.

[21] Vgl. *Schwab/Walter,* Schiedsgerichtsbarkeit, 4. Aufl. 1990, Kap. 41 Rdnr. 7; Text S. 517 ff.

[22] Zur „völkerrechtlichen EG-Rechtsvereinheitlichung" allgemein *Oppermann,* Europarecht, 1991, § 17 IV 1, Rdnr. 1120 ff.

[23] Neuester Stand bei *Kropholler,* Europäisches Zivilprozeßrecht, 3. Aufl. 1991; zum Vollstreckbarerklärungsverfahren insbesondere *Baur/Stürner,* Zwangsvollstreckungs-, Konkurs- und Vergleichsrecht, 11. Aufl. 1983, Rdnr. 45–54; *Schack,* Internationales Zivilverfahrensrecht, Rdnr. 947 ff.

[24] Hierzu *Baur/Stürner,* Zwangsvollstreckungs-, Konkurs- und Vergleichsrecht, Bd. II, Insolvenzrecht, 12. Aufl. 1990, § 38, Rdnr. 38.3. ff.; Insolvenzrecht (UTB), 3. Aufl. 1991, § 38.

völkerrechtliche Verträge, die – wie die Haager Zustellungs- und Beweisübereinkommen[25] – praktisch weltweit gelten oder doch – wie das Europäische Rechtsauskunftsübereinkommen 1968[26] – europaweit über die EG hinaus; dies hat – verglichen mit dem EuGVÜ – eine gewisse Inhomogenität der Regelung zur Folge und das Fehlen oder die Beschränkung der Vereinheitlichungsfunktion des EuGH[27]. Teilweise existieren auch noch bilaterale Rechtshilfeverträge zwischen EG-Staaten[28].

2. *Ansätze zu weitergehenden Entwicklungen*

Mag auch der Schwerpunkt bisheriger Entwicklung beim Modell verknüpfter nationaler Vielfalt liegen, es gibt zahlreiche embryonale Ansätze für eine veränderte Zukunft. Dies gilt zwar durchaus nicht für ein künftiges Einheitsmodell, wohl aber für alle anderen Modelle möglicher Vereinheitlichung. Die Kommission der EG hat eine Arbeitsgruppe von Zivilprozeßrechtslehrern aus allen EG-Ländern damit beauftragt, bis 1992 eine europäische Modell-ZPO zu entwerfen[29]. Dieses Modellgesetz könnte als Leitlinie weiterer, von den Mitgliedstaaten freiwillig betriebener Rechtsharmonisierung dienen. Der Ehrgeiz der EG-Kommission könnte aber auch weiter reichen: aus einem solchen Modellgesetz ließe sich eine EG-Richtlinie erarbeiten, um den Mitgliedstaaten einen gemeinsamen rechtlichen Rahmen vorzugeben, der für einzelne Elemente des Prozesses enger oder weiter sein könnte. Anders als die bereits existierenden, recht allgemein gehaltenen Empfehlungen des Europarats von 1984[30] hätten solche Richtlinien bindende Wirkung. Endlich: das europäische Modellgesetz könnte in weiterer Zukunft die Prozeßordnung einer Zivilgerichtsbarkeit der EG sein, die bereits in erster Instanz

---

[25] Zum Haager Zustellungsübereinkommen 1965 *Schütze,* Deutsches Internationales Zivilprozeßrecht, 1985, S. 231 ff.; *Schack,* IZPR, Rdnr. 605 ff.; *Stürner,* Europäische Urteilsvollstreckung nach Zustellungsmängeln, FS Nagel, 1987, S. 444 ff.; zum Haager Beweisübereinkommen 1970 *Geimer,* Internationales Zivilprozeßrecht, 1987, Rdnr. 2387 ff.; *Schack,* IZPR, Rdnr. 725 ff.; U.S.-Supreme Court, Société Nationale Industrielle Aérospatiale v. U.S. District Court 107 S. Ct. 2542 = JZ 1987, 984 m. Anm. *Stürner.*

[26] Hierzu *Schack,* IZPR, Rdnr. 632 ff.

[27] Eine Kontrolle durch den EuGH ist eingeschränkt möglich beim Zustellungswesen; zuletzt EuGH EuZW 1990, 352 ff. (Lancray/Peters und Sickert KG) m. abl. Anm. *Geimer;* ferner die Neuvorlage BGH WM 1991, 1050 ff.

[28] Hierzu *Stürner,* FS Nagel, S. 451 m. Nw.

[29] Zum Ganzen *Prütting,* FS Baumgärtel, 1990, S. 457 ff.

[30] „Principes de procédure civile propres à améliorer le fonctionnement de ja justice", Empfehlung Nr. R (84) S des Europäischen Ministerrats vom 28. 2. 1984, Straßburg 1984.

zur Entscheidung über Gemeinschaftsrecht zuständig wäre. Solche Vorstellungen sollte man nicht zu sehr dem Reich der Utopie zuordnen. Immerhin hat die EG inzwischen einen Gerichtshof erster Instanz geschaffen, der insbesondere Klagen Privater aus öffentlichem Dienstrecht, Klagen von Unternehmen gegen Entscheidungen der Montanbehörden, Klagen Privater bzw. von Unternehmen gegen Anwendung von EG-Wettbewerbsvorschriften und Schadensersatzklagen beurteilt[31], wobei die Ausdehnung seiner Zuständigkeit auf Klagen wegen unzulässigem Dumping bzw. unzulässiger Subventionierung ansteht[32], der EuGH entscheidet auf Rechtsmittel als Kassations- bzw. Revisionsinstanz[33]. Zwar betrifft diese zweiinstanzliche europäische Gerichtsbarkeit, die als zweite Säule neben die nationalen Gerichte tritt, überwiegend verwaltungsgerichtliche Materien, jedoch liegen die Schadensersatzklagen und selbst die wettbewerbsrechtlichen Klagen – das deutsche Kartellrecht verweist sie bekanntlich an Zivilgerichte und schafft für das Verfahren eine Mischung aus Verwaltungsgerichts- und Zivilprozeß[34] – bereits im Einzugsbereich des Zivilprozesses. Stellt man sich die Vermehrung zivilrechtlichen Vertragsrechts und vor allem zivilrechtlichen Verordnungsrechts vor, wie sie sich in der Verordnung über die europäische wirtschaftliche Interessenvereinigung, der geplanten und wieder aufgegebenen Verordnung über eine europäische Aktiengesellschaft und dem römischen Übereinkommen über das auf vertragliche Schuldverhältnisse anzuwendende Recht von 1980 ankündigen könnte, so erscheint der Streit unter Privaten über EG-Recht mehr und mehr denkbar und damit eine zweiinstanzliche, echt zivilprozessuale EG-Gerichtsbarkeit, welche die nationale Gerichtsbarkeit mit ihrer Pflicht zur Vorlage an den EuGH insoweit ablöst[35]. Harmonisierung durch Modellgesetz, Rahmengesetzgebung,

---

[31] Hierzu Beschluß des Rates zur Errichtung eines Gerichts erster Instanz der EG v. 24. 10. 1988 (ABl. Nr. L 319/1) Art. 3 I und II; ferner den Entwurf einer Verfahrensordnung des Gerichtshofs erster Instanz ABl. v. 3. 6. 1990, Nr. C 136/1.

[32] Art. 3 III des Ratsbeschlusses v. 24. 10. 1988 (ABl. Nr. L 319/1).

[33] Hierzu das Protokoll über die Satzung des Gerichtshofs der EWG vom 17. 4. 1957 mit Änderung v. 24. 10. 1988 Art. 51, Protokoll über die Satzung des Gerichtshofs der EGKS v. 18. 4. 1951 mit Änderung v. 24. 10. 1988 Art. 51 und Protokoll über die Satzung des Gerichtshofs Euratom v. 17. 4. 1957 mit Änderung vom 24. 10. 1988 Art. 51; ferner Art. 110 ff. VerfO-GerH i. d. F. vom 7. 6. 1989 (ABl Nr. L 241/1).

[34] §§ 62 ff. GWB; zum Verfahrenscharakter ausführlich *F. Baur,* Einige Bemerkungen zum gerichtlichen Verfahren in Kartellsachen, ZZP 72,3 ff.

[35] Das erste Brüsseler Protokoll zur Auslegung des römischen Übereinkommens zum anwendbaren Schuldrecht vom 19. 12. 1988 (ABl. Nr. L/48 v. 20. 2. 1989) sieht nach dem Muster des Protokolls zum EuGVÜ die Vorlage an den EuGH durch die oberen nationalen Gerichte vor.

zweispurige Gerichtsbarkeit – all dies liegt also im Bereich möglicher Entwicklung.

3. Die drei Grundbedürfnisse künftiger Rechtsentwicklung

Im Grunde genommen muß die weitere europäische zivilprozessuale Entwicklung drei verschiedenen Grundbedürfnissen Rechnung tragen, an die sich unterschiedliche Fragestellungen knüpfen.

a) Gleiche Effektivität: Einheitlichkeit oder Gleichwertigkeit

Ein Grundbedürfnis ist die gleiche Effektivität des Rechtsschutzes im Binnenmarkt, die justizielle Entsprechung des freien Waren- und Dienstleistungsverkehrs. Ist schon die Verschiedenheit der äußeren Form als solche ein untragbares Hemmnis für die Waffengleichheit der Marktbürger oder liegt die Störschwelle erst beim Rechtsschutzgefälle und fehlender Gleichwertigkeit? Die Art. 100–100b EWGV regeln zwar die Verfahren möglicher „Angleichung“[36], geben aber keine sachlichen Kriterien dafür an, wann relative Einheitlichkeit notwendig ist und wann die Gleichwertigkeit der Verschiedenheit ausreicht.

b) Einheitlichkeit und Einfachheit des internationalen Prozeßrechts

Das zweite Grundbedürfnis ist ein gemeinsames internationales Prozeßrecht, das die verschiedenen Rechts- und Sprachräume ausreichend intensiv verknüpft und möglichst einfach zu handhaben ist. Hier stellt sich die Frage nach der Ausbaubedürftigkeit des bestehenden Systems.

c) Einheitlichkeit der Anwendung von Gemeinschaftsrecht

Das dritte Grundbedürfnis ist die Einheitlichkeit der Anwendung von Gemeinschaftsrecht. Es besteht im Zivilrecht in größerem Umfang erst auf längere Sicht mit dem Wachsen der Rechtsmasse. Verlangt die Einheitlichkeit der Anwendung von Gemeinschaftsrecht einen einheitlichen europäischen Zivilprozeß als zweite Säule?

---

[36] Hierzu ausführlich *Hayder,* RabelsZ 53 (1989), 622 ff.

IV. Einheitlichkeit oder Gleichwertigkeit?

1. Die Grundentscheidung

Ob die Rechtsangleichung zu relativer Einheitlichkeit führen muß, was im Verfahrensrecht eine „Vereinheitlichung von Form, Verfahren, Entscheidung und Vollstreckung" bedeuten müßte[37], oder ob gleichwertige Verschiedenheit genügt, ist ein allgemeines Problem, das auch Art. 3h EWGV mit seinem Hinweis auf das „erforderliche" Maß der Angleichung nicht löst, obwohl er immerhin die dienende Funktion der Angleichung betont[38]. Man ist heute allerdings weit davon entfernt, die Bedeutung der Vereinfachungswirkung einer Vereinheitlichung zu überschätzen[39]. Vielmehr hat man auch die Versteinerungsgefahr als großen Nachteil erkannt und verweist – unter Hinweis auf die U.S.A. – auf die Innovationskraft konkurrierender Rechtsordnungen des gleichen Wirtschaftsraums[40].

Wem diese Kosten-Nutzen-Analyse, die in den Pfaden modischer ökonomischer Analyse wandelt, ein allzu enger Ansatz der Beurteilung dünkt, wird hinzufügen: Recht, vor allem das intensiv und konkret durchlebte Recht des Prozesses, ist immer ein Stück organisch gewachsener Kultur[41], und wer wollte Europa und seinen Völkern ein Recht überstülpen, das nicht gewachsen, sondern als Retortenprodukt klug mischender Rechtsangleicher entstanden ist? Hinzu kommt – anders als in den U.S.A. – die Gefahr, daß bei kodifiziertem gemeineuropäischem Recht zwangsläufig eine oder zwei Sprachen dominieren müßten[42] und

---

[37] So *Prütting*, FS Baumgärtel, S. 461.

[38] Statt vieler *Oppermann*, Europarecht, Rdnr. 1066.

[39] Die Diskussion um Nutzen und Methoden der Vereinheitlichung ist im vollen Gange; statt vieler *Buxbaum/Hopt*, Legal Harmonization and the Business Enterprise, 1988; *dieselben*, Legal Harmonization and the Business Enterprise Revisited, in: Buxbaum/Hertig/Hirsch/Hopt (Hrsg.), European Business Law, 1991, S. 391 ff.; *Müller-Graff*, Privatrecht und Europäisches Gemeinschaftsrecht, 2. Aufl. 1991; *Ulmer*, JZ 1992, 1 ff.; *Remien*, JZ 1992, 277 ff. m. Nw.

[40] Beispielhaft *Kötz*, Rechtsvereinheitlichung – Nutzen, Kosten, Methoden, Ziele, RabelsZ 50 (1986), 1 ff.; *Behrens*, Voraussetzungen und Grenzen der Rechtsfortbildung durch Rechtsvereinheitlichung, RabelsZ 50 (1986), 19 ff.; *Gray*, E pluribus unum? A Bicentennial Report on Unification of Law in the United States, RabelsZ 50 (1986), 111 ff.; zu den U.S.A. als „gigantisches rechtspolitisches Experimentierfeld" *Großfeld*, RabelsZ 39 (1975), 5, 16; speziell zum Verfahrensrecht der U.S.A. noch *Junker*, ZZP 101 (1988), 241 ff. Die ökonomischen Aspekte behandelt *Horst Siebert*, The New Economic Landscape in Europe, 1991, insbes. S. 15 ff.

[41] Diesen Aspekt betont insbesondere *Großfeld*, Macht und Ohnmacht der Rechtsvergleichung, 1984.

[42] Das könnte nur die englische oder französische Sprache sein, wobei sich interessan-

damit dem übrigen Europa auch ihre Vorstellungswelt aufprägen könnten[43], um so zum Niedergang anderer fremdsprachiger Rechtskulturen weiter beizutragen. Das „ius commune" des neuen Europa sollte sich – ähnlich wie das gemeineuropäische Recht der Zeit vor den Nationalstaaten[44] – weniger in konformer Kodifikation als in gemeinsamen Wertvorstellungen der Lehre und Praxis dokumentieren, die verschiedenen nationalstaatlichen Ausformungen den Wettstreit um die bessere Verwirklichung und die Farbigkeit freiheitlicher Rechtsentwicklung lassen. Die Entscheidung im Rahmen einer Angleichung muß also im Zweifel für Gleichwertigkeit und gegen Vereinheitlichung fallen.

2. Gleichwertigkeit europäischer Prozeßordnungen?

So stellt sich denn die Frage nach der Gleichwertigkeit der Prozeßordnung der EG-Staaten. Dabei sei die These gewagt, daß sie im wesentlichen gleichwertig sind und nur marginale Korrekturen nötig erscheinen, die man autonomer Entwicklung überlassen sollte, allenfalls angeregt durch gemeineuropäische Katalysatoren. Die Begründung dieser These auf engem Raum muß schwerfallen, sei aber trotzdem versucht.

a) Gemeinsame Geschichte und Dogmatik

Der italienische, französische und deutsch-österreichische Prozeß hat sich in einem ständigen historischen Geben und Nehmen entwickelt[45], so daß Konvergenzen hier nicht überraschen sollten; die Prozesse der Benelux-Staaten sind in diese Entwicklung weithin eingebunden. Aus-

---

terweise in der juristischen Literatur nach französischen Anfangserfolgen die englische Sprache immer mehr in den Vordergrund schiebt, wohl weil sie zum bildungsmäßigen Mindeststandard gehört und zudem die Auseinandersetzung und Verbindung mit den U.S.A. und Japan erlaubt.

[43] Zur Sprache als Träger einer Vorstellungswelt *Großfeld,* Sprache und Recht, JZ 1984, 1 ff. Die große Schwierigkeit, beispielsweise deutsche Rechtsvorstellungen in die englische Sprache zu bringen, zeigt eindrucksvoll die amerikanische Übersetzung des BGB: *Forrester/Goren/Ilgeni,* The German Civil Code, New Jersey 1975. Was in einem englischsprachigen europäischen Gemeinrecht vom deutschen Rechtsdenken noch übrig bliebe, lassen solche Übersetzungsversuche dunkel erahnen.

[44] Hierzu *H. Coing,* Die europäische Privatrechtsgeschichte der neueren Zeit als einheitliches Forschungsgebiet, Jus commune 1 (1967), 1 ff.; *R. David,* Le droit continental, la common law, et les perspectives d'une Jus commune européen, in: Cappelletti, New Perspectives for a common Law of Europe, 1978, 113 ff., 114; zustimmend *Kötz,* RabelsZ 50 (1986), 13 ff.; *ders.,* JZ 1992, 20 ff.; *Zimmermann,* JZ 1992, 8 ff.

[45] Ausführlich *Stürner, Jelinek, Trocker, Rouhette* u. a., in: Habscheid (Hrsg.), Das deutsche Zivilprozeßrecht und seine Ausstrahlung auf andere Rechtsordnungen, 1991.

geprägteres historisches Eigenleben kann zwar der englische Prozeß für sich beanspruchen[46], ebenso der spanische und portugiesische[47]; nur schlagen auch hier die gemeineuropäischen Wurzeln des römisch-kanonischen Prozesses durch, die Hinwendung zum modernen kerneuropäischen Prozeß entspricht vor allem auf der iberischen Halbinsel neuerer Entwicklung[48]. Die prozessuale Dogmatik Europas hat in den letzten 30 Jahren die Gemeinsamkeiten wieder stärker herausgearbeitet, als dies dem Lebensgefühl der ersten Hälfte des 20. Jahrhunderts entsprochen hat[49]. Es wäre heute leichter, ein gemeineuropäisches Zivilverfahrensrecht zu schreiben, als ein gemeineuropäisches Zivilrecht.

b) Bestandsaufnahme der Konvergenzen und Unterschiede

Die *Prozeßstruktur* zeigt zwei verschiedene Grundmuster für die Gliederung der Stoffsammlung. Während der englische Prozeß das vorbereitende Verfahren vor dem Master gegen das Trial vor dem Richter stark absetzt[50], wählen die instruktionsrichterlichen Modelle Italiens und Frankreichs einen Mittelweg[51], eine Gestaltung, die auch beim EuGH-Verfahren mit seiner Arbeitsteilung zwischen Kammer und Plenum in gewissem Umfang wiederkehrt[52]; der deutsche Prozeß betont stärker die Identität von verhandelndem und erkennendem Richter – mit historisch rasch wechselnden Ausnahmen[53]. Drängende Vereinheitlichungsbedürfnisse lassen sich hier schwer ausmachen. Der geschichtsträchtige Streit um *Schriftlichkeit oder Mündlichkeit* ist nahezu durchgängig zugunsten einer Mischform entschieden[54], wobei das präparatorische Verfahren bis

---

[46] Dazu *Millar,* Civil Procedure of the Trial Court in Historical Perspective, 1952.

[47] Genauer *de Miguel y Alonso* und *Barbosa Moreira,* in: Habscheid, aaO., S. 338 ff. und S. 387 ff.

[48] Zur Reform des spanischen Prozesses *Lorca Navarrete,* ZZP 99 (1986), 206 ff.

[49] Die wissenschaftliche Bilanz der rechtsvergleichenden Bemühungen findet sich u. a. in folgenden Sammelwerken: *Cappelletti/Tallon,* Fundamental Guarantees of the Parties in Civil Litigation, 1973; *Storme/Casman,* Towards a Justice with a Human Face, 1978; *Habscheid,* Effektiver Rechtsschutz und verfassungsmäßige Ordnung, 1983; *Wedekind,* Justice and Efficiency, 1989; *Habscheid,* Introduzione al diritto processuale civile comparato, 1986. Es waren vor allem europäische Wissenschaftler, die diese Rechtsvergleichung vorantrieben, weshalb der Schwerpunkt auch auf dem europäischen Prozeßrecht – wenigstens im Ausgangspunkt – liegt.

[50] Guter Überblick bei *Jacob,* The Fabric of English Civil Justice, 1987, p. 29, 68 et sequ.

[51] Art. 168 bis 174 ff. C.p.c. Italien; art. 763 ff., 155 II C.p.c. Frankreich.

[52] Hierzu Art. 9 § 2, Art. 46 VerfO EuGH; Art. 165 II EWGV.

[53] Zum vorbereitenden Einzelrichter alten Rechts *Stürner,* DRiZ 1974, 123 ff.; diesen „vorbereitenden" Einzelrichter gibt es heute noch in der Berufungsinstanz, § 524 ZPO.

[54] Hierzu *Jacob,* The Fabric of English Civil Justice, 1987, S. 19 ff., 59 f. (England);

zur Beweisaufnahme stärker schriftlich, die eigentliche Verhandlung aber mündlich ist, wie dies Art. 6 Abs. 1 MRK entspricht. Das Verhältnis von *Richtermacht und Parteimacht* zeigt zwar nach wie vor die Diskrepanz zwischen dem richterlich geleiteten deutsch-österreichischen Prozeß und dem parteibetriebenen englischen Prozeß[55]; dabei ist allerdings mit dem neuen französischen Prozeß[56] und dem Prozeß des EuGH[57] der richterlich geleitete Prozeß auf dem Vormarsch, trotz des zögerlichen Nachrükkens Italiens[58] und der Iberoeuropäer[59]. Der – in mancher Hinsicht übertreibende – englische Parteienprozeß mit seinem Barrister-System ist starker inländischer Anfechtung ausgesetzt[60]; ob gerade hier ein allzu rigider Umgang mit rechtsgeschichtlichen Traditionen ratsam erscheinen kann, muß allerdings außerordentlich zweifelhaft bleiben, zumal auch der Richterprozeß zum Schutz vor Balanceverlust[61] das europäische Gegengewicht eines Parteienprozesses gut vertragen kann. Die *Beschleunigung des Verfahrens* versuchen die Prozeßordnungen durch ein Präklusionssystem zu erreichen, das entweder an Verfahrensabschnitte oder an richterliche Fristen anknüpft[62] und regelmäßig – so auch die Verfahrens-

---

Vincent/Guinchard, Procédure civile, 20ième ed. 1987, p. 417 ff. (Frankreich); *Trocker,* ZZP 91 (1978), 260 ff. (Italien); *Lorca Navarrete,* ZZP 99 (1986), 208 ff. (Spanien); *Stürner,* Gründe und Ursachen der Ineffizienz von Gerichtsverfahren, in: Gilles (Hrsg.), Effiziente Rechtsverfolgung, 1987, S. 1 ff., 6/7 (Deutschland); *Rosenberg/Schwab,* Zivilprozeßrecht, 14. Aufl. 1986, §§ 80, 81.

55 Überblicksweise *Stürner,* FS Stiefel, 1987, S. 763 ff., 766–770.

56 *Vincent/Guinchard,* Procédure civile, 20ième ed., p. 389 ff., 416; art. 8, 10, 13 C.p.c.

57 Art. 38 § 7; Art. 40 § 2; Art. 41 § 2; Art. 44 § 1; Art. 45; Art. 60 VerfO EuGH.

58 *Trocker,* Der Einfluß des deutschen Zivilprozeßrechts auf die italienische Verfahrenskodifikation, in: Habscheid (Hrsg.), aaO. (Fn. 45), S. 139 ff. Einen großen Sprung bringt aber die Reform des Gesetzes Nr. 353 v. 26. 11. 1990 (Suppl. ord. Gazz. Uff. Nr. 281 v. 1. 12. 90), das am 1. 1. 1992 in Kraft getreten ist; hierzu *Pera,* RabelsZ 55 (1991), 359 ff.

59 Hierzu de *Miguel y Alonso,* El derecho procesal civil alemán y su irradiación a otros ordenamientos juridicos, in: Habscheid (Hrsg.), aaO. (Fn. 45), S. 338 ff.

60 Hierzu Civil Justice Review, Report of the Review Body on Civil Justice 1988 („Green Paper" des Hodgson Committee); zur Vorgeschichte *Jacob,* The Fabric of English Civil Justice, 1987, p. 15 ff., 246 ff.

61 Hierzu *Stürner,* Die richterliche Aufklärung im Zivilprozeß, 1982, S. 3 ff., 14 ff.

62 Zur *deutschen* Prozeßgeschichte *Stürner,* Gründe und Ursachen des Problems der Ineffizienz von Gerichtsverfahren, in: Gilles (Hrsg.), Effiziente Rechtsverfolgung, 1987, S. 1 ff., 3–5; *Frankreich: Vincent/Guinchard,* Procédure civile, 20ième ed. 1987, No 576 ff., 619 ff., 634 ff. (art. 763 ff. C.p.c.); *Italien:* art. 184, 190,92, 345 II C.p.c. (Überweisung durch Instruktionsrichter als Zäsur; Kostenfolge bei Verspätung); sehr kritisch *Trocker,* Der Einfluß des deutschen Zivilprozeßrechts auf die italienische Verfahrenskodifikation, in: Habscheid (Hrsg.), aaO. (Fn. 45), S. 139 ff.; eine Verschärfung der Präklusion bringt die Reform auf 1. 1. 1992 (hierzu wiederum *Pera,* RabelsZ 55 [1991], 359 ff., 360/361); *England:* R.S.C. Order 18(20), 20, 24(16), 26(6); zur Kritik *Jacob,* Fabric, S. 87 ff.

ordnung des EuGH[63] – Verschuldenselemente berücksichtigt; gerade auf diesem Gebiet, das in der Prozeßgeschichte besonders hektischer Veränderung unterliegt, würde eine gesamteuropäische Vereinheitlichung zum schwer erträglichen Prokrustesbett.

Im *Beweisrecht* steht dem sehr aufklärungsfreundlichen englischen Prozeß[64], an dem sich der neue französische Prozeß vielfach orientiert[65], der mehr zurückhaltende deutsche Prozeß gegenüber, der den Zugriff auf viele Beweismittel erschwert[66] und viele Weigerungsrechte kennt. Man muß aber immer mitbeachten, daß die richterliche Würdigung aufklärungsfeindlichen Verhaltens viele positivrechtliche Unterschiede nivelliert, so daß ein echtes Rechtsschutzgefälle schwerlich vorliegen dürfte. Ob der Wirtschaftsprüfer des Beklagten, wie etwa in England, erst gar kein Zeugnisverweigerungsrecht hat, oder ob die grundlose Weigerung des Beklagten, ihn von seiner Geheimhaltungspflicht zu entbinden, negativ gewürdigt wird, macht im Ergebnis nicht den Unterschied, den die Lektüre von Rechtstexten zunächst vermuten läßt. Auch Beweismittelbeschränkungen, wie der bekannte französische Ausschluß des Zeugenbeweises für Verträge bestimmten Werts (art. 1341 ff. C.c.), haben nicht ohne weiteres unterschiedliche Beweischancen von Gewicht zur Folge. Es ist nicht untypisch, daß diese Beweisregel für Handelsgeschäfte gar nicht gilt (art. 1341 Abs. 2 C.c., art. 119 Code de commerce) und einen praktisch eingeschränkten Anwendungsbereich hat. Starre Beweisregeln dieser Art pflegt zudem die praktische Rechtsentwicklung aufzuweichen und zu bändigen, wofür der Ausbau der französischen Lehre vom „commencement de preuve par écrit" (art. 1347 C.c.) ein gutes Beispiel ist, der dann vom Verbot des Zeugenbeweises oft nicht mehr viel übrig läßt. Soweit der Beweis des Vertrags unterschiedlichen Anforderungen unterliegt, greift im übrigen das internationale Schuldrecht: Art. 9, 14 Abs. 2 des römischen EG-Übereinkommens über das auf vertragliche Schuldverhältnisse anzuwendende Recht von 1980 lösen das Problem im Sinne einer Kumulation der Beweismittel der lex fori und des Formstatuts, Deutschland übernimmt in Art. 11, 32 Abs. 3 S. 2 EGBGB diese Regelung ins autonome Recht. Man sollte sie entsprechend anwenden, soweit für die Vollständigkeit beurkundeter Verträge unterschiedliche Beweisre-

[63] Art. 40, 41, 42 VerfO-EuGH.

[64] *Jacob*, The Fabric of English Civil Justice, 1987, insbes. p. 92 ff.

[65] Art. 10, 11 C.p.c.; zum gestrafften Überblick über den europäischen Prozeß s. *Stürner*, FS Stiefel, 1987, S. 770-774.

[66] Ausführlicher *Stürner*, ZZP 98 (1985), 237 ff., 247/248; FS Stiefel, 1987, 770–774; *Schlosser*, JZ 1991, 599 ff.

geln (z.B. „parol evidence rule")[67] bestehen[68]. Die Existenz völkervertraglichen Kollisionsrechts innerhalb der EG für das Schuldrecht ist ein Indiz für verknüpfte gleichwertige Vielfalt und gegen Gleichförmigkeit, das auch im Bereich des benachbarten Beweisrechts gegen einen rigiden Vereinheitlichungszwang aufgrund von Diskriminierungsverbot und EG-Freiheiten spricht[69]. Man könnte auch daran denken, aus dem verschiedenen *Beweismaß* Folgerungen auf ein untragbares Rechtsschutzgefälle zu ziehen. Bekanntlich verlangt der Kontinent die volle richterliche Überzeugung, während sich der englische und skandinavische Rechtskreis mit dem „Überwiegensprinzip", also grob gesagt der größeren Wahrscheinlichkeit, begnügt[70]. Wenn man indessen mit in Erwägung zieht, daß sich – vielen zeitgenössischen Versuchen zum Trotz – der Beweiswert einzelner Beweismittel eh nicht mathematisch oder numerisch erfassen läßt, so ist der Streit um volle Überzeugung oder Überwiegen oft der Versuch, Licht in Gefäße einzufangen[71]. Hinzu kommt, daß der kontinentale Richter sich die Beweismasse aus den von den Parteien präsentierten Beweismitteln selbst schafft, während der englische Richter das Oben und Unten des Zweikampfes beobachtet, was dann die unterschiedliche Sicht des Beweismaßes weiter plausibel macht[72]. Der gleiche Prozeßstoff wird aber trotzdem häufig zum gleichen Schluß auf die Wahrheit führen.

Die *Kostenregel* folgt relativ homogen dem Unterliegensprinzip, das meist durch Sanktionen für kostenverursachendes Prozeßverhalten modifiziert ist[73], ein auch von der Prozeßordnung des EuGH übernommenes Gestaltungsmuster[74]. Unterschiede in der Erstattungsfähigkeit sollte man nicht überbewerten. Der unterschiedliche Preis von Dienstleistungen in den einzelnen EG-Staaten ist bei der Rechtspflege in gleichem

---

[67] Ausführlich *Coester-Waltjen,* Internationales Beweisrecht, 1983, Rdnr. 521 ff.

[68] Anders die h. M.: MünchKomm/*Spellenberg,* 2. Aufl. 1990, Art. 11 EGBGB Rdnr. 15, 16; MünchKomm/*Martiny,* Art. 32 EGBGB Rdnr. 65 ff. 68; *Schack,* Internationales Zivilverfahrensrecht, 1991, Rn. 688.

[69] Zum – sehr verhaltenen – Einfluß des Gemeinschaftsrechts auf das IPR ausführlich *Wulf-Henning Roth,* RabelsZ 55 (1991), 623 ff. m. Nw.

[70] Zur „preponderance of the evidence" im Common Law insbesondere *McCormick,* On Evidence, 2. Aufl. 1972, S. 793 ff.; zum Einfluß dieser Lehre auf Skandinavien *Bolding,* Aspects of the burden of proof, 1960; *Ekelöf,* ZZP 75, 289 ff.

[71] Zusammenfassend *G. Walter,* Freie Beweiswürdigung, 1979, S. 173 ff.

[72] Gute Darstellung dieses Zusammenhangs unter Berücksichtigung des jury-Verfahrens bei *Schwering,* System der Beweislast im englisch-amerikanischen Zivilprozeß, 1969, S. 60 ff.

[73] Z. B. Deutschland: §§ 91 ff. ZPO; Frankreich: art. 695 ff. C.p.c.; Italien: Art. 90 ff. C.p.c.; England: RSC Order 62 (hierzu *Jacob,* Fabric, S. 45 f.).

[74] Art. 69 ff. VerfO-EuGH.

Umfang tolerabel wie in anderen Bereichen. Selbst bei der Prozeßkostenhilfe ist die staatliche Subvention für Bedürftige die verbreitete Regel[75], die Unterschiede liegen mehr im Ausmaß vorgerichtlicher Betreuung durch Rechtshilfebehörden. Beim *Urteil* stört weniger die unterschiedliche Reihenfolge von Formel, Sachverhalt und Gründen – die EuGH-Verfahrensordnung folgt hier dem französischen und italienischen Modell[76] mit der nachgestellten Formel –, ebenso wenig ist m.E. die unterschiedliche Länge der Gründe wesentlich, die dann in jedem Land oft von Gericht zu Gericht schwankt. Störend ist aber der sehr unterschiedliche Inhalt der Formel; nicht selten fehlen die Zinsen und Kosten, die dann der Ausländer selbst anhand des fremden Gesetzes errechnen oder aus den Gründen zusammensuchen muß[77] – eine leicht behebbare technische Diskrepanz ohne rechtskulturelle Substanz. Überraschend stark läuft die *Möglichkeit der Drittbeteiligung* auseinander: während fast alle europäischen Prozeßordnungen die Möglichkeit einer Drittklage mit dem Ziel eines vollstreckbaren Urteils vorsehen[78] – letztlich eine Verfahrensverbindung mit besonderem Gerichtsstand –, verweigert sich der deutsche Prozeß beharrlich dieser Lösung zugunsten der Streitverkündung mit Prozeßverdopplung[79]. In diesem Unterschied, der vor allem bei der Haftung innerhalb einer Lieferantenkette bedeutsam werden kann, mag man ein beseitigungswürdiges Rechtsschutzgefälle entdecken können.

Zur Veränderung der Rechtsschutzqualität von Verfahren kann die unterschiedliche Ausprägung *summarischen Rechtsschutzes* beitragen. Dies gilt weniger für vollstreckungssichernde Schutzmaßnahmen oder Interimsregelungen mit ihrer relativ homogenen Regelung[80]. Es trifft aber für die

---

[75] Z. B. Deutschland: §§ 114 ff. ZPO; England: Legal Aid Acts 1974–1979 (hierzu *Jacob,* Fabric, S. 47–49); Frankreich: G. Nr. 91–647 v. 10. 7. 1991 „relative à l'aide juridique (J. O. v. 13. 7. 1991, S. 9170); hierzu *Beckmann,* RabelsZ 1991, 774; Italien: zum gratuito patrocinio s. *Mandrioli,* Corso di Diritto Processuale Civile I, 8. ed. 1991, § 49, p. 277. Überblick über weltweite und europäische Entwicklung bei *Zemans,* Recent Trends in the Organization of Legal Services, in: Habscheid (Hrsg.), Effektiver Rechtsschutz, 1983, S. 373 ff.

[76] Art. 63 VerfO-EuGH.

[77] Zu den Schwierigkeiten bei der Konkretisierung zugesprochener gesetzlicher Zinsen (Frankreich, Italien) BGH NJW 1990, 3084; OLG Stuttgart, JZ 1987, 579.

[78] Z. B. Frankreich: art. 331 ff. C.p.c.; Italien: art. 107 ff. C.p.c.; England: RSC Order 16 (hierzu *Jacob,* Fabric, p. 83).

[79] Umständlich die Protokollerklärung zum EuGVÜ v. 27. 9. 68, Art. V, welche an der deutschen Besonderheit stur festhält.

[80] Letzter weltweiter Überblick bei *Meijknecht,* Usages et abus des procédures sommaires, in: Wedekind, Justice and efficiency, 1989, p. 367 ff.; für Europa *Eilers,* Maßnahmen des einstweiligen Rechtsschutzes im europäischen Zivilrechtsverkehr, 1991.

recht unterschiedliche Ausprägung von Mahnverfahren[81] und befriedigenden einstweiligen Verfahren zu[82], für die ein größerer Gleichlauf zur Gleichwertigkeit des Rechtsschutzes sich als nötig erweisen könnte. Ein kurzes Wort zum *Vollstreckungsrecht* soll den Überblick beschließen. Der größte und störendste Unterschied, wie er sich in fehlender oder eingeschränkter Vollstreckbarkeit von Handlungs- und Unterlassungstiteln manifestiert hat[83], ist durch die Rechtsentwicklung ziemlich nivelliert[84], wenngleich nicht aufgehoben[85]. An der unterschiedlichen Vollstreckungsorganisation (Stellung des Gerichts, Verschiedenheit der Organe, Amts- oder Parteibetrieb) sollte man sich ebensowenig stören wie an Abweichungen der Verfahrensgrundsätze, z. B. Vollstreckungsreihenfolge, Gleichrang statt Priorität etc.[86]; sie wirken sich praktisch nur selten aus. Ein gewisser Rahmen könnte für Vollstreckungsschutzvorschriften vorgegeben werden, obwohl hier die Divergenzen innerhalb der EG fast geringer scheinen als z. B. innerhalb der U.S.A.

Es war nicht Aufgabe dieses Überblicks darzutun, wie gleich alles sei; auch konnten nicht alle wichtigen Fragen innereuropäischer Prozeßvergleichung angesprochen werden, manche reizvollen Punkte, wie z. B. Streitgegenstand, Rechtskraft etc. fehlen, spielen aber im praktischen Rechtsverkehr auch eine mehr marginale Rolle. Der Überblick sollte jedoch plausibel gemacht haben, daß man ein normenbedingtes

---

[81] Hierzu *Prütting,* FS Baumgärtel, 1990, S. 426 f.

[82] *Meijknecht,* Usages et abus, p. 381 ff.; eine Erweiterung bringt die italienische Reform zum 1. 1. 1992 (*Pera,* RabelsZ 55 [1991], 361).

[83] Insbesondere art. 1142 ff. C.c. Frankreich; art. 1217, 1218 ff., 2930–2933 C.c. Italien.

[84] Hierzu den Überblick bei *Stoll,* Consequences of Liability. Remedies. International Encyclopedia of Comparative Law. Vol. XI, Chapter 8, 1972. Zur astreinte in Frankreich: *Vincent/Prévault,* Voies d'exécution, 17ième ed., No. 24 ff.; *Esmein,* L'origine et la logique de la jurisprudence en matières d'astreintes, Rev. trim. dr. civ. 1903, 5 ff.; *Lobin,* L'astreinte en matières civiles, Etudes P. Kayser 1979, 131 ff.; neuerdings art. 33–37 Loi No. 91–650 du 9 juillet 1991 portant réforme des procédures civiles d'exécution (J. O. 14 juillet 1991, p. 323 ff.); zur Vollstreckung von non-money-judgements in England s. *Jacob,* Fabric, p. 202 ff.; allgemeiner Überblick bei *Jacobssen/Jacob,* Trends in the enforcement of non-money-judgements and orders, 1988.

[85] So scheint es in *Italien* außer der Schadensersatzsanktion und Ersatzvornahme bei vertretbaren Handlungen bzw. Unterlassungen bisher kein Zwangsmittel zur Handlungs- und Unterlassungsvollstreckung zu geben (art. 2933 C.c., 612 ff. C.p.c.); hierzu *Cian/Trabucchini/Montovani,* Commentario breve al Codice Civile, 3. ed. 1988, art. 2910 Nr. II; *Pescatore/Ruperto,* Codice Civile, 8. ed. 1987, art. 2931, Nr. 1. Ähnlich ist die Rechtslage in *Spanien* (art. 924, 925 L.E.C.), das aber nunmehr in der arbeitsgerichtlichen Vollstreckung ein Zwangsgeld eingeführt hat (apremio pecunario bzw. economico, art. 260 Ley Procidimiento Laboral); hierzu *Navarrete/Jimenez/Sacristan,* Comentarios a la Ley Procidimiento Laboral, 1991, S. 722.

[86] Hierzu den Überblick bei *Stürner,* ZZP 99 (1986), 291 ff.

Rechtsschutzgefälle innerhalb der EG-Staaten allenfalls punktuell feststellen kann, also im Grundsatz *gleichwertige* Prozeßordnungen existieren. Daß Mentalitätsunterschiede und Lebensgewohnheiten die Praxis der Rechtsdurchsetzung mitprägen und zu Unterschieden führen mögen, ist eine alltägliche Weisheit; selbst wenn man dies ändern könnte, bliebe die Frage, ob man es ändern wollte oder sollte. Die Rechtspflege in Griechenland oder Portugal wird immer anders aussehen als in England oder Dänemark – und das ist gut so.

3. Rechtspolitische Folgerungen

Der Befund legt es nahe, die Eingriffe in den freien Wettbewerb um die bessere Prozeßordnung gering zu halten. Gegen eine Modellprozeßordnung ist wenig einzuwenden, soweit sie nur die Autorität der besseren sachlichen Lösung für sich beansprucht und mit den nationalen Prozeßordnungen und der – allerdings sehr weitmaschigen – Verfahrensordnung des EuGH in reformerische Konkurrenz tritt. Verhängnisvoll wäre der Versuch, ein solches Modellgesetz ganz oder teilweise in eine Richtlinie zu verwandeln. Die Produkthaftungsrichtlinie mit ihrem kodifikatorisch mäßigen Niveau hat eindrucksvoll gezeigt, wie wenig Spielraum dabei oft bleibt und wie schwer sich solche Direkteingriffe in das nationale Recht integrieren lassen[87]. Den wirtschaftlich etablierten Staaten der EG, wie Frankreich, Deutschland oder England, hat die Richtlinie keine *wesentliche* Änderung der Haftungsqualität gebracht, welche die Parameter des Wettbewerbs der Hersteller oder des Verbraucherschutzes verschoben hätte. Entstanden ist ein eigenartiger rechtlicher Zwitter aus französischer und deutscher Dogmatik, die sich in englischem Sprachdenken artikuliert. Die EG hat schon heute ein einheitlicheres Produkthaftungsrecht als die U.S.A., deren Staaten viele Varianten der strict tort liability kennen und punitive damages sehr unterschiedlich zusprechen[88]. Leiden deshalb Wettbewerb oder Verbraucherschutz stärker als in der EG? Wohl kaum[89]. Der irrationale Drang zum Rechtsuniformismus, wie er

---

[87] Hierzu aus der Sicht insbesondere des englischen Rechts *D. Giesen,* JZ 1989, 517 ff.; sehr kritisch *Medicus,* Bürgerliches Recht, 15. Aufl. 1991, Rdnr. 650, S. 392. Die Probleme einer Einordnung in die deutsche Dogmatik behandelt *von Bar,* FS Hermann Lange, 1992, 373 ff.

[88] Statt vieler *Stiefel/Stürner,* VersR 1987, 829 ff., 832, 835 f. m. Nw.

[89] Zur Vielfalt des U.S. State Law im Versicherungsrecht und Versicherungsaufsichtsrecht *Hübner,* Rechtliche Rahmenbedinungen des Wettbewerbs in der Versicherungswirtschaft, 1988, insbes. S. 229 ff.

einem naiven Frühstadium des Vereinigungsstrebens entspricht, hat hier wenig überzeugende Ergebnisse gezeitigt, weitere Anschläge dieser Art drohen in einer Dienstleistungshaftungsrichtlinie[90], deren Vorschlag zudem nicht von der Fähigkeit zu differenzierterem Denken zeugt. Solche Entwicklungen schrecken für das Prozeßrecht eher ab. Denkbar wäre eine Richtlinie, die einzelne mehr technische Punkte, wie z. B. den notwendigen Inhalt des Tenors, relativ eng regelt und für andere harmonisierungsbedürftige Gebiete *weite* Leitlinien vorgibt, z. B. für Drittbeteiligung, Mahnverfahren, befriedigende einstweilige Verfügung oder Schuldnerschutz in der Vollstreckung. Es ist einigermaßen beruhigend festzuhalten, daß im Weißbuch der Kommission von 1985 für das Zivilprozeßrecht dringender Angleichungsbedarf nicht ausgewiesen ist[91].

V. Einheitlichkeit und Einfachheit des europäischen internationalen Prozeßrechts

1. Ausbau des gemeineuropäischen internationalen Prozeßrechts

Wer für die möglichst weitgehende Eigenständigkeit nationaler Prozeßrechte plädiert, muß zum Ausgleich dieser Vielfalt einem möglichst einheitlichen internationalen Prozeßrecht das Wort reden, das die Vielfalt miteinander übersichtlich verknüpft. Hier ist das Europäische Gerichtsstands- und Vollstreckungsübereinkommen ein Fortschritt, bei dem man aber nicht stehenbleiben sollte, wie dies gegenwärtig den Anschein hat. Im Netzwerk klaffen zwei störende Lücken, welche die praktische Arbeit sehr erschweren.

a) Zustellungswesen

Die erste Lücke betrifft das *Zustellungswesen* bei verfahrenseinleitenden Schriftsätzen. Hier gibt es gemeineuropäisch bisher nur eine Protokollerklärung, die auf das Haager Zustellungsübereinkommen und bilaterale Zusatzvereinbarungen verweist, aber auch die direkte Rechtshilfe zwischen dem Gericht des Urteilsstaates und dem örtlichen Gericht des Zustellungsstaates zuläßt, sofern der Zustellungsstaat diesem Verfahren nicht

[90] Vorschlag für eine Richtlinie des Rates über die Haftung bei Dienstleistungen v. 9. 11. 1990 – 91/C 12/11, ABl. 1991 Nr. C 12/8 ff.

[91] KOM (85), 310 endg.

– wie prompt die Bundesrepublik – widerspricht[92]. Das Haager Zustellungsübereinkommen, das Weltgeltung hat und auf europäische Besonderheiten nur eingeschränkt Rücksicht nimmt, läßt neben der Zustellung im Rechtshilfeweg mit oder ohne Übersetzung nationale Zustellungsformen zu, also z. B. die Zustellung durch Konsuln oder die direkte postalische Zustellung[93], verordnet dabei aber Modifikationen und gibt den Signatarstaaten Widerspruchsmöglichkeiten. Die Verwirrung innerhalb der EG ist angesichts dieses Flickenteppichs unklarer Regelungen perfekt. Im schlimmsten Falle kann ein ausländisches Versäumnisurteil ergehen, nachdem dem EG-Bürger ein fremdsprachiges Schriftstück durch die Post zugestellt worden ist und er nicht verstanden hat, worum es überhaupt geht. Die Mehrzahl der Beschwerden gegen die Vollstreckbarerklärung von Auslandsentscheidungen betreffen Zustellungsmängel vor Versäumnisurteilen (Art. 27 I Nr. 2 EuGVÜ)[94]. In solcher Rüge liegt keine Formalie, wie der EuGH jüngst völlig zu Recht entschieden hat[95], vielmehr behauptet sie die Verletzung rechtlichen Gehörs, des fair trial oder des principe du contradictoire. Dabei wäre die Lösung des Problems einfach, falls man die homogenen nationalen Zustellungsvorschriften[96] auf den EG-Bereich ausdehnen würde. Es entspricht dem Standard der EG-Staaten, den Bürger in verständlicher Sprache unter Hinweis auf die Folgen seiner Säumnis vor Gericht zu laden und über den Zugang der Ladung eine Beweisurkunde zu fertigen. In der Abweichung von diesen Grundregeln bei Auslandszustellungen spiegeln sich Schwierigkeiten einer Zustellung über die Grenze und Ausländerdiskriminierung in eigenartigem Gemisch wieder[97]. In der EG mit ihren einheitlichen Gerichtsständen und ihrer grenzübergreifenden Vollstreckung ist für solche Differenzierung kein Raum. Anzustreben wäre deshalb ein

---

[92] Protokoll vom 27. 12. 1968 i. d. F. des 2. Beitrittsübereinkommens vom 25. 10. 1982 (BGBl. 1988 II, 453) Art. IV; zu den bilateralen Abkommen *Stürner,* FS Nagel, S. 451 m. Nw.

[93] Vgl. insbesonders Art. 15 II, 16,8 ff. Haager Zustellungsübereinkommen 1965.

[94] Der Verfasser, der im OLG-Bezirk Stuttgart alle Beschwerden gegen Vollstreckbarerklärungen unter dem EuGVÜ als Berichterstatter bearbeitet, schätzt, daß mehr als die Hälfte solcher Beschwerden Zustellungsmängel betreffen.

[95] EuGH EuZW 1990, 352 ff. m. abl. Anm. *Geimer.* Eine allzu weltläufige Denkweise wird unter der gegenwärtigen Rechtswirrnis den Nöten des Marktbürgers nicht gerecht! Eine erneute Vorlage des BGH (WM 1991, 1050 ff.) befaßt sich mit der Heilung durch Rechtsbehelf gegen ein Versäumnisurteil.

[96] Vgl. z. B. §§ 174 ff., 180 ff. ZPO; art. 654 ff. C.p.c. Frankreich; art. 138 C.p.c. Italien; RSC Order 10, 11, 65 England. Der Unterschied liegt hauptsächlich im Organ der Zustellung, weniger in der Art und Weise; bemerkenswert *Jacob,* Fabric, p. 76.

[97] Hierzu *Schlosser,* FS Stiefel, 1987, S. 683 ff. am Beispiel des § 175 ZPO.

einheitliches internationales Zustellungsrecht, das festlegt[98]: Klagschrift und Ladung in der Gerichtssprache und der Sprache des Adressaten, Belehrung über Anwaltszwang und Säumnisfolgen einschließlich der EG-weiten Urteilsgeltung, Zustellung direkt durch die Post gegen Rückschein oder durch Vermittlung des örtlichen Gerichts gegen Zustellungsurkunde; öffentliche Zustellung unter qualifizierten Voraussetzungen i. d. R. am letzten Aufenthaltsort des Beklagten.

b) Beweishilfe

Die zweite Lücke besteht im Bereich der internationalen Beweishilfe. Das Haager Beweisübereinkommen, das die Völker der Welt verbinden will, leitet Beweishilfeersuchen zur Erleichterung für den ersuchenden Staat und zur Vorkontrolle durch den ersuchten Staat über „zentrale Behörden"[99], bei uns die Landesjustizministerien. Es gestattet darüber hinaus Beweisaufnahmen nach dem Recht des ersuchenden Staates und vielfache Formen der direkten Beweisaufnahme ohne richterliche Leitung[100], falls die Signatarstaaten nicht widersprechen. Innerhalb Europas wäre angesichts gleichwertiger Rechtsschutzsysteme direkte Beweishilfe von Gericht zu Gericht die gegebene Lösung ohne bürokratischen Leerlauf, die Einschaltung zentraler Instanzen sollte Problemfällen vorbehalten sein. Die Beweishilfe hätte wie die Beweisaufnahme vor dem ersuchten Richter im Inlandsverfahren ohne jeden ordre-public-Vorbehalt[101] nach dem Recht allein des ersuchten Staates zu erfolgen. Alle Kompliziertheiten des Haager Beweisübereinkommens, die sich aus dem Zwang zum Kompromiß zwischen U.S.A. und Europa erklären[102], sollte man innerhalb der EG rasch verabschieden.

---

[98] Wenn diesen Erfordernissen Rechnung getragen wäre, bestünde auch kein Grund mehr, gegen die europäische Direktzustellung den „Schutzschild" staatlicher Souveränität zu stellen (*Stürner*, FS Nagel, S. 446 ff., 455), ein Gedanke, der viel Kritik eingetragen hat (*Geimer*, ZZP 103 [1990], 477 ff., 489 f.; *Schack*, Internationales Zivilverfahrensrecht, 1991, Rdnr. 618); umfassend zur Zustellungsproblematik *Stürner*, JZ 1992, 325 ff.

[99] Art. 2 Haager Beweisübereinkommen 1970.

[100] Art. 8, 9, 11, 15 ff. Haager Beweisübereinkommen 1970.

[101] Art. 12 Haager Beweisüberkommen 1970.

[102] Zum Ganzen *Junker*, Discovery im deutsch-amerikanischen Rechtsverkehr, 1987; *Stadler*, Der Schutz des Unternehmensgeheimnisses im deutschen und U.S.-amerikanischen Zivilprozeß und im Rechtshilfeverfahren, 1989, S. 304 ff.

2. *Mittel der Vereinheitlichung*

Als Mittel der weiteren Vereinheitlichung des internationalen Prozeßrechts kommt nach Lage der Dinge in erster Linie Völkervertragsrecht wie in Art. 220 EWGV in Frage. Denkbar wäre allerdings auch eine Richtlinie (Art. 100 ff. EWGV), die das autonome internationale Recht insoweit gleich gestaltet. Die Verordnungskompetenz (Art. 235 EWGV) bedürfte sehr weiter Auslegung, um das Zivilverfahren zu erfassen, obwohl es sich im Zustellungsrecht um eine recht gravierende Schwachstelle handelt.

VI. Einheitlichkeit der Anwendung von Gemeinschaftsrecht

Es bleibt die Frage, wie die Einheitlichkeit der Anwendung von Gemeinschaftsrecht zu wahren ist. Eine eigenständige EG-Gerichtsbarkeit als zweite Säule ist auf längere Sicht überhaupt nur diskutabel, wenn sich das EG-Privatrecht mit unmittelbarer Wirkung für die Bürger stark vermehrt, was auf Dauer aber wohl zu erwarten sein wird[103]. Das Gegenmodell wäre die nationale Gerichtsbarkeit mit jeweils nationaler Prozeßordnung, die der europarechtlichen Rechtskontrolle durch den EuGH auf Vorlage oder auf Rechtsmittel unterliegt. Eine gesonderte EG-Gerichtsbarkeit könnte – anders als in den insoweit homogeneren U.S.A. – die sprach- und rechtskulturell bedingte Einbindung in ihr nationales Umfeld nur schwer überwinden. Zudem müßte die Größe der EG zu einem weit verzweigten Netz europäischer Erst- und Zweitinstanzen führen, das dann wiederum – wie in den U.S.A. beim Supreme Court – der vereinheitlichenden Rechtskontrolle des EuGH unterläge; ein Vorteil gegenüber einem System nationaler Gerichtsbarkeit, die sich ebenfalls der Rechtskontrolle des EuGH zu stellen hätte, ist also insoweit kaum aufzuzeigen, ein Argument, das gegen die Übernahme des überwiegend historisch bedingten U.S.-amerikanischen Vorbilds spricht[104]. Allerdings ist die Konzeption nationalgerichtlicher Zuständigkeit auf Dauer nur akzeptabel, wenn über die bereits bestehende Vorlagepflicht an den EuGH hinaus dem Bürger ein europarechtliches Rechtsmittel zum EuGH zu-

---

[103] Die Entwicklung im Gesellschaftsrecht könnte von der Richtlinie zur Verordnung gehen; hierzu Weißbuch KOM (85), 310 endg.; *Oppermann*, Europarecht, 1991, Rdnr. 1108–1110.

[104] Zur Kompetenzvielfalt und ihren unökonomischen Folgen in den U.S.A. *Schack*, Einführung in das U.S.-amerikanische Zivilprozeßrecht, 1988, S. 16 ff. m. Nw.

stünde, was wiederum zu einer Vermehrung der EuGH-Spruchkörper oder zu einem Annahmeverfahren weiten richterlichen Ermessens führen müßte[105]. Es gäbe dann – ähnlich wie in der Schweiz die eidgenössische Berufung bzw. Nichtigkeitsbeschwerde[106] – eine europäische Revision bzw. Kassation.

VII. Die Stellung der deutschen Prozeßrechtswissenschaft in Europa

Für den nationalen Rechtswissenschaftler stellt sich angesichts der skizzierten Entwicklung zu einem mehr oder – besser – weniger vereinheitlichten europäischen Zivilprozeßrecht die Frage nach dem künftigen Stellenwert seiner Wissenschaft. Dabei darf bei aller Bescheidenheit die Feststellung am Anfang stehen, daß die deutsche Prozeßrechtswissenschaft dem Prozeßrecht in Praxis und Ausbildung eine Sonderstellung verschafft hat, die es in anderen Rechtskulturen so nicht gibt. Im ausgehenden 19. Jahrhundert und im ersten Drittel des 20. Jahrhunderts erreichte das deutsche Zivilprozeßrecht als Systemwissenschaft eine Blüte und übte weltweit großen Einfluß[107]. Während die Romanen und Angloamerikaner den Prozeß mehr als Sammlung handwerklicher Regeln und damit als Technik und empirisches Phänomen begriffen und noch begreifen, bestand die Leistung der deutschen Prozeßrechtswissenschaft – so die Worte des Italieners *Carnelutti*[108] – darin, aus dem *Verfahren* das Prozeß*recht* zu schaffen und den *Kommentar* durch das *System* zu ersetzen. Die Ideenwelt des modernen deutschen Prozeßrechts ist zwar ohne Zweifel vom revolutionären Frankreich und seinen bürgerlichen Idealen geprägt, in der Spätphase überformt vom sozialstaatlichen Anstoß des Österreichers *Franz Klein*. Der Gedanke eines geschlossenen Systems subjektiver Rechte und Pflichten oder Lasten mit absichernder dogmatischer Figürlichkeit verarbeitete aber die neue europäische Prozeßideologie zu einem Rechtsschutzgebäude, das die Trennung vom materiellen Recht konsequent vollzog und gerade dadurch für die internationale Prozeßrechtslehre ungemein attraktiv war. Die deutsche Prozeßrechts-

---

[105] Zum U.S.-amerikanischen certioriari-Verfahren beim Supreme Court als mögliches Vorbild *Schack*, Einführung, S. 3, 62.

[106] *Walder-Bohner*, Zivilprozeßrecht, 3. Aufl. 1983, § 3 B I, Rdnr. 4.

[107] Hierzu und zum folgenden ausführlich *Stürner*, in: Habscheid (Hrsg.), Das deutsche Zivilprozeßrecht und seine Ausstrahlung auf andere Rechtsordnungen, 1991, S. 3 ff., 13 f., 18 ff., 28 ff. m. Nw.

[108] ZZP 64 (1950), 32, 39.

wissenschaft hat unabhängig von einer Normenrezeption weite Teile Ostasiens in ihrem prozessualen Denken geprägt, über ihre Rezeption durch die italienische Schule, mit der sich Namen wie *Carnelutti, Chiovenda, Calamandrei* und *Liebmann* verbinden, gewann sie überraschenden Einfluß auf Lateinamerika. Innerhalb Europas hat der österreichisch-deutsche Prozeß die letzten Jahrzehnte entscheidend geprägt, wie die Reform des französischen Prozesses 1976 und die neueste italienische Reform eindrucksvoll zeigen.

Der Trend zur Vereinheitlichung wird den Stellenwert nationaler Wissenschaft generell zurückdrängen. Es wird eine neue Tendenz zum Handwerk sichtbar werden, wo es darum geht, schwierige Gemengelagen von nationalem Recht, Richtlinienrecht und Völkervertragsrecht zu bewältigen. Bestimmte dogmatische Größen der deutschen Prozeßrechtswissenschaft werden sich in fremder Sprache nur schwer vermitteln lassen. Der EuGH wird die Ansicht der Wissenschaft – ganz in den Fußstapfen romanischer und englischer Tradition – wenig verarbeiten und sichtbar kaum oder gar nicht zur Kenntnis nehmen. Der Rang der Rechtswissenschaft wird – übrigens nicht nur im Prozeßrecht – zunächst einmal sinken und sich dem Standard anderer Länder nähern, die den Dialog zwischen Praxis und Wissenschaft weniger pflegen und der Wissenschaft – überspitzt formuliert – manchmal mehr eine Art Hofnarrenfunktion zuweisen. Die in englischer Sprache auf Band diktierte Handreichung des „Praktikers", der die richtigen Griffe präsentiert, könnte mehr Gehör finden als der systematisierende Beitrag eines scharfen Denkers deutscher Sprache. Das Handbuch und der Kommentar werden das Lehrbuch aus der Praxis verdrängen.

Trübe Aussichten für die Wissenschaft vom Prozeß, Selbstmitleid eines sterbenden Dinosauriers, der sich in neuen Verhältnissen nicht mehr bewegen kann? Kaum. Die Prognose wird bei dieser vorübergehenden Stagnationsphase kaum stehen bleiben dürfen. Jedem Chaos entsteigt die Ordnung, der Bedarf an System als der Manifestation des Gleichheitssatzes und der Rechtssicherheit wird sich erneut zeigen, und gerade die Systematik der deutschen Prozeßrechtswissenschaft – das zeigt ihre Geschichte – hat gute Chancen zu einer europäischen Renaissance, wenn sie das Fegefeuer der Übergangsphase überlebt. Ein teilweise bitterer Abschied vom Denken in der eigenen Sprache und von der Sicherheit einer zweihundertjährigen Tradition wird trotzdem bleiben. Man sollte ihn nicht technokratisch verordnen, sondern wachsen lassen, damit die Zeit und nicht die „planification" das rechte Maß setzt.

VIII. Schlußbemerkung

Das Plädoyer für nationale Vielfalt im Prozeßrecht sei mit einer allgemeinen Bemerkung beschlossen. Die Präferenz für die gewachsene Rechtskultur ist immer zugleich die Präferenz für dezentrale Lösungen. Der Rechtszentralismus ist wie jeder Zentralismus schwerfällig auch in der Korrektur seiner Irrtümer, und er lähmt die von der Basis her wirkende Initiative. Die demokratische Legitimation des Rechts wird schwächer, wo sie in die Mittelbarkeit verbannt ist oder von kaum überschaubaren Mehrheiten abhängt, wie sie Hunderte von Millionen Stimmbürgern schaffen werden. Der Faszination großer gleichförmiger Rechtsräume sollte man deshalb nicht erliegen. Für Deutschland kommt der sprachliche Wettbewerbsnachteil hinzu. Die Überzeugung, daß die deutsche Prozeßkultur zumindest teilweise etwas Erhaltenswertes sein könnte, beschwört ein Stück eigener Identität und hat mit engstirnigem Nationalismus und Angst vor Europa so lange nichts zu tun, als man anderen europäischen Ländern in Toleranz die gleiche Möglichkeit zur Identitätswahrung zugesteht. Nur auf dieser Basis wechselseitiger Toleranz kann ein europäisches Rechtswesen mit Beteiligung seiner Bürger gedeihen.

Dispositionsgrundsatz und Verfahrensbeteiligung im europäischen Vergleich

von

Wolfgang Grunsky

Bielefeld

I.

Der deutsche Zivilprozeß wird vom Dispositionsgrundsatz beherrscht. Daraus folgt u. a., daß die Stellung als Verfahrensbeteiligter auf privatautonomen Entscheidungen des jeweiligen Klägers oder eines anderen Beteiligten (z. B. des dem Verfahren beigetretenen Streithelfers) beruht und die Rollen nicht etwa vom Gericht verteilt werden[1].

1. a) Offenkundig ist dies für die zentralen Beteiligten Kläger und Beklagter. Kläger kann man nur dadurch werden, daß man selber klagt, wozu man nicht gezwungen werden kann. Demgegenüber hat sich der Beklagte seine Rolle zwar nicht selber ausgesucht, doch ist sie ihm auch nicht etwa vom Gericht zugewiesen worden. Sie ergibt sich vielmehr aus der Entscheidung des Klägers, gerade gegen diese – und nicht etwa gegen eine andere – Person als Beklagten vorzugehen. Insoweit mag man von einer Fremdbestimmtheit des Beklagten sprechen, doch hat – und allein darauf kommt es in unserem Zusammenhang an – bei alledem das Gericht nicht mitzureden.

Hat der Kläger den falschen Beklagten ausgesucht, so hat das Gericht auch keine Möglichkeit, die Klageabweisung dadurch zu vermeiden, daß es von sich aus einen anderen Beklagten in den Prozeß einführt. Es kann

---

[1] Der Dispositionsgrundsatz überläßt dem Kläger nicht nur die Entscheidung darüber, ob und über welchen Streitgegenstand prozessiert wird, sondern darüber hinaus auch, gegen wen gestritten wird (*Stein/Jonas/Leipold*, ZPO, 20. Aufl. 1983, vor § 128 Rdnr. 69).

allenfalls nach § 139 ZPO gehalten sein, den Kläger auf die Möglichkeit eines Beklagtenwechsels hinzuweisen[2] (wobei hier nicht darauf eingegangen werden muß, wie ein solcher Wechsel dogmatisch zu erklären ist[3]). Macht der Kläger von dieser Möglichkeit keinen Gebrauch, so kann das Gericht den Beklagten in keinem Fall von Amts wegen auswechseln, sondern hat die Klage abzuweisen (i. d. R. mangels Passivlegitimation des Beklagten als unbegründet, manchmal aber auch als unzulässig, wie etwa bei fehlender Prozeßführungsbefugnis).

Entsprechend stellt sich die Situation auf der Klägerseite dar: Scheitert der Erfolg der Klage daran, daß das geltend gemachte Recht zwar besteht, aber einem anderen als dem Kläger zusteht, der seinerseits für die Geltendmachung des Rechts auch nicht prozeßführungsbefugt ist, so kann das Gericht den Beklagten nur nach einem Klägerwechsel verurteilen, der seinerseits voraussetzt, daß der materiell Berechtigte bereit ist, die Klägerrolle zu übernehmen[4]. Fehlt es an dieser Bereitschaft, so ist die Klage auf jeden Fall abzuweisen.

b) An dem skizzierten Bild ändert sich auch im Falle einer notwendigen Streitgenossenschaft nichts. Kann ein Recht nur von mehreren Klägern gemeinsam oder gegenüber mehreren Beklagten gerichtlich gemacht werden[5], ohne daß auf der Kläger- oder der Beklagtenseite alle notwendigen Streitgenossen beteiligt sind, so bleibt dem Gericht abgesehen von dem Hinweis nach § 139 ZPO erneut wieder nur die Klageabweisung (und zwar als unzulässig[6]). Nach deutschem Recht hat das Gericht insbesondere keine Möglichkeit, solche Personen als Beklagte in den Prozeß miteinzubeziehen, die zwar hätten mitverklagt werden müssen, aber nicht verklagt worden sind. Diese werden ohne verklagt worden zu sein auch nicht etwa nach § 62 Abs. 1 ZPO von den übrigen

---

[2] Ob ein solcher Hinweis gegeben werden muß oder nicht vielleicht über das hinausgeht, was dem Gericht an Hinweisbefugnissen zusteht, mag hier offenbleiben. Da der Beklagtenwechsel von der h. M. als Klageänderung behandelt wird, spielt hier die umstrittene Frage rein, unter welchen Voraussetzungen nach § 139 ZPO eine Klageänderung angeregt werden darf oder muß (s. dazu *Henckel,* Prozeßrecht und materielles Recht, 1970, S. 125 ff.; *E. Peters,* Richterliche Hinweispflichten und Beweisinitiativen im Zivilprozeß, 1983, S. 127 ff.).

[3] S. dazu ausführlich *Stein/Jonas/Schumann,* aaO., § 264 Rdnr. 91 ff.

[4] *Stein/Jonas/Schumann,* aaO., § 264 Rdnr. 105.

[5] Damit sind zwar nicht alle Fälle einer notwendigen Streitgenossenschaft erfaßt, doch interessieren in unserem Zusammenhang nur die Fallgestaltungen, in denen eine Einzelklage unzulässig ist, die Klage also von mehreren oder gegen mehrere erhoben werden muß (s. dazu *Stein/Jonas/Leipold,* aaO., § 62 Rdnr. 14 ff.).

[6] Bei Notwendigkeit einer gemeinschaftlichen Klage ist die Einzelklage unzulässig (*Stein/Jonas/Leipold,* aaO., § 62 Rdnr. 25).

Streitgenossen vertreten. Diese Vorschrift ist nur insoweit anwendbar, als ein zuvor verklagter notwendiger Streitgenosse säumig ist.

2. Schaut man über die Parteien hinaus auf sonstige Beteiligte, so ändert sich an dem Bild nichts. Wer nicht selbst aktiv wird oder gegen wen sich nicht das Aktivwerden eines anderen Beteiligten richtet, hat in dem Prozeß nichts zu suchen und kann nicht durch das Gericht von Amts wegen hinzugezogen werden. Insbesondere spielt es dabei keine Rolle, ob es angesichts der Rechtslage zweckmäßig wäre, die Urteilswirkungen auf Dritte zu erstrecken oder sonstwie eine „Gesamtlösung" unter Einbeziehung Dritter herbeizuführen. Wer als Dritter an einer solchen Einbeziehung interessiert ist, mag bei Vorliegen der von § 66 ZPO geforderten Voraussetzungen dem Verfahren als Nebenintervenient zur Unterstützung einer Partei beitreten. Selbst dann, wenn das Urteil dem Dritten gegenüber in Rechtskraft erwächst, wird er dadurch nicht automatisch Verfahrensbeteiligter, sondern kann allenfalls einer Partei als Streithelfer beitreten[7]. Fehlt es an den Voraussetzungen für eine Nebenintervention, so hat der Dritte nach geltendem Recht keine Möglichkeit, in dem Verfahren „mitzumischen". Entsprechendes gilt dann, wenn es darum geht, die Wirkungen des Verfahrens auf einen Dritten zu erstrecken. Dies kann nur über die von einer Partei ausgehende Streitverkündung erfolgen, die ja praktisch nichts anderes ist als eine zwangsweise Erstreckung der Nebeninterventionswirkungen auf den Streitverkündeten[8].

Das Gericht ist auch in diesem Bereich auf die Aktivitäten der Beteiligten angewiesen und kann nicht etwa von Amts wegen aus Zweckmäßigkeitsgründen den Beteiligtenkreis erweitern. Man mag sogar daran zweifeln können, ob in diesem Bereich ein Hinweis nach § 139 ZPO zulässig ist. Eindeutig auszuschließen ist dies bei der Nebenintervention. Der beitrittsberechtigte Dritte ist ja bisher an dem Verfahren nicht beteiligt, weshalb das Gericht keine Möglichkeit hat, ihn anzusprechen und auf die Zweckmäßigkeit seines Beitritts hinzuweisen. Aber auch bei der Streitverkündung kann man zweifeln, ohne daß diese Zweifel hier geklärt werden müßten. Gegen die Zulässigkeit eines Hinweises an eine Partei auf die Zweckmäßigkeit einer Streitverkündung kann immerhin darauf hingewiesen werden, daß die Entscheidung des anhängigen Verfahrens nicht davon abhängt, ob eine Streitverkündung erfolgt. Auch

---

[7] S. vor allem § 265 Abs. 2 S. 3 ZPO für den Rechtsnachfolger einer Partei.

[8] Zur Funktion der Streitverkündung als Herbeiführung der Interventionswirkung und dazu, daß trotz des unterschiedlichen Wortlauts von § 66 Abs. 1 ZPO und § 72 Abs. 1 ZPO die Voraussetzungen beider Institute miteinander übereinstimmen, s. *Häsemeyer,* ZZP 84 (1971), 179, 182 ff.

ohne eine solche kann der Rechtsstreit sachgerecht entschieden werden. Der Wortlaut von § 139 ZPO spricht ebenfalls nicht für eine richterliche Hinweispflicht: Die Streitverkündung hat weder etwas mit einer Erklärung über die entscheidungserheblichen Tatsachen zu tun, noch handelt es sich dabei um einen sachdienlichen „Antrag". Letztlich braucht diese Frage hier aber deshalb nicht vertieft zu werden, weil ein richterlicher Hinweis ja nichts daran ändert, daß die Streitverkündung von der Partei ausgehen muß und nicht etwa aus Zweckmäßigkeitsgründen vom Gericht vorgenommen werden kann.

3. Die dargestellte Rechtslage ist eine folgerichtige Konsequenz aus dem Dispositionsgrundsatz bzw. den diesem Grundsatz zugrundeliegenden liberalen Wertvorstellungen. Danach wird von jedem Bürger erwartet, daß er sich um seine Angelegenheiten selbst kümmert, während der Staat sich weitestmöglich zurückzuhalten hat. Insbesondere gilt dies auch für die Hinzuziehung Dritter in das Verfahren. Wenn das Gericht keine Möglichkeit hat, von sich aus Dritte miteinzubeziehen, sofern dies für eine „Gesamtbereinigung" zweckmäßig erscheint, so deshalb nicht, weil es Sache der Parteien ist, was sie ihrerseits als zweckmäßig ansehen und welche Konsequenzen sie daraus ziehen. Diese ihre eigene Entscheidung soll das Gericht nicht dadurch unterlaufen können, daß es von seinem „Zweckmäßigkeitshorizont" aus meint, es sei besser, den Kreis der Beteiligten über die Prozeßparteien hinaus auszuweiten.

II.

1. Alles bisher Gesagte mag uns mehr oder weniger selbstverständlich erscheinen, doch belehrt uns ein Blick über die Grenzen hinaus schnell, daß man die Dinge auch anders sehen und regeln kann. Nicht überraschend ist dies in solchen Rechtsordnungen, die den Prozeß eher als Instrument zur Lösung sozialer Konflikte ansehen, die sich in dem konkreten Rechtsstreit niederschlagen. Bei einem solchen Verständnis ist es praktisch selbstverständlich, daß das Gericht die Möglichkeit haben muß, über die Parteien hinauszugreifen, um an weitere an dem Konflikt Beteiligte heranzukommen und diesen so gewissermaßen von den Wurzeln her auszurotten bzw. ihn auf einer gesamtgesellschaftlichen Basis (oder wie immer man hier formulieren mag) zu regeln.

Es liegt nahe, daß in diesem Zusammenhang vor allem viele (freilich nicht alle) der sog. sozialistischen Rechtsordnungen einschlägiges Anschauungsmaterial bieten. Dies hier näher darzustellen lohnt jedoch deswegen nicht, weil die Wege zu einem europäischen Zivilprozeßrecht offenkundig nicht in Richtung der sozialistischen Prozeßrechte hin verlaufen. Wenn nicht alles trügt, dürfte es eher umgekehrt so sein, daß die derzeit noch sozialistischen Rechtsordnungen (was immer das genau sein mag) sich weitgehend an westeuropäischen Vorbildern ausrichten werden. Die ZPO der DDR wird kaum das einzige Verfahrensgesetz sein, das im Zuge der politischen Neuorientierung Osteuropas auf der Strecke bleibt.

2. Interessanter sind in unserem Zusammenhang westeuropäische Rechtsordnungen, die in einem mit dem unseren vergleichbaren politischen, sozialen und wirtschaftlichen Kontext stehen und deren Prozeßrecht insbesondere ebenfalls auf dem Dispositionsgrundsatz aufbaut. Als Beispiel sei im folgenden vor allem das italienische Recht herausgegriffen, das in dem uns interessierenden Fragenkreis jedoch keineswegs eine Sonderstellung einnimmt, sondern ganz auf der Linie der neueren europäischen Prozeßrechtsentwicklung liegt.

a) An dem Grundsatz, daß jedermann selbst entscheidet, ob und gegen wen er klagen will, rüttelt freilich auch das italienische Recht nicht. Gleichwohl betreffen die Abweichungen gegenüber dem deutschen Recht nicht etwa nur Randfragen. Konkret geht es um zwei Fragenkomplexe, und zwar zunächst um die notwendige Streitgenossenschaft. Klagen hier nicht alle notwendigen Streitgenossen oder sind nicht alle notwendigen Streitgenossen verklagt, so hat das Gericht nach Art. 102 Abs. 2 c.p.c. „die Vervollständigung des rechtlichen Gehörs" anzuordnen, d. h. es hat für die Einbeziehung des noch fehlenden notwendigen Streitgenossen zu sorgen. Dies geschieht freilich nicht in der Weise, daß das Gericht auf der Klägerseite den fehlenden Streitgenossen von Amts wegen zum Mitkläger machen kann bzw. daß sich auf der Beklagtenseite die Klage jetzt automatisch auf den nicht mitverklagten Streitgenossen erstreckt. Insoweit bleibt es dabei, daß die Klägerseite selbst bestimmt, wer klagt und gegen wen sich die Klage richtet. Das Gericht gibt vielmehr dem bzw. den Klägern auf, innerhalb einer vom Gericht gesetzten Frist für die angeordnete Vervollständigung zu sorgen[9]. Geschieht das nicht, so „erlischt" der Prozeß, ohne daß es zu einer Entscheidung

---

[9] Im Ergebnis entspricht dies der griechischen Rechtslage, wo Art. 90 griech. ZPO (s. zu diesem Art. weiter u. II 3) dahingehend verstanden wird, daß das Gericht im Falle einer notwendigen Streitgenossenschaft der Partei aufgeben muß, den nicht beteiligten notwendigen Streitgenossen beizuladen; Unklarheit besteht dabei freilich hinsichtlich der Rechtsfolge, sofern der Anordnung nicht Folge geleistet wird (s. dazu *Mitsopoulos,* Rivista di diritto processuale 1991, 739, 746 f.).

kommt (Art. 307 Abs. 3 c.p.c.), d. h. anders als im deutschen Recht wird die Klage nicht als unzulässig abgewiesen. Das „Erlöschen“ des Prozesses erfolgt von selbst, muß von der daran interessierten Partei aber einredeweise geltend gemacht werden, woraufhin es durch Beschluß des Instruktionsrichters oder durch Urteil der Kammer ausgesprochen wird (Art. 307 Abs. 4 c.p.c.).

Im praktischen Ergebnis liegen die beiden Rechtsordnungen freilich insofern nicht weit auseinander, als die Klage beidemale erneut erhoben werden kann – diesmal freilich in „richtiger Besetzung“. Im italienischen Recht gibt es keinerlei Urteil über den Streitgegenstand des früheren Verfahrens, dessen Rechtskraft einer solchen Klage entgegenstehen könnte, und im deutschen Recht erwächst das Prozeßurteil zwar in Rechtskraft, die für eine erneute Klage unter Vermeidung des Zulässigkeitsmangels jedoch kein Hindernis ist[10]. Von daher mag man der Auffassung sein, daß die Anordnung zur Vervollständigung des Prozesses letztlich einem Hinweis nach § 139 ZPO nahekommt: Beidemale wird die Klägerseite darauf hingewiesen, daß an dem Verfahren noch weitere Parteien beteiligt werden müssen. Ob die Klägerseite daraus die Konsequenzen zieht oder es vorzieht, die dargestellten negativen prozessualen Folgen in Kauf zu nehmen, bleibt ihr überlassen.

b) Gravierender sind die Unterschiede zwischen beiden Rechtsordnungen in der zweiten Fallgruppe. Hierbei handelt es sich um die Streitverkündung. Dieses Institut ist im italienischen Recht hinsichtlich der tatbestandlichen Voraussetzungen zwar etwas anderes als im deutschen Recht geregelt[11], doch spielt das in unserem Zusammenhang keine Rolle. Für uns ist wichtig, daß das Gericht, sofern es dies für zweckmäßig hält, anordnen kann, daß ein Dritter, der mit dem Streitgegenstand zu tun hat, zu dem Verfahren hinzuzuziehen ist (Art. 107 c.p.c.)[12]. Ebenso wie bei der notwendigen Streitgenossenschaft geschieht dies zwar ebenfalls nicht so, daß das Gericht den Dritten von Amts wegen hinzuzieht, sondern den Parteien wird aufgegeben, dem Dritten innerhalb einer

---

[10] Ein näheres Eingehen auf die Rechtskraftfähigkeit von Prozeßurteilen und den Umfang der Rechtskraft derartiger Urteile ist an dieser Stelle nicht erforderlich; s. dazu *Stein/Jonas/Leipold*, aaO., § 322 Rdnr. 62 und 136 ff.

[11] Art. 106 c.p.c.: „Jede Partei kann einem Dritten den Streit verkünden, wenn sie den Rechtsstreit für einen mit ihm gemeinschaftlichen hält oder wenn sie von ihm Schadloshaltung beansprucht.“ Zu den davon erfaßten Fallgestaltungen s. ausführlich *Luiso*, Appunti di diritto processuale civile (Parte generale), 2. Aufl. 1991, S. 249 ff.

[12] “Sofern es das Gericht für zweckmäßig hält, daß das Verfahren auch einem Dritten gegenüber geführt wird, mit dem der Rechtsstreit gemeinschaftlich ist, so ordnet es dessen Intervention an.“

vom Gericht bestimmten Frist den Streit zu verkünden. Wichtig ist jedoch die Rechtsfolge, falls dies nicht geschieht: In diesem Fall ruht das Verfahren zunächst (Art. 270 Abs. 2 c.p.c.); wird es nicht innerhalb eines Jahres wieder aufgenommen, so „erlischt" der Prozeß erneut (Art. 307 Abs. 1 c.p.c.), d. h. es ergeht keine Entscheidung[13].

Dies stellt gegenüber dem deutschen Recht eine grundlegende Abweichung dar. Nach der ZPO mag das Gericht zwar vielleicht nach § 139 ZPO eine Streitverkündung anregen können[14], doch bleibt es den Parteien überlassen, ob sie der Anregung Folge leisten. Tun sie dies nicht, so geht das Verfahren gleichwohl weiter und wird durch Sachurteil abgeschlossen, ohne daß es darauf ankommt, ob eine Erstreckung der Urteilswirkungen auf den Dritten sinnvoll gewesen wäre. Demgegenüber werden die Parteien im italienischen Recht vor die Wahl gestellt, entweder der gerichtlichen Anordnung Folge zu leisten oder von dem Verfahren Abstand zu nehmen. Oder anders formuliert: Das Gericht braucht kein Verfahren durchzuführen, das seiner Auffassung zufolge nur zu einer „halben Lösung" führt. Praktisch läuft das eben doch darauf hinaus, daß das Gericht den Dritten von Amts wegen hinzuziehen kann und der Dispositionsgrundsatz insoweit eingeschränkt ist.

3. Auf weitere Rechtsordnungen kann hier nicht im einzelnen eingegangen werden. Immerhin sei darauf hingewiesen, daß vor allem die Hinzuziehung eines „streitverkündungsfähigen" Dritten von Amts wegen auch in anderen europäischen Rechtsordnungen vorgesehen ist, und zwar speziell in neueren Verfahrensgesetzen. Zu erwähnen sind insoweit vor allem Art. 90 griech. ZPO v. 1968[15] sowie Art. 332 Abs. 1 franz. nouveau c.p.c. v. 1975[16]. Dagegen kennt das spanische Recht die Hinzuziehung Dritter auf Anordnung des Gerichts grundsätzlich nicht[17]. Ein umfassendes rechtsvergleichendes Bild ist an dieser Stelle nicht erforder-

---

[13] Zu den Rechtsfolgen der unterbliebenen Streitverkündung nach der vom Gericht gemäß Art. 107 c.p.c. getroffenen Anordnung s. *Luiso,* aaO., S. 268.

[14] S. dazu o. I 2.

[15] S. die deutsche Übersetzung bei *Baumgärtel/Rammos,* Das griechische Zivilprozeß-Gesetzbuch mit Einführungsgesetz, 1969. Wegen der inzwischen geänderten Artikelfolge entspricht der in seinem Wortlaut unverändert gebliebene Art. 90 in dieser Übersetzung dem Art. 91. Zur Auslegung von Art. 90 s. neuerdings ausführlich *Mitsopoulos,* Rivista di diritto processuale 1991, 739.

[16] „Das Gericht kann die Parteien auffordern, alle Interessierten zu dem Rechtsstreit hinzuzuziehen, deren Anwesenheit ihm für die Beilegung der Streitigkeit erforderlich erscheint."

[17] S. *Ramos Mendez,* Derecho Procesal Civil, 3. Aufl., Bd. I, 1986, S. 325; *Montero Aroca/Ortells Ramos/Gomes Colomer,* Derecho jurisdiccional, Bd. 2, 1. Halbbd., 2. Aufl. 1989, S. 54.

lich. Es reicht aus, gezeigt zu haben, daß die ZPO den Dispositionsgrundsatz bei der Bestimmung der Verfahrensbeteiligten besonders streng durchhält, während andere Rechtsordnungen insoweit dem Gericht mehr Befugnisse einräumen.

III.

1. In den bisherigen Ausführungen ist das deutsche Recht ausschließlich in Gestalt der ZPO vertreten gewesen. Diese ist zwar nach wie vor so etwas wie die „Mutter der deutschen Prozeßgesetze", doch weichen ihre Kinder gerade in dem uns interessierenden Punkt nicht unerheblich von der ZPO ab. Es reicht aus, an die Beiladung im Verwaltungsprozeß (§ 65 VwGO) oder an den weiten Beteiligtenbegriff im arbeitsgerichtlichen Beschlußverfahren zu erinnern. Ohne daß hier (die teilweise sehr umstrittenen) Einzelheiten dargestellt werden müssen[18], liegt doch auf der Hand, daß der Gesetzgeber hier das Bedürfnis verspürt hat, Dritte dann von Amts wegen hinzuziehen zu können, wenn dies angesichts des engen Zusammenhangs von deren Rechtsstellung mit der der Partei zweckmäßig erscheint[19]. Im einzelnen ist hier sowohl bei den tatbestandlichen Voraussetzungen als auch bei den Rechtsfolgen einer solchen Hinzuziehung noch manches unklar, doch hat sich der Gesetzgeber von seinem strengen Ausgangspunkt bei Erlaß der ZPO gelöst. Offenbar ist das Vertrauen in die eigenverantwortliche Rechtsverfolgung durch die Parteien und die sonstigen Beteiligten nicht mehr so ungetrübt wie in den siebziger Jahren des vorigen Jahrhunderts.

Entgegen einer verbreiteten Vorstellung kann die neue Entwicklung auch nicht auf Besonderheiten der Streitgegenstände zurückgeführt werden, die in den Verfahren entschieden werden, in denen Dritte auch ohne Mitwirkung der Parteien hinzugezogen werden können. Sicher

---

[18] Zu § 65 VwGO s. die ausführliche Kommentierung bei *Eyermann/Fröhler,* Verwaltungsgerichtsordnung, 9. Aufl. 1988 und zum Beteiligtenbegriff im arbeitsgerichtlichen Verfahren *Grunsky,* ArbGG, 6. Aufl. 1990, § 83 Rdnr. 9 ff.; *Germelmann/Matthes/Prütting,* ArbGG, 1990, § 83 Rdnr. 7 ff.

[19] Von geringerem Interesse ist in unserem Zusammenhang der Beteiligtenbegriff im Verfahren der Freiwilligen Gerichtsbarkeit (s. dazu ausführlich *Habscheid,* Freiwillige Gerichtsbarkeit, 7. Aufl. 1983, § 14; *Brehm,* Freiwillige Gerichtsbarkeit, 1988, § 11). Zwar werden dort Dritte unabhängig davon hinzugezogen, ob der Antragsteller ihre Beteiligung veranlaßt hat, doch ist das FGG-Verfahren gegenüber dem Erkenntnisverfahren nach der ZPO insgesamt zu unterschiedlich strukturiert, als daß daraus für dieses Folgerungen gezogen werden könnten.

geht es sowohl im Verwaltungsprozeß als auch im arbeitsgerichtlichen Beschlußverfahren häufig (keineswegs immer) um Konflikte, die Auswirkungen über die Parteien hinaus haben und auch das Allgemeininteresse bzw. die betriebliche Ordnung insgesamt berühren können[20]. Das ist jedoch nicht der entscheidende Punkt. Zum einen gibt es derartige Fallgestaltungen nämlich auch in zivilprozessualen bzw. arbeitsgerichtlichen Verfahren, bei denen sich die Beteiligtenstellung ausschließlich nach dem strengen Dispositionsgrundsatz der ZPO bestimmt (z. B. wettbewerbsrechtliche Streitigkeiten oder Prozesse um die Rechtmäßigkeit bzw. Rechtswidrigkeit eines Arbeitskampfes), und zum anderen ändert das über die Parteien hinausgreifende Interesse in den genannten Verfahren ja nichts daran, daß diese sonst ebenfalls vom Dispositionsgrundsatz beherrscht werden[21]. Insbesondere führt ein eventuelles Allgemeininteresse nicht etwa dazu, daß von Amts wegen ein Verfahren eingeleitet werden kann. Es bleibt vielmehr dabei, daß sich ein Kläger oder (im Beschlußverfahren) ein Antragsteller dazu entschließen muß, um Rechtsschutz nachzusuchen. Angesichts dessen hätte es bei konsequentem Durchhalten des alten ZPO-Ansatzes nahegelegen, auch in den genannten Verfahren dem Gericht keine Möglichkeit zu geben, den Kreis der Verfahrensbeteiligten von sich aus zu bestimmen.

2. Das Vorstehende soll nicht etwa im Sinne eines Aufrufs zur Rückbesinnung auf die reine Lehre der ZPO verstanden werden. Eher im Gegenteil. Seit Inkrafttreten der ZPO hat sich gezeigt, daß es Situationen gibt, in denen es zweckmäßig ist, dem Gericht die Möglichkeit zu geben, Dritte auch dann in dem Verfahren hinzuziehen zu können, wenn keine der Parteien eine entsprechende Initiative ergreift. Da dies im Rahmen der ZPO nicht möglich war, hat der Gesetzgeber zum Erlaß verfahrensrechtlicher Sondernormen gegriffen. Insbesondere das arbeitsgerichtliche Beschlußverfahren verdankt seine Existenz zwar nicht ausschließlich, aber doch großenteils der Erwägung, daß über den Antragsteller und den Antragsgegner hinaus Dritte von Amts wegen einbezogen werden können. Man fragt sich, ob der Gesetzgeber hier nicht zu viel Respekt vor der „heiligen Kuh" ZPO gehabt hat. Hätte es nicht näher gelegen, anstatt ein besonderes Verfahren zu kreieren und dadurch

---

[20] S. zu den daraus gezogenen Konsequenzen hinsichtlich der Charakterisierung des arbeitsgerichtlichen Beschlußverfahrens *Körnich,* Das arbeitsgerichtliche Beschlußverfahren, 1978, S. 22 ff., der das Beschlußverfahren selbst als ein Sonderverfahren der Freiwilligen Gerichtsbarkeit einordnet (S. 27 ff.).

[21] Zum Dispositionsgrundsatz im arbeitsgerichtlichen Beschlußverfahren s. *Grunsky,* aaO., § 80 Rdnr. 24 ff.

Schwierigkeiten bei der Abgrenzung des Urteils- vom Beschlußverfahren zu schaffen[22], bei der ZPO anzusetzen und hier die Befugnisse des Gerichts zu erweitern? Besondere Verfahren haben immer den Nachteil, daß der Grenzverlauf zum „Normalverfahren" nur schwer zu bestimmen ist und erhebliche Rechtsprechungskapazitäten bindet. Eindrucksvolles Beispiel ist aus jüngerer Zeit vor allem das Verfahren in Familiensachen[23]. Soweit es möglich ist, verfahrensrechtlichen Bedürfnissen durch Anpassung der ZPO Genüge zu tun, ohne daß man dabei notwendige Grundsätze des normalen Erkenntnisverfahrens aufgibt, ist dieser Weg dem der Schaffung eines besonderen Verfahrens vorzuziehen.

Eben dies wäre bei dem hier besprochenen Problemkreis aber möglich gewesen. Ein Blick über die Grenzen hat gezeigt, daß wir uns damit einer Entwicklung angeschlossen hätten, die in anderen Rechtsordnungen bereits in vollem Gang ist. Sollte es in absehbarer Zeit zur Schaffung eines europäischen Prozeßrechts kommen, so wird man auf jeden Fall davon ausgehen müssen, daß bei der Bestimmung der Verfahrensbeteiligten nicht die derzeitige ZPO mit ihrem streng durchgehaltenen Dispositionsgrundsatz Pate stehen wird, sondern daß dem Gericht die Möglichkeit eröffnet wird, zumindest unter bestimmten Voraussetzungen den Kreis der Beteiligten mitbestimmen zu können.

Dies erscheint auch sachgerecht. Auch wenn man die liberalen Grundlagen des Dispositions- und des Verhandlungsgrundsatzes für nach wie vor berechtigt hält, ändert dies nichts daran, daß diese Grundsätze – ebenso wie andere Prinzipien auch – nur eine Art „Marschrichtung" angeben können und sich vernünftigerweise nie uneingeschränkt verwirklichen lassen. Insbesondere sozialstaatliche Wertungen führen dazu, den Dispositionsgrundsatz in seiner Tragweite zu reduzieren. Solange dies nur in Randbereichen geschieht (und dazu gehört der untersuchte Problemkreis) rührt dies nicht an die Wurzeln eines liberalen Verständnisses des Prozeßrechts.

---

[22] Zur rechtspolitischen Fragwürdigkeit des arbeitsgerichtlichen Beschlußverfahrens s. *Grunsky,* aaO., § 80 Rdnr. 5.

[23] S. dazu die eindrucksvolle Darstellung bei *Walter,* Der Prozeß in Familiensachen, 1985 und zuletzt *Jauernig,* Zivilprozeßrecht, 21. Aufl. 1991, § 91 V.

Abbau prozessualer Schranken im europäischen Binnenmarkt

von

Manfred Wolf

Frankfurt

I. Die Bedeutung des Prozeßrechts für den Handelsverkehr im Binnenmarkt

Die Rechtsangleichung auf dem Gebiet des Zivilprozesses hat in den Mitgliedstaaten der EG schon einige Erfolge aufzuweisen. Das EuGVÜ hat eine weitgehende Vereinheitlichung des Gerichtsstandes sowie der Anerkennung und Vollstreckung von Titeln anderer Mitgliedstaaten gebracht. Daneben gewährleistet Art. 6 EMRK die wichtigsten Grundlagen eines fairen rechtsstaatlichen Gerichtsverfahrens mit umfassenden Richtigkeitsgarantien in allen Mitgliedstaaten. Da das Prozeßrecht zuweilen als ein Rechtsgebiet ohne allzu großen Einfluß auf den Wirtschaftsverkehr eingestuft wird, scheint es, als ob man sich mit dem erreichten Stand rechtsstaatlicher Gemeinsamkeiten begnügen und die gegebenen Unterschiede hinnehmen könnte.

Bei dieser Sicht würde jedoch der enge Zusammenhang zwischen materiellem Recht und Prozeßrecht zu wenig beachtet, der sich vor allem auch darin zeigt, daß langwierige, aufwendige und kostspielige Prozesse die Durchsetzung materieller Rechte erheblich beeinträchtigen und damit auch die Geschäftstätigkeit in anderen Mitgliedstaaten, auf deren Prozeßsystem man angewiesen ist, stören können. Solche Störungen sollen aber durch die Grundfreiheiten des EWG-Vertrags nach Möglichkeit verhindert werden. Es erscheint deshalb geboten, die prozessualen Vorschriften auch darauf zu untersuchen, ob sie in ihrer Unterschiedlichkeit mit den Freiheiten des EWG-Vertrags und dem angestrebten Ziel des Binnenmarkts zu vereinbaren sind.

Die Freiheit des Warenverkehrs (Art. 30 EWGV) sowie die Freiheit des Dienstleistungsverkehrs (Art. 59 EWGV) gehören zu den Freiheiten, in deren Bereich in erster Linie die für den Austausch von Waren und Dienstleistungen typischen Verträge und Rechtsverhältnisse abgewickelt werden. Je besser und reibungsloser die Rechte aus diesen Austauschbeziehungen über die Grenzen der Mitgliedstaaten hinweg vor den Gerichten durchgesetzt werden können, desto eher ist auch der freie Fluß von Waren und Dienstleistungen gewährleistet. Prozessuale Vorschriften, die die Rechtsdurchsetzung zu einem wesentlichen Teil beeinflussen und steuern, haben damit einen wichtigen Einfluß auf die Ausübung der Marktfreiheiten und müssen sich deshalb auf ihre Vereinbarkeit mit den Grundfreiheiten des EWG-Vertrags überprüfen lassen.

II. Einfluß der Grundfreiheiten des EWG-Vertrags auf das Prozeßrecht

1. Tragweite der Grundfreiheiten

Nach der Rechtsprechung des EuGH ermöglichen die Waren- und Dienstleistungsfreiheit jedem Anbieter, seine Leistungen in allen Mitgliedstaaten grundsätzlich zu den in seinem Herkunftsland geltenden Bedingungen anzubieten (Prinzip des Herkunftslandes)[1]. Zugleich dürfen aber die Anbieter in den Mitgliedstaaten, in die sie ihre Waren und Dienstleistungen exportieren, auch nicht diskriminiert werden[2], so daß sie sich im Prinzip die jeweils für sie günstigsten Bedingungen, sei es ihres Herkunftslandes oder des Exportlandes, aussuchen können. In gleicher Weise muß auch die Nachfrageseite grundsätzlich die Möglichkeit haben, Waren und Dienstleistungen von Anbietern anderer Mitgliedstaaten zu den günstigen Bedingungen des Anbieterherkunftslandes zu beziehen[3]. Auf diese Weise soll sich der Binnenmarkt verwirklichen, in dem gemäß Art. 8a EWGV der Leistungsaustausch ohne Binnengrenzen

---

[1] S. schon EuGHE 1979, 643, 672 = NJW 1979, 1766 (Cassis de Dijon); EuGHE 1984, 2971 = NJW 1985, 1275 (Klopp); EuGHE 1986, 3755 = NJW 1987, 572; EuGHE 1986, 3793, 3802; EuGH NJW 1991, 2693 (Säger); *Steindorff*, ZHR 150 (1986), 687, 689; *Dauses*, EuZW 1990, 8, 10; *Gornig*, NJW 1989, 1120, 1121.

[2] EuGH RIW 1978, 801; EuGH NJW 1988, 887 zugleich über die von Art. 7 EWGV verfaßte Staatsangehörigkeit hinaus auf die Ansässigkeit in einem anderen Mitgliedstaat, s. Nr. 11 der Gründe.

[3] EuGHE 1984, 377; EuGH RIW 1991, 347; *Everling*, RabelsZ 50 (1986), 193, 216; *Steindorff*, ZHR 150 (1986), 687, 689, 692.

möglich sein soll. Damit verbunden ist die Grundvorstellung, daß Rechtsinstitute und Vorschriften, die in einem Mitgliedstaat wirtschaftlich vorteilhaft wirken, vorbehaltlich besonderer Umstände grundsätzlich auch in anderen Mitgliedstaaten reibungslos und ohne wesentliche Störungen funktionieren können sollten.

Diese Grundüberzeugung könnte gerade auch im Prozeßrecht der Mitgliedstaaten aufgrund weitgehend gemeinsamer rechtsstaatlicher Grundlagen eine Bestätigung erfahren. Dabei geht es aber nicht darum, alle kulturellen und nationalen Besonderheiten schlechthin zu beseitigen und eine gleichförmige Einheitsregelung um ihrer selbst willen zu schaffen. Leitgedanke des nach dem EWG-Vertrag zu verwirklichenden Binnenmarkts ist vielmehr nur die Prüfung, inwieweit unterschiedliche Belastungen und Erschwernisse in den einzelnen Mitgliedstaaten die Marktfreiheiten ungerechtfertigt behindern. Unterschiedliche nationale Regelungen, die nicht in marktrelevanter Weise den Handelsverkehr zwischen den Mitgliedstaaten stören oder die aus besonderen Gründen gerechtfertigt sind, können deshalb bestehen bleiben. Maßgebend ist damit zunächst, wann von einer marktrelevanten Störung auszugehen ist. Ist eine solche festgestellt, ist die Rechtfertigung durch besondere Gründe zu prüfen. Erst wenn diese entfällt, wirken die Grundfreiheiten auf das nationale Recht ein.

2. Marktrelevante Störungen

Der freie Leistungsaustausch im EG-Binnenmarkt wird durch alle Maßnahmen und Vorschriften gestört, die unmittelbar oder mittelbar aufgrund ihrer Unterschiedlichkeit den Waren-, Kapital- oder Dienstleistungsverkehr tatsächlich behindern oder auch nur zu behindern geeignet sind[4]. Nach diesem Maßstab müssen nicht alle prozessualen Unterschiede beseitigt werden. Unterschiede im Gerichtssystem und im Verfahren sind zunächst insofern ohne Einfluß auf das Funktionieren des Binnenmarkts, als sie ökonomisch nicht relevant sind und damit den freien Wirtschaftsverkehr zwischen den Mitgliedstaaten nicht beeinträchtigen. Zu den ökonomisch irrelevanten Unterschieden werden im Regelfall die organisatorischen Vorschriften über den Aufbau, die Zuständigkeit und die Besetzung der Gerichte zu zählen sein. Ob eine einheit-

---

[4] *Reich,* EuZW 1991, 203 ff.; zur ähnlichen Definition der Maßnahmen gleicher Wirkung gemäß Art. 30 EWGV EuGHE 1974, 837, 852 = NJW 1975, 515 Dassonville; s. auch EuGHE 1975, 181 = NJW 1975, 1096; EuGH EuZW 1991, 183.

liche Rechtswegzuständigkeit für alle Sachen gegeben ist oder ob eine Aufspaltung der Rechtswege stattfindet wie in Deutschland, dürfte für das Funktionieren des Binnenmarkts grundsätzlich ebenso bedeutungslos sein wie die Frage, ob und inwieweit das Einzelrichtersystem[5] oder das Kollegialsystem durchgeführt wird, ob die Beteiligung von Laienrichtern vorgesehen ist[6] und wie der Instanzenzug ausgebaut ist.

Dem stehen jedoch Vorschriften gegenüber, die den Leistungsaustausch im Rechtsverkehr erheblich beeinflussen können. Dabei ist einmal an Vorschriften zu denken, die die Durchsetzung bestimmter Rechte in einem Mitgliedstaat im Gegensatz zum Herkunftsland ausschließen oder einzelnen Beteiligten die Geltendmachung vor Gericht verwehren.

Binnenmarktstörende Auswirkungen können sich auch durch die Kostenbelastungen eines Verfahrens ergeben. Ebenso können etwa Beweisbeschränkungen der verschiedensten Art oder sonstige Beweisregelungen die Rechtsdurchsetzung erschweren und damit den Leistungsaustausch behindern. Das Mahnverfahren als eine besonders vereinfachte Möglichkeit zur Durchsetzung von Geldansprüchen steht in manchen Mitgliedstaaten nicht zur Verfügung und es fragt sicht, ob der deutsche Exporteur nach dem Prinzip des Herkunftslandslandes die Anwendung dieses Verfahrens in anderen Mitgliedstaaten erreichen kann. Schließlich können auch Vollstreckungsschutzvorschriften, die Rechtsdurchsetzung beeinträchtigen[7].

Marktrelevante Störungen, die die Vorschriften eines Mitgliedstaates für Angehörige anderer Mitgliedstaaten verursachen, müssen grundsätzlich abgebaut werden, da die Mitgliedstaaten nach Art. 5 EWGV die Ziele des EWG-Vertrags und damit auch die Herstellung eines Binnenmarkts verwirklichen und störende Maßnahmen unterlassen müssen. Dazu gehört insbesondere die Beseitigung von Vorschriften mit handelsbeschränkenden und wettbewerbsverzerrenden Wirkungen. Ohne Bedeutung ist dabei, ob die nationalen Vorschriften nach ihrem Regelungszweck dazu bestimmt sind, den Handel zwischen den Mitgliedstaaten unmittelbar zu regeln[8]. Es genügt vielmehr, wenn sie sich objektiv be-

---

[5] Zu dem im Gegensatz zu Deutschland weiter ausgebauten Einzelrichtersystem in Frankreich s. Art. 763 ff. N.c.p.c.

[6] Zum deutschen Recht *Wolf,* Gerichtsverfassungsrecht aller Verfahrenszweige, 6. Aufl. 1987, § 23.

[7] S. zu Beispielen im einzelnen unten III.

[8] EuGH RIW 1991, 332, 333; EuGH RIW 1991, 347.

hindernd auf den innergemeinschaftlichen Handel auswirken[9]. Solche Auswirkungen können sich auch aus prozessualen Vorschriften ergeben.

Zwar geht der EuGH in einzelnen Fällen davon aus, daß nationale Vorschriften, die in keinem Zusammenhang mit dem innergemeinschaftlichen Handeln stehen und diesen nicht zum Gegenstand haben, den Handel zwischen den Mitgliedstaaten nicht behindern und deshalb wirksam sind[10]. Es handelt sich dabei jedoch um Vorschriften, die die Modalitäten des Absatzes bestimmter Erzeugnisse regeln und deshalb nach Auffassung des EuGH den Handel selbst nicht beeinflussen. Prozessuale Vorschriften, die die Rechtsdurchsetzung in einem Mitgliedstaat stärker als in einem anderen Mitgliedstaat erschweren, betreffen aber nicht nur Absatzmodalitäten, sondern berühren mit der Rechtsdurchsetzung unmittelbar den Leistungsaustausch und seine Ergebnisse. Wirtschaftliche Freiheiten können sich nur entfalten, wenn sie rechtlich abgesichert sind. Dazu müssen die im Wirtschaftsverkehr erworbenen Rechte und Pflichten gerichtlich durchsetzbar sein. Ebenso wie der Handels- und Geschäftsverkehr insgesamt auf ein funktionierendes Rechts- und Gerichtssystem angewiesen ist, können deshalb Erschwerungen der Rechtsdurchsetzung in einem Mitgliedstaat auch unmittelbar die Leichtigkeit und Freizügigkeit des Handelsverkehrs behindern und damit zu gemeinschaftswidrigen Störungen des Binnenmarkts führen, die abgebaut werden müssen[11]. Auch der EuGH betont den engen Zusammenhang der Grundfreiheiten des EWG-Vertrags mit der prozessualen Rechtsdurchsetzung, wenn er davon ausgeht, daß die nationalen Gerichte aufgrund der Mitwirkungspflicht des Art. 5 EWGV den Rechtsschutz zu gewährleisten haben, der sich aus der unmittelbaren Wirkung des Gemeinschaftsrechts ergibt[12].

Damit prozessuale Unterschiede als Beeinträchtigungen des Binnenmarkts zu bewerten sind, müssen sie von solcher Art sein, daß die Marktteilnehmer bei wirtschaftlich vernünftiger Überlegung, insbesondere wegen höherer Kosten und Risiken, weniger anzubieten oder nachzufragen geneigt sind als ohne diese Unterschiede, und dadurch der wirtschaftliche Leistungsaustausch zwischen den Mitgliedstaaten in sei-

---

[9] *Grabitz/Matthies,* EWGV, Art. 30 Rdnr. 12 ff.; s. auch EuGH RIW 1991, 347 zu Werbung und Methoden der Absatzförderung.

[10] EuGHE 1981, 1993 = NJW 1981, 1885 (Debel); EuGH NJW 1991, 2203 (Sexartikel); s. auch EuGH EuZW 1991, 318 (Sonntagsarbeitsverbot).

[11] Für Prozeßvereinheitlichung im Binnenmarkt auch *Prütting,* FS für Baumgärtel, 1990, S. 457, 461.

[12] EuGHE 1980, 2545 = NJW 1981, 508; EuGH NJW 1991, 2271, 2272; s. auch EuGH EuZW 1992, 250, 252.

ner freien Entfaltung bedroht wird. Ob und inwieweit dies zutrifft, muß jeweils für einzelne prozessuale Vorschriften und Institute untersucht werden.

3. Berücksichtigung zwingender Erfordernisse

Trotz relevanter Störungen des Binnenmarkts können unterschiedliche Regelungen der Mitgliedstaaten aufrechterhalten bleiben, wenn sie durch besondere Bedürfnisse des Allgemeinwohls gerechtfertigt sind. Dies ergibt sich neben einzelnen Vorschriften, wie insbesondere Art. 36, 56, 66 EWGV, vor allem aus der Rechtsprechung des EuGH zu den zwingenden Erfordernissen, die seit der Leitentscheidung „Cassis de Dijon“[13] zu einem Bestandteil des Gemeinschaftsrechts geworden sind[14]. Zuweilen spricht der EuGH auch von einem nach dem Gemeinschaftsrecht gerechtfertigten Ziel[15] und meint damit ebenfalls besondere nationale Allgemeininteressen, die, solange eine sie berücksichtigende Gemeinschaftsregelung fehlt, die handelsbeschränkenden und wettbewerbsverzerrenden Wirkungen nationaler Vorschriften zu rechtfertigen vermögen. Die nationalen Regelungen müssen jedoch, wenn sie vor dem Gemeinschaftsrecht trotz ihrer binnenmarktstörenden Wirkungen Bestand haben sollen, zur Wahrung der Allgemeininteressen erforderlich und geeignet sein und dürfen die Ziele des Binnenmarkts nicht unverhältnismäßig beeinträchtigen[16].

4. Regelungsinstrumentarien für die Rechtsangleichung

Ist eine ungerechtfertigte Störung des Binnenmarkts aufgrund rechtlicher Vorschriften festgestellt, so besteht grundsätzlich die Verpflichtung durch rechtsangleichende Maßnahmen diese Störungen abzubauen. Die Verpflichtung ergibt sich nach Art. 3 h mit Art. 100 ff. EWGV sowohl für die Gemeinschaft als nach Art. 5 EWGV für die einzelnen Mitgliedstaaten.

---

[13] EuGHE 1979, 649, 662 = NJW 1979, 1766.

[14] S. zur st. Rspr. etwa EuGH NJW 1987, 572, 574; EuGH NJW 1988, 887; EuGH NJW 1990, 972; EuGH RIW 1991, 347; EuGH EuZW 1991, 183; s. zu einem Überblick *Sedemund-Montag,* NJW 1989, 1409.

[15] EuGH RIW 1991, 332.

[16] S. EuGH RIW 1991, 669, 670; EuGH NJW 1991, 2693 (Säger); *Grabitz/Matthies,* EWGV, Art. 30 Rz. 21 m. w. N.

a) Die Gemeinschaft kann ihre Verpflichtung zur Schaffung des Binnenmarkts durch Rechtsangleichung mit Hilfe der Maßnahmen des Art. 189 EWGV erfüllen, wobei vor allem der Richtlinie eine besondere praktische Bedeutung zukommt, weil sie die Bedürfnisse nach einer materiell einheitlichen Regelung am besten mit den Möglichkeiten für nationale Maßnahmen und Gestaltungsspielräume verbinden kann. Auch der EuGH trägt mit seiner Rechtsprechung, etwa in Gestalt seiner Auslegungskompetenz nach Art. 177 EWGV, maßgeblich zur Rechtsvereinheitlichung bei, erlegt sich aber die Beschränkung auf, daß er nationale Rechtsvorschriften nicht wegen Verstoßes gegen den EWG-Vertrag für unwirksam erklären kann[17]. Er ist jedoch zuständig für die Auslegung des EWG-Vertrags und gibt den Gerichten der Mitgliedstaaten damit die Maßstäbe an die Hand, um über die Vereinbarkeit der nationalen Vorschriften mit dem EWG-Vertrag zu entscheiden.

b) Die Pflicht der Mitgliedstaaten zu gemeinschaftskonformer Gestaltung und Anwendung der nationalen Rechtsvorschriften trifft nach Art. 5 EWGV alle staatlichen Organe. In der täglichen Praxis der Rechtsanwendung sind vor allem die Gerichte aufgerufen, dem Vorrang des Gemeinschaftsrechts vor dem nationalen Recht[18] Geltung zu verschaffen.

aa) Hierfür bietet sich als erstes die *gemeinschaftskonforme Auslegung* des nationalen Rechts an.[19]. Wo das nationale Recht Auslegungsspielräume läßt, ist es auch entgegen einer bisher herrschenden Rechtsprechung so auszulegen, daß die Grundfreiheiten des EWG-Vertrags und darunter vor allem auch die Freiheit des Waren- und Dienstleistungsverkehrs entsprechend den Erfordernissen des Binnenmarkts ausgeübt werden können. Dafür bedarf es keiner völligen Gleichschaltung aller prozessualen Institute. Nationale Besonderheiten können vielmehr bestehenbleiben, sofern nur von ihnen keine faktischen Handelsbeschränkungen und Wettbewerbsverzerrungen oder sonstige Störungen des Binnenmarkts ausgehen[20].

---

[17] S. EuGH RIW 1991, 669.

[18] S. dazu etwa EuGHE 1964, 1251, 1269 = NJW 1964, 2371; EuGHE 1978, 629 = NJW 1978, 1741 (Simmenthal); EuGH NJW 1991, 2271 (Factortame); s. auch franz. Conseil d'Etat EuZW 1991, 124; *Stotz*, EuZW 1991, 118.

[19] S. *Zuleeg* in: *von der Groeben/Thiesing/Ehlermann*, EWG-Vertrag, 4. Aufl. 1991, Art. 5 Rz. 7; *Bleckmann*, Europarecht, 5. Aufl. 1990, Rz. 858; allgemein zur gemeinschaftskonformen Auslegung *Oppermann*, Europarecht, 1991, Rz. 585.

[20] S. etwa *Taschner*, in: *von der Groeben/Thiesing/Ehlermann*, Handbuch des Europäischen Rechts, Loseblatt, 1989, Art. 100 Rz. 11; *Grabitz/Langeheine*, EWGV, Art. 100 Rz. 9; *M. Wolf*, WM 1990, 1941, 1945; ferner oben II 2.

bb) Die gemeinschaftsfreundliche Auslegung findet ihre Grenze jedoch am Wortlaut der nationalen Vorschrift. Läßt der Wortlaut eine gemeinschaftsfreundliche Auslegung nicht mehr zu, so muß die nationale Vorschrift aufgrund der unmittelbaren Wirkung der Grundfreiheiten[21] insoweit für unwirksam erklärt werden, als sie diese Grundfreiheiten in binnenmarktstörender Weise beeinträchtigt. Aufgrund der *Unwirksamkeit der nationalen Vorschrift* werden häufig bereits die Hindernisse beseitigt, die der Ausübung der Grundfreiheiten in einem Mitgliedstaat bisher entgegenstanden, und die Angehörigen anderer Mitgliedstaaten werden dadurch in die Lage versetzt, sich, wenn auch in den Rechtsformen des Bestimmungslandes, wirtschaftlich wie in ihrem Herkunftsland zu betätigen.

cc) Schwieriger ist die wirtschaftliche Betätigung nach dem Prinzip des Herkunftslandes zu verwirklichen, wenn dazu bestimmte Vorschriften und Einrichtungen gehören, die im Recht des Bestimmungslandes nicht vorhanden sind. Hier muß im Einzelfall geprüft werden, inwieweit *Vorschriften aus dem Herkunftsland ins Bestimmungsland „importiert"* werden können. Dies bereitet keine Schwierigkeiten, soweit die Anwendung ausländischen Rechts bereits nach den Vorschriften des Internationalen Privat- und Prozeßrechts des Bestimmungslandes vorgesehen ist. Die Regelung des Verhältnisses der prozessualen Vorschriften der Mitgliedstaaten untereinander nach den Erfordernissen des Binnenmarkts deckt sich jedoch nicht mit den Regeln des internationalen Zivilprozeßrechts. Diese bestimmen die Anwendbarkeit des Prozeßrechts in Verfahren mit ausländischen Parteien in erster Linie nach dem Prinzip der lex fori, wenden also das Recht des Gerichtsortes an[22], sofern nicht die prozessualen Vorschriften wegen ihrer Zugehörigkeit oder jedenfalls engen Verbindung zum materiellen Recht[23] nach den Grundsätzen der lex causae, also aus derselben Rechtsordnung wie das materielle Recht, zur Anwendung kommen. Der Anwendungsbereich der lex causae wird dabei von der h. M. eher eng[24], von einer anderen Auffassung weit gezogen[25].

Bei der Berücksichtigung der Erfordernisse des Binnenmarkts kann es auf die Zuordnung von Vorschriften zum Prozeßrecht gemäß der lex fori

---

[21] S. etwa EuGH NJW 1985, 1275 (zu Art. 52 EWGV); EuGHE 1986, 3793, 3802 = NJW 1987, 572, 574 (zu Art. 59 EWGV).

[22] *Stein/Jonas/Schumann,* ZPO, 20. Aufl. 1978, Einl. Rz. 736; *Rosenberg/Schwab,* Zivilprozeßrecht, 14. Aufl. 1986, § 6 II 1.

[23] Von materiell-rechtlicher Verflochtenheit spricht *Coester-Waltjen,* Internationales Beweisrecht, 1983, z. B. S. 137 ff.

[24] *Baumbach/Lauterbach/Hartmann,* ZPO, 49. Aufl. 1991, Einl. III 8 A.

[25] S. *Grunsky,* ZZP 89 (1976), 241.

oder zum materiellen Recht gemäß der lex causae nicht mehr ankommen, da die Freiheiten des EWG-Vertrags unabhängig von einer solchen Zuordnung gewährleistet werden müssen. Um die Freiheit des Waren- und Leistungsaustauschs nach dem Prinzip des Herkunftslandes zu ermöglichen, kann deshalb entgegen der lex fori die Anwendung ausländischen Prozeßrechts auch dann geboten sein, wenn es keine enge Verbindung zum materiellen Recht aufweist. Umgekehrt kann es trotz materiell-rechtlicher Verflochtenheit geboten sein, das Prozeßrecht der lex fori anzuwenden, wenn dies die Binnenmarktfreiheiten gebieten. Die Vorschriften des Internationalen Privat- und Prozeßrechts dürfen nicht mehr als Schranken und Grenzen für die Anwendung von Normen des Herkunftslandes verstanden werden, da die Regelung in Rechtsakten der EG nach Art. 3 Abs. 2 S. 2 EGBGB Vorrang genießt.

Als Rechtsakte der EG, die die Anerkennung von Vorschriften des Herkunftslandes im Bestimmungsland vorsehen, kommen etwa Richtlinien in Betracht[26]. Es ist aber auch in Erwägung zu ziehen, ob nicht aufgrund der unmittelbaren Wirkung der Grundfreiheiten in Verbindung mit Art. 5 EWGV in besonderen Fällen, insbesondere wenn Grundfreiheiten, wie z. B. die Warenverkehrs- und Dienstleistungsfreiheit, nicht anders zu verwirklichen sind, auch eine unmittelbare Anerkennung von Vorschriften des Herkunftslandes im Bestimmungsland aufgrund des EWG-Vertrags in Betracht kommt. Die Anwendung ausländischen Prozeßrechts ist nach dem Internationalen Prozeßrecht und insbesondere nach der lex causae keine unbekannte Erscheinung[27]. Es geht nicht so sehr darum, die Hemmschwelle der Anwendung ausländischen Prozeßrechts vor inländischen Gerichten an sich zu überwinden, sondern die Voraussetzungen, unter denen dies geschieht, den Erfordernissen des Binnenmarkts anzupassen. Die Konzeption des Binnenmarkts, die der Rechtsangleichung und den Freiheiten des EWG-Vertrags verpflichtet ist, gebietet es grundsätzlich, nationale Grenzen zwischen den Mitgliedstaaten auch über das internationalrechtliche Kollisionsrecht hinaus abzubauen. Dies muß auch für das Prozeßrecht gelten. Soweit es die Freiheiten des Binnenmarkts erfordern, müssen deshalb entgegenstehende Anknüpfungsregeln und Grundsätze des internationalen Prozeßrechts zurücktreten. Dies läßt sich jedoch endgültig nur an Hand der Bedürf-

[26] S. zur II. EG-Bankrechts-Richtlinie *M. Wolf*, WM 1990, 1941.

[27] S. auch *Heldrich*, Internationale Zuständigkeit und anwendbares Recht, 1969, S. 269 ff.; *J. Schröder*, Internationale Zuständigkeit, 1971, S. 528; *Berenbrok*, Internationale Nachlaßabwicklung, 1990, S. 114 ff.

nisse und Notwendigkeiten einzelner verfahrensrechtlicher Institute beantworten.

Die Verdrängung des Grundsatzes der lex fori durch Rechtsangleichung und gegenseitige Anerkennung prozessualer Vorschriften im Binnenmarkt wird auch nicht durch das EuGVÜ verhindert. Das EuGVÜ, das auf der Grundlage von Art. 220 EWGV einheitliche Regeln für die Anerkennung und Vollstreckung richterlicher Entscheidungen im Wege eines vertraglichen Abkommens zwischen den Mitgliedstaaten schafft, betrifft in erster Linie den Gerichtsstand und das Anerkennungsverfahren. Darüber hinaus enthält es kein allgemeines einheitliches Prozeßrecht und läßt die Frage offen, welches Prozeß- und Vollstreckungsrecht jeweils gelten soll[28].

dd) Der Abbau der binnenmarktstörenden Beschränkungen hat nach den Grundfreiheiten des EWG-Vertrags jeweils nur in einem Mitgliedstaat zugunsten der Angehörigen anderer Mitgliedstaaten, nicht aber zugunsten der eigenen Bürger zu erfolgen. Daraus ergibt sich das Problem der *Inländerdiskriminierung* mit der Frage, wie verhindert werden kann, daß die Bürger in ihrem eigenen Land schlechter behandelt werden, als die Angehörigen anderer Mitgliedstaaten. Art. 7 EWGV verbietet jegliche Diskriminierung aufgrund der Staatsangehörigkeit. Bereits nach dem Wortlaut ist das Diskriminierungsverbot nicht auf Angehörige anderer Mitgliedstaaten beschränkt[29]. Daneben gebieten aber auch Sinn und Zweck des Binnenmarkts mit Art. 5 EWGV, eine Rechtsangleichung für alle Bürger zu schaffen, weil nur so Handelsbeschränkungen und Wettbewerbsverzerrungen umfassend abgebaut werden können. Ein Verbot der Inländerdiskriminierung läßt sich deshalb bereits aus dem EWG-Vertrag herleiten[30]. Darüber hinaus ergibt sich das Gebot zur Gleichbehandlung auch aus den Rechtsordnungen der Mitgliedstaaten, wie etwa aus Art. 3 GG[31]. Deshalb müssen Vergünstigungen, die Angehörigen anderer Mitgliedstaaten zu gewähren sind, grundsätzlich auch den eigenen Bürgern eingeräumt werden.

---

28 *Kropholler,* Europäisches Zivilprozeßrecht, 3. Aufl. 1991, Einl. Rz. 14 ff.

29 S. *Grabitz,* EWGV, Art. 7 Rz. 6; *Reitmaier,* Inländerdiskriminierung nach dem EWG-Vertrag, 1984, S. 122.

30 Für das Arbeitsentgelt als einen Wettbewerbsfaktor sieht Art. 119 EWG-Vertrag dies ausdrücklich vor.

31 S. dazu auch BVerfG NJW 1990, 1033, im konkreten Fall einen Verstoß jedoch verneinend.

III. Die Anwendung einzelner prozessualer Institute zur Verwirklichung des Binnenmarkts

Die Anwendung prozessualer Vorschriften in Übereinstimmung mit den Erfordernissen des Binnenmarkts erfordert nach den aufgezeigten Grundsätzen eine Vielzahl von Überlegungen und Abwägungen. Diese können nicht einheitlich für das ganze Prozeßrecht vorgenommen werden, sondern sind für jede Vorschrift und jedes Institut gesondert durchzuführen. Dies soll im folgenden für einige markante Institute beispielhaft und ohne Anspruch auf Vollständigkeit geschehen.

1. Parteifähigkeit

Aus der wirtschaftlichen Betätigungsfreiheit im Binnenmarkt ergibt sich zunächst die naheliegende Konsequenz, daß die in einem Mitgliedstaat anerkannte Rechts- und Parteifähigkeit auch in allen anderen Mitgliedstaaten anerkannt werden muß, weil die Ergebnisse wirtschaftlicher Betätigung auch gerichtlich durchgesetzt werden können müssen. Die wirtschaftliche Betätigungsfreiheit im Binnenmarkt verlangt die Anerkennung der im Herkunftsland gegebenen Parteifähigkeit auch ohne Rücksicht darauf, ob materielle Rechte des Herkunftslandes oder ob Rechte eines sonstigen Mitgliedstaats geltend gemacht werden. Die gegenseitige Anerkennung der Parteifähigkeit entspricht den bereits von der h. L. im Internationalen Prozeßrecht vertretenen Grundsätzen, wonach in Anlehnung an Art. 7 EGBGB das Heimatrecht auch prozessual der maßgebende Anknüpfungspunkt ist[32]. Insoweit ist das Prinzip des Herkunftslandes bereits seit langem verwirklicht. Die Vorschriften des Herkunftslandes werden durch Internationales Prozeßrecht in Übereinstimmung mit dem übergeordneten EWG-Vertragsrecht in deutsches Verfahrensrecht transformiert. Aus denselben Erwägungen muß Gleiches für die Prozeßfähigkeit gelten[33].

---

[32] S. etwa BGH NJW 1969, 188; OLG Zweibrücken NJW 1987, 2168; *Stein/Jonas/Leipold,* ZPO, 20. Aufl. 1978, 50 Rz. 35 f.; *Baumbach/Lauterbach/Hartmann,* ZPO, 49. Aufl. 1991, § 50 Anm. 2 A; *Rosenberg/Schwab,* Zivilprozeßrecht, § 43 I 2; *Soergel/Lüderitz,* BGB, vor Art. 7 EGBGB Rz. 223 ff.

[33] S. dazu *Pagenstecher,* ZZP 64 (1951), 276 ff.; *Soergel/Kegel,* aaO. (Fn. 32), Art. 7 EGBGB Rz. 9.

2. Prozeßführungsbefugnis

Im Gegensatz zur Parteifähigkeit wird zur Prozeßführungsbefugnis die Auffassung vertreten, daß sie nach der lex fori zu bestimmen sei[34]. Soweit das Prozeßrecht auf das materielle Zivilrecht verweise, solle das Internationale Privatrecht entscheiden[35]. Würde man vom Prinzip der lex fori ausgehen, so würde z. B. der Konkursverwalter eines deutschen Konkurses in einem Mitgliedstaat, der die umfassende Verfügungsbefugnis des Konkursverwalters nicht kennt, nicht klagen können. Auch Deutschland könnte dem Konkursverwalter eines anderen Mitgliedstaates im Inland nicht vorgesehene Befugnisse versagen[36]. Der Testamentsvollstrecker könnte nach diesen Grundsätzen in einem anderen Mitgliedstaat nur klagen, wenn dessen Internationales Privatrecht deutsches Erbrecht für anwendbar erklären würde.

Aus der Anwendung der lex fori ergeben sich danach möglicherweise Beschränkungen der Prozeßführungsbefugnis, die mit den Binnenmarktfreiheiten nicht zu vereinbaren sind. Danach kann u. U. der deutsche Konkursverwalter oder Testamentsvollstrecker die Rechte des von ihm verwalteten Unternehmens nach der lex fori nicht in einem anderen Mitgliedstaat geltend machen. Dies würde aber zu einer wesentlichen Beeinträchtigung der Geschäftstätigkeit führen und ist deshalb weder mit der Freiheit des Warenverkehrs (Art. 30 EWGV) noch mit der Freiheit des Dienstleistungsverkehrs (Art. 59 EWGV) vereinbar. Vielmehr muß der Konkursverwalter oder Testamentsvollstrecker als Unternehmer zur Wahrnehmung seiner Geschäftstätigkeit im gesamten Binnenmarkt die Rechte des von ihm geführten Unternehmens, vorbehaltlich besonderer Allgemeininteressen[37], ebenso wie in seinem Herkunftsland einklagen können[38]. Alle Beschränkungen der lex fori, die dem Prinzip des Herkunftslandes entgegenstehen, sind damit wegen Verstoßes gegen die Grundfreiheiten des EWG-Vertrags unwirksam. Deshalb ist insoweit die lex fori im Binnenmarkt durch das Prinzip des Herkunftslandes zu ersetzen.

---

[34] *Stein/Jonas/Leipold,* ZPO, vor § 50 Rz. 22; für Geltung der lex causae *Grunsky,* ZZP 89 (1976), 241, 258.

[35] *Stein/Jonas/Leipold,* aaO. (Fn. 32).

[36] So *Kilger,* KO, 15. Aufl. 1987, § 237 Anm. 6; *Hess/Kropshofer,* KO, 2. Aufl. 1985, § 237 Rz. 9.

[37] S. II 3.

[38] Für eine Anerkennungspflicht hinsichtlich der Verwaltungs- und Verfügungsbefugnis des ausländischen Konkursverwalters in den EG-Mitgliedstaaten auch *Schlosser,* RIW 1983, 473, 480 gegen die enge, inzwischen EWG-vertragswidrige Auffassung des BGH (NJW 1960, 774; 1962, 1511).

Das Prinzip des Herkunftslandes erfordert darüber hinaus, daß der Konkursverwalter oder Testamentsvollstrecker mit seiner Prozeßführungsbefugnis nach deutschem Recht vor den Gerichten der Mitgliedstaaten selbst dann klagen kann, wenn in materiell-rechtlicher Hinsicht nicht deutsches, sondern ausländisches Recht anzuwenden ist. Vor allem ergibt sich aus der Niederlassungsfreiheit (Art. 52 EWGV), daß der Konkursverwalter oder Testamentsvollstrecker für sein Unternehmen Niederlassungen in anderen Mitgliedstaaten errichten oder betreiben können muß. Dazu muß er auch in der Lage sein, z. B. seine Geschäftstätigkeit nach dem in diesem Mitgliedstaat geltenden Vertragsrecht abzuwickeln. Dies ist aber nur möglich, wenn diese Verwalter ihre ausländischen Rechte vor den Gerichten der Mitgliedstaaten mit ihrer deutschen Prozeßführungsbefugnis geltend machen können. Insofern geht das Prinzip des Herkunftslandes zur Gewährleistung des Binnenmarktes auch über die lex causae hinaus[39].

Nach dem Prinzip des Herkunftslandes sind grundsätzlich auch andere Fallgestaltungen der gesetzlichen und gewillkürten Prozeßstandschaft, die in einem Mitgliedstaat möglich sind, in anderen Mitgliedstaaten zuzulassen[40]. Dies kann insbesondere für Inkassobüros bedeutsam sein. Soweit sie in einem Mitgliedstaat vor Gericht fremde Forderungen einklagen können, muß ihnen dies auch in anderen Mitgliedstaaten gestattet sein. Ausnahmen müßten sich durch besondere Erfordernisse des Allgemeinwohls rechtfertigen lassen. Ob die Beschränkungen, die das deutsche RBerG den Inkassobüros auferlegt[41], diesen Maßstäben standhält, erscheint zumindest zweifelhaft[42], kann hier aber nicht in allen Details geprüft werden. Die prozessuale Geltendmachung eines Arzthonorars durch eine ärztliche Verrechnungsstelle muß aber zur Wahrung des Patientengeheimnisses auch nach dem EWG-Vertrag untersagt werden können[43].

---

[39] Für die lex causae *Grunsky,* ZZP 89 (1976), 241, 258.

[40] S. zu einer vergleichbaren Problematik im US-amerikanischen Recht nach der interstate commerce clause Sioux Remedy vs. Cope 235 U.S. 197.

[41] S. etwa *Altenhoff/Busch/Kampmann/Chemnitz,* RBeratG, 9. Aufl. 1991, Art. 1 § 1 Rz. 174.

[42] Vgl. auch EuGH NJW 1991, 2693 (Säger).

[43] S. zum deutschen Recht BGH NJW 1991, 2955.

3. Anwaltszwang

Die für die Geschäftstätigkeit wichtige Rechtsdurchsetzung kann auch dadurch behindert werden, daß der Berechtigte seine Rechte nicht allein einklagen kann, sondern sich eines Dritten bedienen muß, wie es beim Anwaltszwang zutrifft. Dieser ist in den einzelnen Mitgliedstaaten unterschiedlich geregelt, so daß sich bei Anwendung der nationalen Vorschriften gemäß der lex fori[44] für die Rechtsdurchsetzung in den Mitgliedstaaten unterschiedliche Belastungen ergeben. So sieht z. B. Frankreich vor dem Tribunal d'Instance als 1. Instanz[45] und vor dem Tribunal de commerce unabhängig vom Streitwert keinen Anwaltszwang vor[46]. Dieser besteht erst in den höheren Instanzen[47]. Italien kennt dagegen einen Anwaltszwang vor dem pretore (Amtsrichter) bereits ab 50.000 Lire, gestattet dem Richter aber, eine Prozeßführung ohne Anwalt zuzulassen[48]. In England müssen sich die Organe juristischer Personen stets von einem Anwalt (je nach Gericht solicitor oder barrister) vertreten lassen[49].

Hat sich z. B. ein französisches Unternehmen in seiner Geschäftstätigkeit darauf eingerichtet, seine Rechte vor dem Tribunal de commerce selbst gerichtlich durchzusetzen, weil dies kostengünstiger ist, so wäre es bei einer Rechtsverfolgung in Deutschland nach der lex fori vor dem Landgericht dazu nicht in der Lage. Umgekehrt könnten juristische Personen anderer Mitgliedstaaten ihre Rechte in Großbritannien unabhängig vom Streitwert nur mit Hilfe eines Anwalts durchsetzen. Wegen der mit der Beauftragung eines Anwalts verbundenen Kosten entstehen für ein Unternehmen, das z. B. mit säumigen Schuldnern rechnen muß, Belastungen, die es in einem Mitgliedstaat mit Anwaltszwang in seiner Geschäftstätigkeit beeinträchtigen können, vorausgesetzt, es handelt sich um wesentliche Kostenbelastungen, die allein oder in ihrer Summierung ökonomisch spürbar sind. Eine solche Behinderung, die bei den aufgezeigten Unterschieden in den Mitgliedstaaten im Regelfall angenommen werden kann, ist mit den Binnenmarktfreiheiten nicht vereinbar und

---

[44] Für deren Geltung *Riezler,* Internationales Prozeßrecht, 1949, S. 43; *Schütze,* Rechtsverfolgung im Ausland, 1986, S. 109.

[45] Art. 827 N.c.p.c.

[46] Art. 853 N.c.p.c.

[47] Art. 751 ff. N.c.p.c.; s. auch *Mauro,* AnwBl. 1976, 186; *Schütze,* Rechtsverfolgung im Ausland, S. 110.

[48] Art. 82 c.p.c.

[49] S. z. B. *Bernstorff/Reinecker,* Zivilgerichtsbarkeit, Zwangsvollstreckung und Konkurs in europäischen Ländern, Teil I: England, Frankreich und Schweiz, 1983, S. 18; zu einem rechtsvergleichenden Überblick über die EG hinaus auch *Stürner,* JZ 1986, 1089 f.

kann insbesondere vor der Warenverkehrs- und Dienstleistungsfreiheit (Art. 30, 59 EWGV) keinen Bestand haben.

Der EuGH hat bekanntlich in seiner Entscheidung von 1984 zur Anwaltszulassung die unmittelbare Geltung der Niederlassungsfreiheit von Art. 52 EWGV betont und ein generelles Verbot der Zulassung und der Berufsausübung für Anwälte aus anderen Mitgliedstaaten beanstandet[50]. Ebenso hat er eine Regelung, die die Vertretung durch einen vor dem deutschen Gericht zugelassenen Anwalt neben dem dienstleistenden Anwalt eines anderen Mitgliedstaates verlangt, u. a. auch wegen Verstoß gegen die Dienstleistungsfreiheit in Art. 59, 60 EWGV für unwirksam erklärt[51]. Ferner ist es einem englischen Unternehmen zur Überwachung von Patenten gestattet worden, in Deutschland ohne Zulassung als Patentanwalt tätig zu sein[52]. In Konsequenz dieser Rechtsprechung muß auch dem Berechtigten aufgrund der unmittelbaren Geltung der Niederlassungs- und Dienstleistungsfreiheit[53] grundsätzlich die selbständige gerichtliche Durchsetzung seiner Rechte wie in seinem Herkunftsland gestattet sein, denn ebenso wie ein Anwalt in seiner Geschäftstätigkeit geschützt wird, muß auch jede sonstige Person geschützt werden, wenn sie die gerichtliche Rechtsverfolgung im Herkunftsland zu einem Teil ihrer Geschäftstätigkeit gemacht hat.

Während Art. 30 EWGV mengenmäßige Einfuhrbeschränkungen und alle Maßnahmen gleicher Wirkung umfassend verbietet und damit dem Prinzip des Herkunftslandes Rechnung trägt, gewährt Art. 60 III EWGV die Dienstleistungsfreiheit nur nach den Bedingungen des Aufnahmestaates. Daraus kann jedoch nicht hergeleitet werden, daß prozessuale Vorschriften mit handelsbeschränkenden und wettbewerbsverzerrenden Wirkungen nur für Warenanbieter zurückzutreten hätten, während sie für Dienstleistende Geltung behalten. Eine derart unterschiedliche Anwendung ein und derselben prozessualen Vorschriften und Institute je nachdem, ob es sich um den Waren- und Dienstleistungsverkehr handelt, läßt sich nicht rechtfertigen. Art. 60 III EWGV kann nicht bedeuten, daß im Dienstleistungsbereich beliebige Beschränkungen möglich sind, die im Warenverkehr verboten sind. Art. 60 III EWGV muß deshalb einengend dahin ausgelegt werden, daß er nur die dienstleistungsspezifischen Regelungen betrifft, mit denen ein Mitgliedstaat gerade und nur die Ausübung einer Dienstleistung ordnend regeln will,

---

[50] EuGH NJW 1985, 1275.

[51] EuGH NJW 1988, 887 Nr. 26 und 38 ff. der Gründe.

[52] EuGH NJW 1991, 2693 (Säger).

[53] S. dazu EuGH NJW 1985, 1275; EuGHE 1986, 3793, 3802.

nicht aber Vorschriften, die ohne Bezug zu einer Dienstleistung ergehen und für den Warenverkehr in gleicher Weise handelsbeschränkend und wettbewerbsverzerrend wirken wie für den Dienstleistungsverkehr. Gerade diese allgemein binnenmarktstörende Wirkung entfaltet aber der Anwaltszwang für Dritte, weil er den Waren- und den Dienstleistungsverkehr gleichermaßen behindert. Die Vorschriften des Anwaltszwangs fallen deshalb nicht unter Art. 60 III EWGV und dürfen dem Anbieter von Dienstleistungen ebensowenig entgegengehalten werden wie dem Warenanbieter.

Auch der Rechtsprechung des EuGH ist zu entnehmen, daß er Art. 60 III EWGV einschränkend interpretiert. Art. 60 III EWGV ist von vornherein nur anwendbar, wenn sich der Dienstleistende in den betreffenden Mitgliedstaat begibt, nicht aber, wenn er seine Dienste, z. B. mit Hilfe elektronischer Medien, von außerhalb erbringt[54]. Ferner hat der EuGH die Vorschriften zur Rechtsanwaltszulassung des Aufnahmelandes daraufhin überprüft, ob sie einem schutzwürdigen Zweck dienen[55] und hat auf Anwälte anderer Mitgliedstaaten das Lokalisierungsprinzip des deutschen Rechts nicht angewandt[56]. Es ist deshalb davon auszugehen, daß die Bedingungen des Aufnahmelandes nur insoweit gelten, als sie berechtigten öffentlichen Interessen dienen[57].

Zur Rechtfertigung des Anwaltszwangs wird vor allem auf die unterstützende Rolle des Anwalts bei der Rechtsdurchsetzung verwiesen, die er bei der Auswahl des relevanten Prozeßstoffes und bei der Versachlichung der Auseinandersetzung wahrnimmt[58]. Diese Erwägungen vermögen jedoch die Erstreckung des Anwaltszwangs auf Angehörige anderer Mitgliedstaaten, die in ihrem Herkunftsland keinem Anwaltszwang unterliegen, vor dem Hintergrund der Freiheiten des EWG-Vertrags kaum zu rechtfertigen[59]. Ein Gewerbetreibender, der in seinem Heimatstaat seine Rechte selbständig einklagen kann, hat im Regelfall die nötige Erfahrung, die ihm eine sachgerechte Prozeßführung ermöglicht. Dies gilt auch vor einem ausländischen Gericht und gilt erst recht, soweit es die Anwendung seines Heimatrechts betrifft. Ob er die Hilfe ei-

---

[54] EuGH NJW 1991, 2693 (Säger).

[55] EuGH NJW 1989, 658, 659 zu Nr. 29 der Gründe.

[56] S. EuGH NJW 1988, 887, 889 Nr. 38 ff. der Gründe; zur Niederlassungsfreiheit einschränkend auch EuGH NJW 1985, 1275.

[57] So zu Recht auch *Gornig*, NJW 1989, 1120, 1121, 1124 m. w. N.

[58] *Stein/Jonas/Leipold*, ZPO, § 78 Rz. 5; *Vollkommer*, Die Stellung des Anwalts im Zivilprozeß, 1984, S. 16 f.; kritisch dazu zu Recht *Stürner*, JZ 1986, 1089.

[59] Vgl. auch EuGH NJW 1991, 2693 (Säger).

nes Anwalts in Anspruch nehmen will, muß seiner freien Entscheidung überlassen bleiben und kann ihm nicht aufgezwungen werden, weil sich dies als Behinderung des freien Marktzutritts in dem Mitgliedstaat mit Anwaltszwang auswirken kann. Aufgrund der unmittelbaren Geltung der Warenverkehrs-, Niederlassungs- und Dienstleistungsfreiheit (Art. 30, 52, 59 EWGV) sind solche nationalen Marktbehinderungen, die dem Prinzip des Herkunftslandes widersprechen, unmittelbar unwirksam. Die lex fori kann deshalb nicht zur Anwendung kommen.

Umgekehrt kann in einem Mitgliedstaat ohne Anwaltszwang auch nicht der Anwaltszwang für Angehörige anderer Mitgliedstaaten, die in ihrem Heimatstaat Anwaltszwang haben, eingeführt werden. Art. 7 EWGV, der jede Diskriminierung aufgrund der Staatsangehörigkeit verbietet, würde einer solchen Regelung entgegenstehen. Danach können sich die Angehörigen der Mitgliedstaaten auf die für sie jeweils günstigere Regelung, sei es ihres Herkunftslandes oder des Mitgliedstaates bei Ausübung ihrer Geschäftstätigkeit berufen[60], solange nicht durch Verordnung oder aufgrund von Richtlinien der EG eine für alle Mitgliedstaaten gleiche Regelung geschaffen ist. Eine einheitliche Regelung der EG würde sich im Interesse der planvollen Gestaltung des Anwaltsrechts empfehlen. Bis dies geschehen ist, genügt allein die Nichtanwendung der einseitig den Anwaltszwang begründenden Vorschriften in dem betreffenden Mitgliedstaat, um die Binnenmarktfreiheiten zu verwirklichen[61]. Für Italien, das dem Richter die Zulassung einer Prozeßführung ohne Anwalt gestattet[62], kommt insoweit eine gemeinschaftsfreundliche Auslegung in Betracht mit der Folge[63], daß eine Befreiung vom Anwaltszwang nach dem Prinzip des Herkunftslandes zu erfolgen hat.

4. Kostenrecht

Unterschiede bestehen auch im Kostenrecht der einzelnen Mitgliedstaaten. So steht z. B. in Frankreich der obsiegenden Partei kein genereller Anspruch auf Erstattung ihrer Anwaltskosten zu. Auf Antrag kann das

---

[60] Eine weitere Frage ist, ob sich Inländer unter dem Gesichtspunkt einer Vermeidung der Inländerdiskriminierung ebenfalls auf die Befreiung vom Anwaltszwang berufen können. Das BVerfG NJW 1990, 1033 verneint dies hinsichtlich des Lokalisationsprinzips. Bejahendenfalls (s. oben II 4 b, dd) würde sich die großzügigste Lösung mit dem geringsten Anwaltszwang aller Mitgliedstaaten durchsetzen.

[61] S. oben II 4 b, bb.

[62] S. Art. 82 c.p.c.

[63] S. oben II 4 b, aa.

Gericht zwar eine Prozeßkostenentschädigung zusprechen, die jedoch regelmäßig gering und keinesfalls kostendeckend ist[64]. Auch in Großbritannien wird im Regelfall keine volle Kostenerstattung bei Festsetzung durch den Taxing Master gewährt[65]. Italien kennt bei Vorliegen berechtigter Gründe weitgehende Ausnahmen vom Prinzip der Kostenerstattung, so z. B. bei schwieriger Beurteilung der Sach- oder Rechtslage, bei Rechtsprechungsänderung im Ausland oder bei Gutgläubigkeit der unterlegenen Partei[66]. Unterschiede zeigen sich auch bei der Höhe der Anwalts- und Gerichtskosten[67]. Insgesamt muß deshalb der deutsche Unternehmer damit rechnen, daß er bei seiner Rechtsverfolgung vor den Gerichten anderer Mitgliedstaaten auch im Falle seines Obsiegens mit erheblich höheren Kosten belastet bleibt als vor deutschen Gerichten.

Eine solche Belastung stellt bei ökonomisch vernünftiger Bewertung gerade für kleine Unternehmen, die zur Durchsetzung ihrer Rechte auf die Gerichte angewiesen sind, eine spürbare Behinderung dar, die sie bei der Geschäftstätigkeit mit Partnern in anderen Mitgliedstaaten behindern können. Es stellt sich deshalb auch hier die Frage, ob solche Behinderungen im Binnenmarkt hingenommen werden müssen.

a) Soweit die Kostenerstattung zwischen den Parteien in einem Mitgliedstaat nicht vorgesehen ist, müßte eine Kostenerstattungsregelung erst geschaffen werden. Aus der unmittelbaren Geltung der Grundfreiheiten des EWG-Vertrags läßt sich eine solche Kostenerstattungsregelung nicht ableiten. Ein Verstoß gegen die Freiheiten des Waren- und Dienstleistungsverkehrs führt ebenso wie ein Verstoß gegen sonstige Grundfreiheiten zunächst nur zur Unwirksamkeit der entgegenstehenden Vorschriften, begründet aber nicht ohne weiteres positiv die binnenmarktkonforme Regelung[68]. Auch stellt die Versagung der Kostenerstattung keine Diskriminierung der Angehörigen eines anderen Mitgliedstaates dar, da diese Regelung einheitlich für alle Parteien gilt, gleichgültig welchem Mitgliedstaat sie angehören.

Das Prinzip des Herkunftslandes gestattet es zwar, eigene *Freiheiten und Rechte* des Heimatstaates auch im Bestimmungsland auszuüben, sei es in den Rechtsformen des Bestimmungslandes oder in den transformier-

---

[64] S. *Neidhart,* DAR 1983, 122, insbesondere zu Verkehrsunfallsachen; *Schütze,* Rechtsverfolgung im Ausland, 1986, S. 161.

[65] *Schütze,* Rechtsverfolgung im Ausland, S. 163.

[66] *Schütze,* Rechtsverfolgung im Ausland, S. 162 f.

[67] S. etwa *Neidhart,* DAR 1983, 122.

[68] S. oben II 4 b, cc.

ten Rechtsformen des Heimatlandes. Es ermöglicht aber nicht, die Angehörigen anderer Mitgliedstaaten den *Pflichten* aus Gesetzen des Herkunftslandes auszusetzen, wenn sie sich diesen Gesetzen weder als Staatsangehörige noch sonst unterworfen haben. Eine solche Unterwerfung fehlt aber, wenn eine Partei in ihrem Wohnsitzstaat, der keine Kostenerstattung kennt, verklagt wird. Die siegreiche Partei kann deshalb nicht die Kostenerstattungsregelung ihres Herkunftslandes in das Bestimmungsland importieren. Der siegreichen Partei bleibt allein die Möglichkeit, eine Kostenerstattung außerprozessual nach vertraglichen Grundsätzen zu vereinbaren. Im übrigen sind die Organe der EG aufgerufen, durch eigene Rechtsetzungsakte, sei es Verordnung oder Richtlinie, eine einheitliche Regelung zu schaffen.

b) Auch die unterschiedliche Höhe der Gerichtskosten gibt Anlaß zu Überlegungen, ob damit Störungen des Binnenmarkts verbunden sind, denen abgeholfen werden muß. Wegen der zu den Gesamtkosten im allgemeinen geringen Höhe der Gerichtskosten bestehen aber schon Zweifel, ob die zwischen den Mitgliedstaaten bestehenden Unterschiede in der Kostenhöhe überhaupt marktrelevant sind, d. h. geeignet sind, eine nennenswerte Zahl von Marktpartnern im Wirtschaftsverkehr mit Marktpartnern anderer Mitgliedstaaten zu behindern.

Aber auch wenn dies bejaht wird, muß grundsätzlich jedem Mitgliedstaat aufgrund seiner Organisationshoheit die Möglichkeit bleiben zu bestimmen, in welcher Weise und mit welchen Kosten er sein Gerichtssystem aufbaut und zur Verfügung stellt. Ob er z. B. das Einzelrichtersystem oder das Kammerprinzip wählt, ob er Laienrichter beteiligt oder nicht, wie viele Instanzen zur Verfügung stehen, muß grundsätzlich jedem Mitgliedstaat aufgrund seiner Organisationshoheit überlassen bleiben. Mit dieser Organisationshoheit korrespondiert aber notwendig auch eine Finanzierungshoheit. Inwieweit die Mitgliedstaaten die Kosten ihrer Gerichtssysteme durch Gerichtskosten oder mit Hilfe von Steuermitteln finanzieren, muß grundsätzlich ihnen überlassen bleiben. Die Angehörigen anderer Mitgliedstaaten haben aufgrund des Diskriminierungsverbots in Art. 7 EWGV zwar das Recht auf Zugang zu Gericht zu denselben Bedingungen wie die Angehörigen des Gerichtsstaates. Die Angehörigen anderer Mitgliedstaaten können aber nicht verlangen, daß der Gerichtsstaat seine Gerichte vermehrt aus Steuereinnahmen statt aus Gerichtskosten finanziert.

Dem Gerichtsstaat ist es nur verboten, die Gerichtskosten in einer Höhe festzusetzen, daß sie prohibitiv wirken. Dies ergibt sich aus dem Justizgewährungsanspruch, der nach Art. 6 Abs. 1 EMRK den Angehörigen der Unterzeichnerstaaten zusteht[69], zu denen alle EG-Mitgliedstaaten zählen. Daneben leitet der EuGH einen Rechtsschutzanspruch gegen die Mitgliedstaaten zur Verwirklichung des Gemeinschaftsrechts aus Art. 5 EWGV her[70]. Aus dem Justizgewährungsanspruch des Art. 6 EMRK ergibt sich auch, daß den unterstützungsbedürftigen Parteien eine angemessene Form der Prozeßkostenhilfe zur Verfügung gestellt werden muß[71], die sowohl aus Art. 6 EMRK wie aufgrund des Diskriminierungsverbots in Art. 7 EWGV auch den Angehörigen aller anderen Mitgliedstaaten gewährt werden muß. Im übrigen bleibt es den Interessen beider Parteien überlassen, durch Prorogation gemäß Art. 17 EuGVÜ einen Gerichtsstand zu vereinbaren, in dem sie wegen geringerer Gerichtskosten geringere Kostenrisiken sehen.

c) Eine erhebliche Belastung stellen auch die Anwaltskosten dar, so daß höhere Anwaltskosten in einem anderen Mitgliedstaat die Rechtsverfolgung erschweren und damit auch die Geschäftstätigkeit behindern können. Gleichwohl kann die Partei aus einem Mitgliedstaat mit niederen Anwaltsgebühren nicht verlangen, daß die Vergütung des von ihr beauftragten Anwalts des Gerichtsstaats nach den niederen Gebühren ihres Herkunftslandes bemessen wird. Zu einen darf dem Anwalt des Gerichtsstaats beim Auftreten vor seinem Heimatgericht nicht das Gebührenrecht eines anderen Mitgliedstaates aufgezwungen werden[72]. Dies gilt auch deshalb, weil die Arbeitsaufteilung zwischen Gericht und Anwalt in den einzelnen Mitgliedstaaten unterschiedlich ausgestaltet sein kann und demgemäß auch unterschiedliche Gebührensätze angebracht sind.

Zum anderen ist es aber auch zum Schutz der Partei nicht erforderlich, dem Anwalt des Gerichtsstaates das Gebührenrecht des Parteiherkunftslandes aufzuzwingen, denn aufgrund der Niederlassungs- und Dienstleistungsfreiheit muß es der Partei ermöglicht werden, einen Anwalt ihres Herkunftslandes im Gerichtsstaat auftreten zu lassen[73] und mit diesem nach dem Gebührenrecht ihres Herkunftslandes abzurechnen, denn der Anwalt des Herkunftslandes unterliegt für sein einmaliges Auftreten vor Gericht nicht dem Gebührenrecht des Gerichtsstaates. Dies

---

[69] EGHMR EuGRZ 1983, 523; *Guradze,* Die Europäische Menschenrechtskonvention, 1968, Art. 6 Anm. 14; *Pieck,* Der Anspruch auf ein rechtsstaatliches Gerichtsverfahren, 1966, S. 68 ff.; *Wolf,* Gerichtsverfassungsrecht, aaO. (Fn. 6), § 27 I 1.

[70] EuGHE 1980, 2545 = NJW 1981, 508 (Ariete); EuGHE 1980, 2559 (Mireco); EuGH NJW 1991, 2271 (Factortame); s. auch EuGH EuZW 1992, 250, 252.

[71] S. etwa *Pieck,* aaO. (Fn. 69), S. 96 ff.; *Wolf,* aaO. (Fn. 6), § 27 II 3 a.

[72] S. auch schon III 4 a.

[73] S. EuGH NJW 1988, 887.

macht auch § 1 BRAGO deutlich, der nur für den Rechtsanwalt als Organ der deutschen Rechtspflege, nicht aber für Rechtsvertreter anderer Mitgliedstaaten gilt.

Aus der Sicht des Anwalts stellt sich aber die Frage, ob er an eine Gebührenregelung gebunden ist, die in seinem Herkunftsland höher oder niedriger ist als im Gerichtsstaat. Ist die vorgeschriebene Gebühr höher, so droht er Nachteile zu erleiden, weil potentielle Mandanten Anwälte aus Mitgliedstaaten mit niederer Gebühr aufsuchen könnten und er mit seiner vorgeschriebenen höheren Gebühr nicht mehr wettbewerbsfähig ist. Ein gesetzlicher Zwang, die höhere Gebühr zu erheben, widerspricht damit der Dienstleistungsfreiheit und kann deshalb keinen Bestand haben. Ist der Anwalt im Gerichtsstaat dagegen an eine niedere Gebühr seines Herkunftslandes gebunden, so droht z. B. die Gefahr, daß er nicht kostendeckend arbeiten kann, wenn der Tätigkeitsaufwand im Gerichtsstaat höher ist als vor den Gerichten seines Herkunftslandes. Auch darin liegt eine Behinderung, die der Dienstleistungsfreiheit im Binnenmarkt widerspricht. Zur Wahrung der Dienstleistungsfreiheit darf der Anwalt deshalb nicht gezwungen werden, eine andere Gebührenregelung als die Anwälte des Gerichtsstaates anzuwenden. Vielmehr ist ihm die Wahlfreiheit zu belassen, welche der in Betracht kommenden Gebührenordnungen er anwenden will. Der Binnenmarkt verlangt deshalb bis zu einer einheitlichen gemeinschaftlichen Regelung die Geltung der Gebührenfreiheit, die allenfalls durch den Mindest- oder Höchstrahmen irgendeines Mitgliedstaates begrenzt werden kann.

5. Beweisrecht

Die Durchsetzung von Ansprüchen hängt wesentlich vom Beweisrecht und den Beweisanforderungen ab. Sind die Beweisanforderungen in einem Mitgliedstaat strenger und schwerer zu erfüllen als in einem anderen, so wird nicht nur die Rechtsdurchsetzung, sondern potentiell auch die Geschäftstätigkeit erschwert, da die Geschäftsabwicklung in jederzeit möglichen Streitfällen auf Rechtsdurchsetzung angewiesen ist. Infolgedessen ist auch eine Rechtsangleichung im Beweisrecht wichtig für das Funktionieren des Binnenmarkts.

Das Beweisrecht in den Mitgliedstaaten weist in weiten Bereichen ein hohes Maß an Konformität auf. Auch wirken sich bestehende Unterschiede, insbesondere solche formaler Art, nicht oder jedenfalls kaum spürbar auf die Rechtsdurchsetzung aus. So dürfte z. B. die Frage, ob der

Eid als Voreid[74] oder als Nacheid[75] zu leisten ist, keinen nennenswerten Einfluß auf das Bestehen oder Nichtbestehen eines Rechts haben. Ebensowenig wird im Regelfall die gerichtliche Geltendmachung eines Rechts daran scheitern, ob die Parteivernehmung generell[76] oder nur subsidiär[77] zulässig ist. Da es insoweit an relevanten Behinderungen für die Ausdehnung der Geschäftstätigkeit in einen anderen Mitgliedstaat fehlen dürfte, besteht auch kein Bedarf für eine Rechtsvereinheitlichung zum Zwecke der Verwirklichung des Binnenmarkts. Daneben gibt es aber auch beweisrechtliche Regelungen, die die Rechtsdurchsetzung in einem Mitgliedstaat erheblich behindern oder erleichtern können und insofern auch die Geschäftstätigkeit im Binnenmarkt zu beeinflussen geeignet sind.

a) Beweisbeschränkungen bestehen z. B. im französischen Recht insofern, als nach Art. 1341 C.c. Ansprüche aus Verträgen mit einem Wert über 5000 FF nur durch Urkunden und nicht durch Zeugenbeweis nachgewiesen werden können[78]. Ähnliches gilt im italienischen Recht[79]. Diese Beweisbeschränkungen, die vor allem den als unsicher empfundenen Zeugenbeweis ausschließen sollen, werden jedoch durch Ausnahmen wieder eingeschränkt, so daß in vielen Fällen dennoch der Vertragsabschluß mit Zeugen bewiesen werden kann. Dies gilt insbesondere auch für die hauptsächlich binnenmarktrelevanten Handelsgeschäfte[80]. Neben einzelnen Verträgen, deren Abschluß durch Urkunden bewiesen werden muß, ist der Zeugenbeweis in verstärktem Maße ausgeschlossen, wenn bei schriftlich abgefaßten Verträgen Änderungen oder Ergänzungen nachgewiesen werden sollen. Während das deutsche Recht zwar ebenfalls von der Vermutung der Richtigkeit und Vollständigkeit einer Urkunde ausgeht, diese Vermutung aber auch durch den Nachweis mündlicher Abreden mit allen Beweismitteln widerlegt werden kann,[81] läßt das französische Recht nach Art. 1341 C.c. und ähnlich das engli-

---

[74] So etwa Art. 253 II ital. c.p.c.; Art. 211 franz. N.c.p.c.; s. *Bruns,* Zivilprozeßrecht, 1968, § 35 IV 3 a; auch die deutsche Regelung vor 1909 s. *Rosenberg/Schwab,* Zivilprozeßrecht, § 123 VI.

[75] So z. B. § 392 S. 1 ZPO.

[76] So in Großbritannien s. *Coester-Waltjen,* aaO. (Fn. 23), Rz. 437 m. w. Nw.

[77] So nach § 445 ZPO.

[78] S. etwa *Perrot,* Dalloz, Repertoire de procédure „Preuve"; *Coester-Waltjen,* aaO. (Fn. 23), Rz. 448.

[79] *Schütze,* Rechtsverfolgung im Ausland, 1986, S. 136.

[80] *Coester-Waltjen,* aaO. (Fn. 23), Rz. 449.

[81] *Palandt/Heinrichs,* BGB, 50. Aufl. 1991, § 125 Rz. 15; *Soergel/Hefermehl,* BGB, 12. Aufl. 1988, § 125 Rz. 24.

sche Recht nach der sog. parol evidence rule eine Widerlegung der Richtigkeits- und Vollständigkeitsvermutung grundsätzlich nur durch Urkunden zu[82].

Die Einschränkung des Zeugenbeweises zum Nachweis mündlicher Ergänzungs- und Nebenabreden bei schriftlichen Verträgen hat erhebliche Auswirkungen auf die Geschäftstätigkeit. Dies machen vor allem die vielfachen Versuche deutscher Unternehmen deutlich, mit Hilfe von Schriftformklauseln in AGB mündliche Ergänzungs- und Nebenabreden für unwirksam zu erklären[83]. Das Bestreben, sich auf diese Weise von der Haftung für mündliche Zusagen von Vertretern und Abschlußgehilfen befreien zu können, hat nach deutschem AGB-Gesetz nur eingeschränkten Erfolg gebracht, da solche Schriftformklauseln nur in engen Grenzen zugelassen sind[84] und sich deshalb Unternehmen den mündlichen Ergänzungs- und Nebenabreden ihrer Vertreter und Abschlußgehilfen nicht ohne weiteres entziehen können[85]. Gilt die Schriftformklausel in Frankreich aufgrund von Art. 1341 C.c. und in Großbritannien aufgrund der parol evidence rule aber kraft Gesetzes, dann muß ein Unternehmen für mündliche Ergänzungs- und Nebenabreden seines Verkaufspersonals nicht einstehen. Dies begünstigt deutsche Unternehmen unter der Geltung der lex fori beim Geschäftsabschluß in Frankreich oder Großbritannien. Umgekehrt sehen sich jedoch britische und französische Unternehmen beim Geschäftsabschluß in Deutschland den Risiken von mündlichen Zusatzabreden ihres Verkaufspersonals ausgesetzt, weil sie bei Vorliegen einer Anscheinsvollmacht und bei Nachweis durch Zeugenbeweis dafür einstehen müssen. Solche Risiken aus der Geschäftstätigkeit können zu Belastungen führen, die eine Behinderung des Marktzutritts im anderen Mitgliedstaat darstellen und deswegen auf ihre Vereinbarkeit mit dem Ziel des Binnenmarkts und den Grundfreiheiten des EWG-Vertrags zu überprüfen sind.

Nach dem Prinzip des Herkunftslandes müßte ein britisches oder französisches Unternehmen an sich seine Beweisbeschränkungen gemäß der parol evidence rule und Art. 1341 C.c. vor deutschen Gerichten zur Anwendung bringen können, und zwar unabhängig davon, ob auf den Vertragsabschluß deutsches Recht zur Anwendung kommt oder nicht.

---

[82] S. *Coester-Waltjen,* aaO. (Fn. 23), Rz. 521 ff., 532.

[83] S. etwa BGH NJW 1982, 1389; 1983, 1853; 1985, 320, 322; 1986, 1809.

[84] S. zu einem Überblick *Wolf,* in: *Wolf/Horn/Lindacher,* AGBG, 2. Aufl. 1989, § 9 S. 31 ff.

[85] BGH NJW 1982, 1389.

Nationale Vorschriften des Gerichtsorts können dagegen trotz etwaiger Behinderungen im Binnenmarkt zur Anwendung kommen, wenn sie aufgrund besonderer Interessen des Allgemeinwohls in Abwägung mit den Grundfreiheiten unter Berücksichtigung des Grundsatzes der Verhältnismäßigkeit gerechtfertigt sind[86]. Da die freie Beweisbarkeit von Zusatzabreden dem Verbraucherschutz dient und dieser zu den Allgemeininteressen gehört[87], könnte man daran denken, die Anwendung des deutschen Beweisrechts damit zu rechtfertigen.

Dies würde das Problem jedoch nur unvollständig lösen, da sowohl die Verträge zwischen Unternehmen und die Verträge mit deutschen Verbrauchern in Frankreich und Großbritannien außer Betracht blieben. Insofern ist von Bedeutung, daß die Grundfreiheiten des EWG-Vertrags nicht nur dem Anbieter von Waren und Dienstleistungen zustehen, sondern auch dem Kunden[88]. Dieser soll nicht nur in anderen Mitgliedstaaten zu den Bedingungen seines Herkunftslandes einkaufen können, sondern es sollen ihm die günstigen Angebote anderer Mitgliedstaaten auch in seinem Heimatstaat zur Verfügung stehen[89]. Den britischen und französischen Kunden müssen deshalb zunächst beim Vertragsabschluß mit deutschen Anbietern die vollen Beweismöglichkeiten zum Beweis von Zusatzabreden auch vor britischen oder französischen Gerichten zur Verfügung stehen, damit sie beim Vertragsabschluß im Vergleich zu deutschen Kunden keine schwerwiegenden Nachteile erleiden. Die Vorschriften des Internationalen Privat- und Prozeßrechts, die vom Recht des Vertragsabschlußorts oder von der lex fori ausgehen, müssen insoweit zurücktreten[90]. Die Wahrung der Grundfreiheiten des EWG-Vertrags für den Anbieter einerseits und den Kunden andrerseits führt danach zu einem Widerstreit von Rechtspositionen der Art, daß der deutsche Anbieter in Frankreich und Großbritannien die Anwendung der parol evidence rule zu seinem Vorteil verlangen könnte, während der britische und französische Kunde sich auf die Geltung des deutschen Beweisrechts auch beim Vertragsabschluß in seinem Heimatstaat berufen könnte.

Man kann die Lösung dieses Widerstreits den Parteien überlassen, indem man ihnen die Wahl des anwendbaren Beweisrechts freistellt. Diese Lösung hilft jedoch dann nicht weiter, wenn die Parteien eine Regelung

---

[86] S. oben II 3.
[87] S. etwa *Grabitz/Matthies,* EWGV, Art. 30 Rz. 39 a.
[88] S. oben II 1.
[89] S. EuGHE 1984, 377; *Everling,* RabelsZ 50 (1986), 193, 216; *Steindorff,* ZHR 150 (1986), 687, 689, 692.
[90] S. auch Art. 3 Abs. 2 S. 2 EGBGB.

nicht treffen, sei es, daß sie an die Frage nicht denken oder keine Einigung erzielen. Es kommt deshalb darauf an, den Widerstreit der Beweisvorschriften nach rechtlichen Maßstäben des EG-Rechts zu lösen.

Bei der Herstellung des Binnenmarkts ist über die bloße Rechtsvereinheitlichung hinaus auch darauf Bedacht zu nehmen, daß die vereinheitlichte Regelung grundlegende Rechtspositionen und die Grundrechte der EG[91] möglichst wenig beeinträchtigt. Es ist diejenige Lösung zu wählen, die diese grundlegenden Rechtspositionen am besten wahrt. Zu den Grundrechten der Gemeinschaft, die bei der Rechtsvereinheitlichung im Binnenmarkt zu wahren sind, gehört insbesondere auch ein rechtsstaatlicher Gerichtsschutz, wie er in Art. 6 EMRK niedergelegt ist. Aus diesem prozessualen Grundrecht kann in Verbindung mit den materiellen Grundrechten der Gemeinschaft ebenso wie im deutschen Verfassungsrecht das Gebot des effektiven Rechtsschutzes entnommen werden[92]. Um dem Gebot eines fairen und effektiven Rechtsschutzes zu genügen, wäre diejenige Lösung zu wählen, die die Durchsetzung bestehender Rechte am besten ermöglicht. Eine generelle Beschränkung der Beweismöglichkeiten, insbesondere des Zeugenbeweises durch die parol evidence rule ist dazu nicht geeignet. Die Zulassung aller Beweise, auch des Zeugenbeweises, für mündliche Zusatzabreden in Verbindung mit der freien Beweiswürdigung ist statt dessen besser in der Lage, durch Vereinbarung begründete Rechte durchzusetzen und damit dem effektiven Rechtsschutz zu dienen. Zugleich können mit Hilfe der freien Beweiswürdigung die Schwächen des Zeugenbeweises berücksichtigt werden, ohne diesen ganz auszuschließen.

Die zur Verwirklichung der Grundfreiheiten im Binnenmarkt erforderliche Rechtsvereinheitlichung ist deshalb in der Weise geboten, daß bei Verträgen mit Bürgern anderer Mitgliedstaaten vor den Gerichten alle Beweismittel zum Nachweis von Zusatzabreden zuzulassen sind. Eine prozessuale Beschränkung der Beweismittel hat wegen ihrer Störungen des Binnenmarkts nach dem EWG-Vertrag keinen Bestand.

b) Neben der Frage, mit welchen Beweismitteln eine Partei ihre Angriffs- oder Verteidigungsmittel beweisen darf, ist auch bedeutsam, mit welchem Grad an Gewißheit die jeweiligen Tatsachen bewiesen werden

---

91 S. dazu auch *Thiel,* JuS 1991, 274.

92 S. zum deutschen Recht *Wolf,* Gerichtsverfassungsrecht, aaO. (Fn. 6), § 27 I 2; einschränkend *Schilken,* Gerichtsverfassungsrecht, 1990, Rz. 101; zur Rechtsschutzgewährleistung für das Gemeinschaftsrecht EuGH NJW 1991, 2271, 2272 (Factortame); EuGH EuZW 1992, 250, 252.

müssen. Damit ist das Problem des Beweismaßes angesprochen[93]. Während die h. M. im deutschen und französischen Prozeßrecht grundsätzlich ein hohes Maß an Gewißheit im Sinne der an Sicherheit grenzenden Wahrscheinlichkeit bzw. des im praktischen Leben brauchbaren Grades von Gewißheit[94] verlangt, begnügt sich das englische Recht grundsätzlich mit der überwiegenden Wahrscheinlichkeit[95] und reduziert damit das Beweismaß bei der Geltendmachung von Rechten.

Die Reduzierung des Beweismaßes erleichtert die Durchsetzung von Rechtspositionen, ohne die Gefahr der Belastung mit unbegründeten Ansprüchen allzu stark zu vergrößern. Mit der Erleichterung der Rechtsdurchsetzung wird auch die Durchsetzung vertraglicher Ansprüche bei der Abwicklung von Geschäften begünstigt. Ferner können durch ein geringeres Beweismaß u. U. auch Kosten gespart werden, die bei einem hohen Beweismaß schon im Vorfeld eines Prozesses, aber auch im Prozeß selbst aufgewendet werden müssen.

Die Erschwerung der Rechtsdurchsetzung bei hohem Beweismaß und die damit verbundene Kostenbelastung bringen die Gefahr von Marktbehinderungen mit sich. Der englische Unternehmer, der seine Ansprüche in anderen Mitgliedstaaten nur mit einem höheren Beweisaufwand durchsetzen kann, muß mit höheren Ausfallrisiken und höheren Beweiskosten rechnen. Zwar könnte man einen Ausgleich für das höhere Beweismaß darin erblicken, daß auch Gegenrechte dem höheren Beweismaß unterliegen und der Unternehmer sich dagegen leichter verteidigen kann. Dies ist aber für viele Unternehmen ohne Bedeutung, die aufgrund der Art und Qualität ihrer Leistung nur in Ausnahmefällen mit Gegenansprüchen rechnen müssen. Für solche Unternehmen können Überlegungen zur Durchsetzung ihrer eigenen Rechte eine wichtige Rolle spielen, wobei sich Erschwerungen der Rechtsdurchsetzung als Behinderungen darstellen, die als Maßnahmen gleicher Wirkung im Sinne von Art. 30 EWGV die wirtschaftlichen Grundfreiheiten des EWG-Vertrags beeinträchtigen[96] und mit der Herstellung eines Binnenmarkts ohne Grenzen nicht zu vereinbaren sind.

---

[93] S. *Maassen,* Beweismaßprobleme im Schadensersatzrecht, 1975; *Kegel,* FS für Kronstein, 1967, S. 333; *Musielak,* FS für Kegel, 1977, S. 461; *Bruns,* ZZP 91 (1978), 66.

[94] BGHZ 53, 245, 256; *Baumbach/Lauterbach/Hartmann,* ZPO, § 286 Anm. 2 C; *Stein/Jonas/Leipold,* ZPO, § 286 Rz. 4.

[95] A fair preponderance of evidence; s. *Maassen,* aaO. (Fn. 89), S. 12, 39 ff.; *Coester-Waltjen,* aaO. (Fn. 23), Rz. 358.

[96] In EuGH EuZW 1991, 183 zu Nr. 13 der Gründe wird z. B. die Notwendigkeit, Erzeugnisse je nach dem Ort des Inverkehrbringens unterschiedlich zu gestalten und ge-

Um den englischen Unternehmen ihre Geschäftstätigkeit in den anderen Mitgliedstaaten ohne Behinderung zu ermöglichen, muß ihnen gemäß dem Prinzip des Herkunftslandes grundsätzlich gestattet werden, ihre Rechte z. B. vor deutschen und französischen Gerichten mit demselben Beweismaß der überwiegenden Wahrscheinlichkeit wie vor ihren Heimatgerichten durchzusetzen. Dabei muß es im Interesse des Binnenmarkts grundsätzlich gleichgültig sein, welches nationale Recht für die materiell-rechtlichen Vertragsbeziehungen zur Anwendung kommt. Den Anforderungen des Binnenmarkts genügt weder die lex fori noch die lex causae[97]. Dem englischen Unternehmen oder Kunden muß die Erleichterung des geringeren Beweismaßes deshalb vor französischen oder deutschen Gerichten auch dann gewährt werden, wenn sich die Vertragsabwicklung selbst nach französischem oder deutschem Recht richtet.

Das höhere Beweismaß des französischen und deutschen Rechts könnte als nationales Sonderrecht nur durch ein besonderes Allgemeininteresse gerechtfertigt werden. Ein solches ist aber nicht erkennbar, denn auch das englische Verfahrensrecht erfüllt die Anforderungen eines rechtsstaatlichen Gerichtsschutzes.

Methodisch bietet sich die gemeinschaftskonforme Auslegung[98] dazu an, das englische Beweismaß der überwiegenden Wahrscheinlichkeit im Rahmen von § 286 ZPO vor deutschen Gerichten zur Geltung zu bringen, da das nach h. M. im deutschen Recht geltende Beweismaß nicht ausdrücklich gesetzlich festgeschrieben ist. Auch haben die deutschen Gerichte mit dem Anscheinsbeweis und vor allem im Arzthaftungsrecht bereits einige Beweiserleichterungen anerkannt[99]. Darüber hinaus läßt sich aus der Praxis die Erfahrung gewinnen, daß trotz formalem Festhalten am vollen Beweismaß die Beweisanforderungen aus praktischen Gründen unausgesprochen oft ermäßigt werden. Umgekehrt kennt auch das englische Recht Fallgestaltungen, in denen es höhere Beweisanforderungen stellt[100]. In der praktischen Rechtsanwendung dürfte deshalb im

---

sonderte Vertriebswege einzurichten, als handelsbehindernd angesehen. Dies muß dann für unterschiedliche Anforderungen, z. B. an den Vertragsschluß, wegen verschiedenartigen Beweismaßes ebenfalls gelten.

[97] S. zur lex causae für das Beweismaß *Coester-Waltjen,* aaO. (Fn. 23), Rz. 362 ff.; einschränkend *Habscheid,* FS für Baumgärtel, 1990, S. 105, 199.

[98] S. oben II 4 b, aa.

[99] S. etwa BGHZ 85, 213, 215; BGH NJW 1989, 2332.

[100] S. im einzelnen *Keane,* The Modern Law of Evidence, 1989, S. 67 ff., vor allem variiert das Beweismaß in Abhängigkeit von der Bedeutung der Tatsache; s. auch *Habscheid,* FS für Baumgärtel, 1990, S. 105, 115; zum clear and convincing evidence im amerikanischen Prozeß *Schurtmann/Walter,* Der amerikanische Zivilprozeß, 1978, S. 75.

Wege der gemeinschaftskonformen Auslegung eine Lösung möglich sein, die zu einer gegenseitigen Angleichung der Beweisanforderungen führt. Deutsche Gerichte müssen allzu strenge Anforderungen an die richterliche Überzeugung eher abbauen. Englische Gerichte dürfen umgekehrt durch ein zu niederes Beweismaß nicht einzelne Rechte von hohem Wert aufs Spiel setzen. Auf diese Weise eröffnet sich ein Weg, die Störungen der Binnenmarktfreiheiten zu beseitigen.

Wenn englischen Vertragspartnern in anderen Mitgliedstaaten ihr Beweisrecht mit geringerem Beweismaß zur Verfügung steht, dann muß dies im Interesse der prozessualen Waffengleichheit[101] und zur Vermeidung einer Diskriminierung auch für die Inländer und die Angehörigen anderer Mitgliedstaaten Geltung haben[102]. Im Binnenmarkt setzt sich deshalb das geringere Beweismaß durch, weil und soweit es mit den Anforderungen einer rechtsstaatlichen Gerichtsbarkeit vereinbar ist.

c) Marktrelevante Unterschiede ergeben sich auch bei der Ausgestaltung des Zeugnisverweigerungsrechts. Insbesondere erkennt das britische Recht kein Zeugnisverweigerungsrecht der Bank bezüglich der ihr vom Kunden anvertrauten Vermögensangelegenheiten an, sondern gibt der Wahrheitsermittlung den Vorzug vor dem Schutz bankgeschäftlicher Vertrauensbeziehungen[103]. Demgegenüber wird das Zeugnisverweigerungsrecht gemäß § 383 Abs. 1 Nr. 6 ZPO auch den Banken gewährt[104]. Ein ähnlicher Unterschied besteht für Steuerberater und Wirtschaftsprüfer[105].

Der mit dem Aussagezwang verbundene Bruch des Vertrauensverhältnisses beeinträchtigt naturgemäß die Geschäftsbeziehungen und beeinträchtigt bei einem allgemein stark ausgeprägten Geheimhaltungsinteresse der Kunden die Banken, Steuerberater und Wirtschaftsprüfer anderer Mitgliedstaaten bei ihrer Geschäftstätigkeit in Großbritannien stärker als in ihren Herkunftsländern. Zur Verwirklichung der Niederlassungs- und Dienstleistungsfreiheit (Art. 52, 59 EWGV) im Binnenmarkt muß deshalb hinsichtlich des Zeugnisverweigerungsrechts für diese Berufsgrup-

---

[101] S. BVerfGE 38, 105, 111; *Wolf,* aaO. (Fn. 6), § 29 I; *Schilken,* aaO. (Fn. 88), Rz. 123.

[102] S. auch oben II 4 b, dd.

[103] S. im einzelnen *Coester-Waltjen,* aaO. (Fn. 23), Rz. 556 mit N. 1752; *Schütz,* Rechtsverfolgung im Ausland, S. 139, Fn. 50.

[104] BGH NJW 1967, 2012; *Baumbach/Lauterbach/Hartmann,* ZPO, § 383 Anm. 3 C b E.

[105] S. zum englischen Recht *Coester-Waltjen,* aaO. (Fn. 23), Rz. 556; zum Zeugnisverweigerungsrecht im deutschen Recht BGH DB 1983, 1921 (Steuerberater); OLG Nürnberg DB 1964, 827 (Wirtschaftsprüfer); *Baumbach/Lauterbach/Hartmann,* ZPO, § 383 Anm. 3 C b, E.

pen das Prinzip des Herkunftslandes gelten. Banken, Steuerberater und Wirtschaftsprüfer können sich danach aufgrund der unmittelbaren Wirkung des EWG-Vertrags vor britischen Gerichten auf das Zeugnisverweigerungsrecht ihres Heimatstaates berufen, ohne daß auf die Regeln der lex fori oder lex causae abzustellen ist.

6. Mahnverfahren

Verfahren, die eine vereinfachte und beschleunigte Rechtsdurchsetzung ermöglichen, erleichtern die Vertragsabwicklung und begünstigen damit die Geschäftstätigkeit. In Deutschland bietet das Mahnverfahren der §§ 688 ff. ZPO ein Beispiel für ein solch vereinfachtes Verfahren, das ohne Anwalt und größere Kosten beim Amtsgericht des Gläubigers die rasche Erlangung eines Vollstreckungstitels gegen säumige und zahlungsunfähige Schuldner erlaubt und das zweckmäßigerweise eingeschlagen wird, wenn gegen den Anspruch selbst keine substantiellen Einwendungen vorgebracht werden. Wo ein solches Verfahren nicht zur Verfügung steht, drohen langwierige und kostenreiche Gerichtsverfahren, wenn Ansprüche zwangsweise durchgesetzt werden müssen. Die damit verbundenen Risiken und Verzögerungen stellen Behinderungen dar, die gerade kleinere Unternehmung von der Ausdehnung ihrer Geschäftstätigkeit abhalten oder sie doch wesentlich behindern können. Zur Verwirklichung des Binnenmarkts muß den Unternehmen deshalb die Benutzung eines Mahnverfahrens mit seinen Vorteilen für die rasche Rechtsdurchsetzung grundsätzlich auch in anderen Mitgliedstaaten, die ein solches Verfahren bisher nicht kennen[106], zur ungehinderten Ausübung ihrer Geschäftstätigkeit zur Verfügung gestellt werden[107].

Da die Ermöglichung der Geschäftstätigkeit nach dem Prinzip des Herkunftslandes bereits dann verwirklicht ist, wenn die Normen des Bestimmungslandes die Geschäftsausübung im wesentlichen in derselben Weise wie im Herkunftsland erlauben, genügt es den Anforderungen des Binnenmarkts, wenn dem Mahnverfahren vergleichbare Verfahren eines Mitgliedstaates den Unternehmen anderer Mitgliedstaaten offenstehen. So sehen etwa Belgien, Frankreich, Griechenland, Holland, Italien und Luxemburg ein dem Mahnverfahren vergleichbares Verfahren vor[108], das

---

[106] So etwa Großbritannien, Irland, Portugal, Spanien; s. *Prütting,* FS für Baumgärtel, 1990, S. 457, 462 f.

[107] S. zu entsprechenden Empfehlungen des Europarats und des Ministerrats *Prütting,* FS für Baumgärtel, 1990, S. 457 f., 462.

[108] S. *Prütting,* FS für Baumgärtel, S. 457, 462 f.

deutschen Unternehmen im wesentlichen ähnliche Erleichterungen bei der Rechtsdurchsetzung bietet.

Allerdings müssen binnenmarktstörende Behinderungen abgebaut werden. So sieht etwa Art. 633 Abs. 3 ital. c.p.c. vor, daß das Mahnverfahren keine Anwendung findet, wenn der Mahnbescheid im Ausland zuzustellen ist. Dies behindert vor allem auch italienische Firmen bei der Geschäftstätigkeit in anderen Mitgliedstaaten und beeinträchtigt insbesondere die Ausübung der Warenverkehrs- und Dienstleistungsfreiheit. Zwar hält der italienische Verfassungsgerichtshof diese Vorschrift für verfassungsgemäß und sieht keine Verpflichtung aus dem EWG-Vertrag zur Beseitigung dieser Behinderung[109]. Dies wird aber weder Art. 5 EWGV noch der vom EuGH angenommenen unmittelbaren Geltung der Grundfreiheiten gerecht[110]. Insoweit hätte der italienische Verfassungsgerichtshof nach Art. 177 EWGV den EuGH anrufen müssen. Wegen der Beeinträchtigung der Grundfreiheiten des EWG-Vertrags, für die keine nach dem Gemeinschaftsrecht gerechtfertigten zwingenden Erfordernisse zu erkennen sind, müßte Art. 633 Abs. 3 ital. c.p.c. deshalb an sich die Geltung versagt werden[111]. Unter Aspekten des Binnenmarkts sind auch Regelungen bedenklich, die das Mahnverfahren durch bestimmte Betragsgrenzen beschränken[112].

Sofern andere Mitgliedstaaten ein dem Mahnverfahren vergleichbares beschleunigtes Verfahren nicht kennen, kommt eine Übertragung der §§ 688 ff. ZPO nicht ohne weiteres in Betracht. Einer Übertragung des Mahnverfahrens in andere Mitgliedstaaten steht vor allem entgegen, daß dieses Verfahren nicht nur Änderungen der Verfahrensweise bewirkt, sondern daß mit dem Mahnverfahren neue Zuständigkeiten und Organe geschaffen werden müssen, die einem anderen Mitgliedstaat nicht aufoktroyiert werden können. Es muß vielmehr der Organisationshoheit jedes Mitgliedstaates überlassen bleiben, welchen Rechtspflegeorganen mit welchen Kompetenzen er ein solch vereinfachtes Verfahren überträgt. Eine direkte Übernahme der Regelungen anderer Mitgliedstaaten nach dem Prinzip des Herkunftslandes kommt insoweit nicht in Betracht.

Dennoch erfordert der Binnenmarkt ein in allen Mitgliedstaaten anwendbares Verfahren der raschen und vereinfachten Durchsetzung von Geldansprüchen, damit nach dem jetzigen Rechtszustand bestehende Marktbehinderungen beseitigt werden. Da eine unmittelbare Erstrek-

---

[109] S. dazu *Kindler,* RIW 1991, 677.

[110] S. oben II 4 b.

[111] Kritisch auch *Kindler,* RIW 1991, 677.

[112] S. auch *Prütting,* FS für Baumgärtel, S. 457, 462 ff.

kung nationalen Rechts ausscheidet, kann ein einheitliches Verfahren nur durch Rechtsetzungsakte der EG, sei es im Wege einer Verordnung oder Richtlinie nach Art. 189 mit Art. 100 a EWGV oder durch ein Übereinkommen aller Mitgliedstaaten nach Art. 220 EWGV geschaffen werden[113].

7. *Vollstreckungsschutz*

Die Freiheit des Waren- und Dienstleistungsverkehrs kann auch durch Vollstreckungsvorschriften beeinträchtigt werden. Insbesondere entsteht durch eine Vollstreckungserschwerung die Gefahr, daß Vertragspartner anderer Mitgliedstaaten einen Ausfall ihrer Ansprüche befürchten müssen und deshalb in ihrem Handelsverkehr mit dem vollstreckungserschwerenden Mitgliedstaat behindert sind.

Das EuGVÜ vermag diese Problematik nicht zu beseitigen, da es zwar die gegenseitige Anerkennung der Vollstreckungstitel vorsieht, das Vollstreckungsrecht der Mitgliedstaaten selbst jedoch unberührt läßt. Der Umstand, daß es das EuGVÜ beim nationalen Vollstreckungsrecht belassen hat, darf jedoch nicht zu dem Schluß verleiten, daß damit auch die Vereinbarkeit mit den Grundfreiheiten des EWG-Vertrags gegeben sei. Das EuGVÜ stützt sich auf Art. 220 EWGV, der unabhängig von den Erfordernissen des Binnenmarkts die gegenseitige Anerkennung von Vollstreckungstiteln durch Übereinkommen der Mitgliedstaaten erreichen wollte. Die Geltung der Grundfreiheiten und die zur Verwirklichung des Gemeinsamen Markts bzw. des Binnenmarkts erforderlichen Maßnahmen sollten davon nicht betroffen sein. Art. 220 EWGV ermöglicht weitergehende Maßnahmen, schränkt aber nicht die Wirkungen des EWG-Vertrags ein[114]. In Übereinstimmung mit diesem Zweck will auch das EuGVÜ nicht die notwendigen Maßnahmen zur Herstellung des Binnenmarkts im Vollstreckungsrecht ausschließen.

Als handelshemmend könnten im deutschen Recht vor allem die Vollstreckungsschutzvorschriften angesehen werden, wenn sie etwa in § 811 und §§ 850 c ff. ZPO einzelne Sachen und Forderungen dem Vollstreckungszugriff des Gläubigers entziehen und dadurch die Durchsetzung von Geldansprüchen gefährden.

Es bleibt zunächst zu prüfen, ob das Verbot der Vollstreckung in bestimmte Sachen und Forderungen die Anbieter von Waren und Dienst-

---

[113] S. zu einem Modellverfahren *Prütting,* FS für Baumgärtel, 1990, S. 457, 463 ff.
[114] *Grabitz/Schweitzer,* EWGV, Art. 220 Rz. 2.

leistungen in ihrem Marktverhalten spürbar beeinflußt. So hat der EuGH im umgekehrten Fall, in dem dem Steuerfiskus der Zugriff auf schuldnerfremdes Vermögen ermöglicht wurde, entschieden, daß eine Vorschrift, die dies ermögliche, nicht zur Behinderung des Handels zwischen den Mitgliedstaaten geeignet sei, weil das schuldnerfremde Eigentum nur zufällig betroffen sei und davon kein bestimmender Einfluß auf das Lieferantenverhalten ausgehe[115]. Ob diese Wertung auf schuldnerschützende Vollstreckungsvorschriften übertragen werden kann, erscheint zweifelhaft, da diese Gegenstände für immer und nicht nur zufällig dem Gläubigerzugriff entzogen sind und der Gläubiger aus einem anderen Mitgliedstaat generell weniger vollstreckungsfähige Rechte vorfindet als in seinem Herkunftsland. Ob der Schutz durch pfändungsfreie Sachen (§ 811 ZPO) und durch Pfändungsfreigrenzen für Arbeitseinkommen (§ 850 c ZPO) den freien Waren- und Dienstleistungsverkehr zu beeinträchtigen geeignet ist, braucht jedoch nicht endgültig entschieden zu werden, wenn diese Vorschriften auch im Falle einer Beeinträchtigung des Binnenmarkts durch nationale Interessen des Allgemeinwohls gerechtfertigt sind. Dies ist zu bejahen.

Das pfändungsfreie Arbeitseinkommen und die pfändungsfreien Sachen in § 811 ZPO sollen die Grundlagen einer angemessenen Lebensführung sichern und die für die Erwerbstätigkeit erforderlichen Gegenstände dem Vollstreckungszugriff entziehen. Die Verwirklichung dieser Zwecke entspricht dem sozialstaatlichen Schutzgebot des GG und soll zur Wahrung der Würde des Einzelnen sein Abgleiten in die Sozialhilfebedürftigkeit verhindern. Mit diesen Anliegen werden wichtige öffentliche Interessen verwirklicht[116], die mit den auf soziale Sicherung (Art. 51, 118 EWGV) und Hebung der Lebenshaltung (Art. 2, 3 Buchst. i EWGV) gerichteten Zielen des EWG-Vertrags übereinstimmen und deshalb auch bei einer Abwägung gegenüber den Freiheiten des Binnenmarkts Bestand haben. Solange die soziale Sicherung der Bürger im Vollstreckungsrecht nicht durch eine einheitliche gemeinschaftsrechtliche Regelung ausgebildet ist, gehört es zu den zwingenden Erfordernissen der einzelnen Mitgliedstaaten, diesen sozialen Schutz selbst zu verwirklichen. Die nationalen Vollstreckungsschutzvorschriften können deshalb auch gegenüber Angehörigen anderer Mitgliedstaaten, die solche Schutzvorschriften nicht kennen, zur Anwendung gebracht

---

[115] EuGH EuZW 1990, 226.

[116] S. auch *Stein/Jonas/Münzberg,* ZPO, § 811, Rz. 1–3; § 850, Rz. 1

werden, soweit sie erforderlich und geeignet sind, den sozialen Schutz zu verwirklichen.

Dies trifft auf die Vollstreckungsschutzvorschriften der §§ 811, 850 c ZPO zu. Dabei bleibt auch das Prinzip der Verhältnismäßigkeit gewahrt, weil Gläubiger durch Austauschpfändung gemäß §§ 811 a, b ZPO erreichen können, daß in den unpfändbaren Sachen des § 811 ZPO nicht unnötig Vermögenswerte gehortet und dem Zugriff der Gläubiger entzogen werden. Die §§ 811, 850 c ZPO müssen deshalb trotz etwaiger binnenmarktstörender Wirkungen auch von Angehörigen anderer Mitgliedstaaten beachtet werden.

IV. Schlußbetrachtung

Eine Bestandsaufnahme der Prozeßordnungen der europäischen Mitgliedstaaten läßt erkennen, daß sie auf einer gemeinsamen rechtsstaatlichen Grundlage beruhen, die mit den Anforderungen des Art. 6 EMRK weitgehend übereinstimmt. Trotz rechtsstaatlich gemeinsamer Grundlagen bestehen bei der Ausgestaltung im einzelnen manche Unterschiede. Diese Unterschiede, die zum Teil Ausdruck besonderer kultureller Anschauungen, Erfahrungen und sozialer Gepflogenheiten sind, müssen auch in der Europäischen Gemeinschaft nicht vollkommen nivelliert werden. Staaten wie USA und die Schweiz machen deutlich, daß Bundesstaaten auch ohne eine einheitliche Prozeßordnung auskommen können. Dies gilt grundsätzlich auch für die Europäische Gemeinschaft.

Den prozessualen Verschiedenheiten sind in der Europäischen Gemeinschaft aber Grenzen gesetzt, soweit sie Handelsbeschränkungen und Wettbewerbsverzerrungen zur Folge haben. Daß dies bei zahlreichen prozessualen Instituten und Vorschriften der Fall sein kann, wollte der Beitrag aufzeigen. Insoweit ist eine Anpassung an die Erfordernisse des Binnenmarkts geboten. Solange es an einer einheitlichen Regelung zur Beseitigung der binnenmarktstörenden Unterschiede fehlt, müssen mit Hilfe einer gemeinschaftskonformen Auslegung nationalen Rechts und mit der unmittelbaren Wirkung der Grundfreiheiten binnenmarktstörende Vorschriften beseitigt werden, um den Handelsverkehr in Einklang mit den prozessualen Instituten anderer Mitgliedstaaten zu ermöglichen. Insofern muß sich auch das Prozeßrecht den neuen Herausforderungen der europäischen Einheit stellen und wird das Internationale Prozeßrecht durch Europäisches Gemeinschaftsrecht ergänzt und verdrängt.

Das Verfahren des EuGH im Vergleich zum deutschen Zivilprozeß:

Ansätze für einen europäischen Prozeß?

von

Wolfgang Münzberg

Tübingen

Der EuGH hat gewichtige Beiträge zu einem Prozeßrecht geliefert, das man gewiß schon europäisch nennen darf, weil die sogenannte „vertragsautonome Auslegung" des Gemeinschaftsrechts sowie die auf Vorlage ergangenen Entscheidungen[1] auch auf prozessualer Ebene schon zu einer bemerkenswerten Einheitlichkeit der nationalen Rechtsprechung geführt hat[2]. Es tritt allerdings nur im grenzüberschreitenden Bereich an die Stelle der lex fori, insbesondere auf den Gebieten der internationalen Zuständigkeit und der Anerkennung und Vollstreckung ausländischer Urteile nach dem EuGVÜ[3]. Ist z. B. nach Art. 19 EuGVÜ das Gericht eines anderen Vertragsstaates ausschließlich zuständig, so muß die Unzuständigkeit eines Gerichts entgegen nationalem Kassationsrecht auch dann berücksichtigt werden, wenn sie nicht gerügt wird[4]. Es bleibt jedoch beim nationalen Recht, wenn eine ausschließliche Zuständigkeit nur innerstaatlich mißachtet wird.

---

[1] Im zivilprozessualen Bereich vor allem aufgrund des Art. 1 des Protokolls vom 3. 6. 1971 (Sartorius II Nr. 160 b).

[2] Auch *Manfred Wolf*, FS für Karl Heinz Schwab (1990), 563, sieht darin den Beginn der Entwicklung eines europäischen Prozeßrechts.

[3] Europäisches Übereinkommen über die gerichtliche Zuständigkeit und die Vollstreckung gerichtlicher Entscheidungen in Zivil- und Handelssachen vom 27. 9. 1968, BGBl. II, 1972, S. 774, inzwischen mehrfach neu gefaßt wegen des Beitritts weiterer Länder.

[4] EuGH Slg. 1983, 3663 ff., Rdnr. 14 f. (Vorlage durch den Hoge Raad der Niederlanden).

Das übrige, nicht grenzüberschreitende nationale Zivilprozeßrecht bleibt also grundsätzlich unberührt[5], obwohl man nicht ausschließen sollte, daß auch und gerade die Arbeit des EuGH etwa unsere Juristen in mancher Hinsicht hellhöriger gemacht hat, z. B. im Bereich der Zuständigkeit sowie der Zustellung samt ihrer Bedeutung für das rechtliche Gehör. Betrachtet man aber die zahlreichen Überlegungen, wie eine Annäherung der nationalen Verfahrensrechte in Europa oder gar eine einheitliche europäische Zivilverfahrensordnung erreicht werden könnte[6], so ist die Frage nicht von der Hand zu weisen, ob sich hierzu u. a. auch brauchbare Ansätze in der Rechtsprechung des EuGH finden lassen. Sicher werden die einzelnen Mitgliedsstaaten sich noch lange schwer tun, eigene Prozeßtraditionen zugunsten jener anderer Mitgliedstaaten aufzugeben, um eine schrittweise Angleichung zu ermöglichen. Mit den Eigenarten des EuGH-Verfahrens haben jedoch inzwischen alle leben gelernt, und vielleicht kann man sich daher auf sie ein wenig leichter einigen als etwa auf die Übernahme fremdnationaler Prozeßinstitute. Besonders interessiert natürlich in diesem Zusammenhang, ob man Chancen sieht, daß auch manche deutsche Lösungen sich allgemein durchsetzen könnten.

Diese Überlegungen haben mich ermutigt, nach prozessualen Elementen in der Rechtsprechung des EuGH zu fahnden, die man als besonders geeignet ansehen könnte, künftig von nationalen Rechten übernommen oder in eine europäische Prozeßordnung eingefügt zu werden. Als erster Schritt lohnt insofern ein Vergleich mit unserem deutschen Zivilprozeß. Wenn man das Thema so bescheiden faßt und keine spektakulären Ergebnisse erwartet, so wird man in mancher Hinsicht fündig. Freilich bleibt ein Gefühl der Unsicherheit. Denn man könnte es für kühn oder gar dilettantisch halten, ein Verfahren, das ganz überwiegend auf die Entscheidung öffentlichrechtlicher Konflikte zugeschnitten ist, überhaupt mit dem Zivilprozeß vergleichen zu wollen. Eher sollte der Verwaltungsprozeß durch einen solchen Vergleich angesprochen werden. Aber eine Durchsicht der bis 1990 publizierten Urteile und Beschlüsse zeigt, daß mit der Verfahrensordnung, die der Gerichtshof sich 1974 selbst gegeben hat[7], Prozesse unterschiedlichster Art gemeistert werden,

---

[5] Es gibt Ausnahmen; unmittelbare Auswirkungen auch auf das nicht grenzüberschreitende Recht haben z. B. die Entscheidungen des EuGH zum Anwaltsrecht, s. die Urteile Slg. 1988, 1123 ff. (zu BGBl. 1980 I 1453) und vom 7. 5. 1991 RS C-340/89 NJW 1991, 2073.

[6] Zu entsprechenden Bemühungen s. *Prütting,* FS für Baumgärtel (1990), 457 ff. sowie die Beiträge in der vorliegenden Festschrift, insbesondere *Stürner,* S. 1 ff.

[7] Sartorius Europarecht Nr. 250, geändert 15. 5. 1991, ABl. Nr. L 176/1 ff. vom 4. 7. 1991.

darunter z. B. zahlreiche Schadensersatzklagen der EG-Bediensteten, also Materien, die, auch wenn man sie als Amtshaftung öffentlichrechtlich einordnet, von Haus aus im Zivilprozeß bewältigt zu werden pflegen. Auch in unserem, den ordentlichen Zivilgerichten zugewiesenen Amtshaftungsprozeß prüft ja der Zivilrichter öffentlichrechtliche Vorfragen selbst, beispielsweise, ob ein Verwaltungsakt ungeachtet seiner Bestandskraft rechtswidrig ergangen war[8].

Bei der Bewältigung der aus grundverschiedenen Rechtsbereichen stammenden Konflikte durch den EuGH merkt man nirgendwo einen Bruch. Die Gültigkeit und Rechtmäßigkeit von Verordnungen und Richtlinien wird in eleganter Manier mit den gleichen Verfahrensmitteln nachgeprüft wie die Zulässigkeit und Begründetheit von Schadensersatzanträgen, die dann meist noch zusammen mit Anfechtungs- oder Verpflichtungsanträgen gekoppelt sind. Eine Unterscheidung von Untersuchungs- und Verhandlungsmaxime ist z. B. nicht zu entdecken. Es gibt Urteile, die auch dort, wo etwas von Amts wegen zu prüfen ist[9], einfach auf den Parteivortrag abstellen. So hat man es z. B. genügen lassen, daß der Beklagte die Einhaltung einer gemeinschaftsrechtlichen Frist für die Erhebung einer Schadensersatzklage[10] nicht bestritt, sondern die Einrede der Unzulässigkeit nur aus anderen Gründen erhob; auch der Generalanwalt war in seinen Schlußanträgen auf diese Frist nicht eingegangen[11]. In einem anderen Prozeß mehrerer Kläger trug die beklagte Kommission vor, sie habe inzwischen die Kläger genauso behandelt wie in einem zuvor vom Gerichtshof entschiedenen Musterprozeß. Daraufhin wurde kurzerhand festgestellt, die Klagen seien gegenstandslos geworden, und zwar mit der schlichten Begründung, die Kläger hätten dieser Darlegung der Kommission nicht widersprochen[12]. In beiden Fällen wurden keine Nachweise verlangt[13].

Wenn es aber sogar gelungen ist, verwaltungs- und zivilprozessuale Elemente ohne Friktionen zu verschmelzen, wird man doch zumindest die bescheidene Frage stellen dürfen, ob die eine oder andere Eigenart dieses vom EuGH praktizierten Verfahrens irgendwann einmal als Bau-

---

[8] BGH NJW 1991, 1168 = MDR 1991, 415 Nr. 32.

[9] Nach Art. 92 § 2 VerfO „kann" der Gerichtshof jederzeit von Amts wegen prüfen, ob unverzichtbare Prozeßvoraussetzungen fehlen.

[10] Durch zwingende Vorschriften geregelte Klagefristen unterliegen nicht der Verfügung der Parteien oder des Gerichts, EuGH Slg. 1967, 498 f.

[11] Slg. 1987, S. 215 Rdnr. 16.

[12] Slg. 1987, 2427 Rdnr. 7.

[13] Für manche Zulässigkeitsvoraussetzungen verlangt allerdings die VerfO Nachweise, z. B. Art. 38, §§ 3–7.

stein eines – wenn auch noch in weiter Ferne liegenden – gemeinsamen europäischen Prozesses in Betracht kommen könnte.

Zu denken wäre etwa an folgende Bereiche:

1) Für den deutschen Gerichtsstand der Niederlassung, § 21 ZPO, wurde schon öfters betont, daß für die von der Rechtsprechung aus dem Normzweck entwickelten Tatbestandsmerkmale auf den Eindruck nach außen, also auf den Gedanken des Rechtsscheins abzustellen sei. Diese Sicht erfährt kräftige Unterstützung durch den EuGH: Es komme für diesen, auch in Art. 5 Nr. 5 des EuGÜ aufgenommenen Gerichtsstand nicht auf innere Rechtsbeziehungen an, die für Dritte möglicherweise unerkennbar sind, sondern darauf, wie zwei Unternehmen sich im Geschäftsleben „Dritten gegenüber darstellen". Also schade es auch nicht, daß eine mit dem Stammhaus gleichnamige Niederlassung eine selbständige juristische Person sei[14].

2) Der Gerichtsstand des Erfüllungsortes ist nach § 29 ZPO auch dann gegeben, wenn das Bestehen des Vertrags im Streit ist. Art. 5 Nr. 1 des Brüsseler Übereinkommens lautet insoweit weniger eindeutig: „Wenn ein Vertrag ... den Gegenstand des Verfahrens bildet." Trotzdem hat der Gerichtshof die weite Auslegung bevorzugt mithilfe des überzeugenden Arguments, andernfalls „brauchte eine der Parteien nur das Nichtbestehen des Vertrags zu behaupten, um die Bestimmung bedeutungslos werden zu lassen". Es genüge der Vortrag schlüssiger und erheblicher Umstände, aus denen sich das Bestehen des Vertrags ergibt[15]. Es besteht daher die Chance, daß diese Sicht auch in einem europäischen Prozeß Allgemeingut wird.

In deutschen Kommentaren findet man zwar die Bemerkung, das Wort „Vertrag" sei in § 29 ZPO weit auszulegen, jedoch nichts darüber, ob auch z. B. Beitragsschulden an einen Verein darunter fallen, und ferner, ob das auch dann gilt, wenn sie erst durch Vereinsbeschlüsse, also nicht schon durch den Beitritt zum Verein festgelegt wurden. Der Gerichtshof hat beides bejaht bei der autonomen Auslegung des Art. 5 Nr. 1 EuGVÜ. Die engen Bindungen, die man durch einen Vereinsbeitritt schaffe, seien gleicher Art wie die durch Vertrag entstehenden[16]. Die zweite Frage, ob es genüge, daß erst Vereinsbeschlüsse die Zahlungspflicht auslösten, wird zwar auch bejaht; aber nicht etwa durch ausdeh-

---

[14] Slg. 1987, 4905 (Rs. 218/86) – IPRax 1989, 96 Nr. 12; dazu *Kronke,* aao., 81 mit Nachweisen aus der deutschen Literatur und Rechtsprechung.

[15] Slg. 1982, 825 ff., Urteil, Rdnr. 7.

[16] Slg. 1983, 987 ff., Urteil, Rdnr. 12–15.

nende Anwendung des Begriffs „Vertrag", sondern durch Rückbesinnung auf Zweck und Geist des Abkommens, „Rechtsicherheit und Wirksamkeit des Rechtsschutzes zu fördern". Daraus ergebe sich, daß die Zuständigkeit gleichartiger Streitigkeiten nicht so aufzuspalten sei, daß sie für die eine zu bejahen und für die andere zu verneinen sei, obwohl zwischen den Klagen ein enger Zusammenhang bestehe[17].

Dieser Gesichtspunkt des „engen Zusammenhangs" ist auch in anderen Entscheidungen im Bereich des Art. 5 Nr. 1 EuGVÜ von Belang. Der Gerichtshof betont z. B., für zusammenhängende Klagen sollten möglichst nicht unterschiedliche Zuständigkeiten angenommen werden[18]. Das könnte Zweifel erwecken, ob in einem europäisch angeglichenen Prozeß jene deutsche Rechtsprechung noch eine Chance hätte, die für Bereicherungsansprüche aus einem nichtigen, z. B. angefochtenen Vertrag auch dann den Gerichtsstand des Erfüllungsortes verneint, wenn solche Ansprüche zugleich mit einem Feststellungsantrag über den Vertragsbestand, der ja unstreitig unter § 29 ZPO fällt, oder hilfsweise neben Ansprüchen aus Rücktritt bzw. Wandelung geltend gemacht werden[19]. Ich vermute eher, daß der Gerichtshof in solchen Fällen die Klagenhäufung am Erfüllungsort zulassen würde.

Zum Gerichtsstand der unerlaubten Handlung (Art. 5 Nr. 3 EuGVÜ) hat er allerdings betont, daß über andere vertragliche Ansprüche oder Anspruchsgrundlagen trotz des Zusammenhangs nicht entschieden werden dürfe; wolle der Kläger die daraus drohenden Nachteile vermeiden, so möge er am allgemeinen Gerichtsstand klagen oder auf eine Anwendung des Art. 22 EuGVÜ hoffen[20]. Damit ist freilich ein allgemein geltender „Gerichtsstand kraft Sachzusammenhangs"[21], ein Gedanke, den unser verehrter Jubilar schon 1967 speziell für den Rechtsweg ins Spiel

---

[17] Slg. 1983, 987 ff., Urteil, Rdnr. 17 f.

[18] Slg. 1976, 1497 ff., Rdnr. 9; Slg. 1982, 1891 ff., Rdnr. 18–20 für Arbeitsverhältnisse; Slg. 1987, 253 ff., Rdnr. 8, 13, 19 f.: „Nebenpflicht folgt der Hauptpflicht"; falls ein solches Verhältnis fehlt, sei die konkret eingeklagte Pflicht maßgeblich.

[19] So RG Gruchot 50, 423; BGH JZ 1962, 315 = MDR 1962, 399 f., während RGZ 10, 350 ff., § 29 ZPO auch auf den Anspruch auf Erstattung eines Angeldes wegen Nichtzustandekommen des Vertrags anwandte und RGZ 49, 421 (423) offenließ, ob die Vorschrift auch für Anfechtungsfolgen gelte.

[20] Slg. 1988, 5584, Rdnr. 19 f. = NJW 1988, 3088 f. Dazu krit. *Geimer,* aaO., 3090; *Gottwald,* IPRax 1989, 273.

[21] So für Anspruchskonkurrenz im Bereich der Art. 5 Nr. 1 und 3 EuGVÜ *Geimer,* IPRax 1986, 80 (81 f.). Stattdessen für Verweisung des nicht der Zuständigkeit des angerufenen Gerichts unterfallenden Anspruchsteils auch im innerstaatlichen Bereich z. B. *Stein/Jonas/Schumann,* ZPO, 20. Aufl., Einl. Rdnr. 295, Nr. 140 mit Nachweisen der entgegenstehenden Rechtsprechung, § 1 Rdnr. 11.

gebracht hatte und dafür etliche Mitstreiter gewann[22], abgelehnt. Aus dem Urteil folgt aber noch nicht zwingend, daß der Gerichtshof es auch für unzulässig halten müßte, umgekehrt im Vertragsgerichtsstand zugleich über konkurrierende Anspruchsgrundlagen aus unerlaubter Handlung oder – für den Fall der Verneinung des Vertrags – hilfsweise geltend gemachte Ansprüche aus ungerechtfertigter Bereicherung oder Verschulden beim Vertragsschluß[23] mitzuentscheiden, falls alle diese Ansprüche aus Anlaß des Vertrags entstanden[24]. Für Beklagte dürfte der Schutzgedanke, sich nur zuhause oder am Vertragsort verteidigen zu müssen, ohnehin ein Danaergeschenk sein, wenn er gerade deshalb zweimal an verschiedenen Orten prozessieren muß, obwohl es sich um ein und dieselbe Angelegenheit handelt.

3) Interessant ist ein Urteil[25], das auf eine Vorschrift des 1988 in Lugano geschlossenen, noch nicht in Kraft getretenen Übereinkommens eingeht. Dieses ist eine Parallele zum Brüsseler Übereinkommen, folgt überwiegend dessen Wortlaut und bezieht auch Staaten ein, die bisher nicht der Europäischen Gemeinschaft angehörten[26]. Es sieht in Art. 5 Nr. 1 ebenfalls den Gerichtsstand des Erfüllungsortes vor, enthält aber eine Sonderregel für Ansprüche aus individuellen Arbeitsverhältnissen: Maßgeblich ist der gewöhnliche Arbeitsort. Das ist mit dem vom Gerichtshof aufgestellten Grundsatz vereinbar, unter mehreren, unterschiedlichen Arbeitsvertragspflichten sei die „charakteristische" entscheidend, normalerweise also die Verrichtung der Arbeit[27].

In dem hier gemeinten Prozeß war aber der beklagte Arbeitnehmer ausschließlich in mehreren Staaten außerhalb des Geltungsgebiets des Übereinkommens tätig. Für einen solchen Fall sieht das Luganer Über-

---

22 *Fritz Baur,* Zuständigkeit aus dem Sachzusammenhang? FS für F. von Hippel (1967) 1 ff.; *Spellenberg,* ZZP 95 (1982), 17, 41 ff.; *Rosenberg/Schwab,* Zivilprozeßrecht, 14. Aufl. (1986) § 9 IV; *Kissel,* Gerichtsverfassungsgesetz (1981), § 13, Rdnr. 74; *Zeiss,* Zivilprozeßrecht, 7. Aufl. (1989), Rdnr. 24. S. dazu jetzt § 17 GVG i. d. F. vom 17. 12. 1990 (BGBl. I, S. 2809).

23 Zur Problematik der Einordnung unter Vertrag oder Delikt s. *Mezger,* IPRax 1989, 207 (209) m. w. N.

24 Auch *Mansel,* IPRax 1989, 84 ff. meint, die enge Auslegung des Art. 5 Nr. 3 besage noch nicht, daß der EuGH auch für Art. 5 Nr. 1 Gesichtspunkte des Sachzusammenhangs rundweg ablehnen müßte. *Gottwald* (Fn. 11) hält diese auch von *Kropholler* und *Welter* befürwortete Lösung (zit. aaO., 274 in Fn. 34) nur in einem Teil der Fälle für überzeugend, im übrigen aber für unvereinbar mit der Ablehnung der Annexzuständigkeit bei Art. 5 Nr. 3 EuGVÜ. S. zu Art. 5 Nr. 1, 3 sowie rechtsvergleichend auch *M. Lohse,* Das Verhältnis von Vertrag und Delikt (München 1991, ISBN 3-88259-815-8).

25 Slg. 1989, 341 ff.

26 ABl. EG 1988, Nr. L 319.

27 Slg. 1989, 341 ff. (363 Rdnr. 14 f.); vgl. auch Slg. 1982, 1891.

einkommen den Ort jener Niederlassung des Arbeitgebers, die den Arbeitnehmer eingestellt hat, als Erfüllungsort an[28]. Die Vertreter der Bundesrepublik, Frankreichs und des Vereinigten Königreichs meinten, daß auch das EuGVÜ in einem solchen Fall erlaube, am Ort dieser Niederlassung zu klagen. Der Gerichtshof ist dem jedoch nicht gefolgt. Werde die Arbeit in keinem der Vertragsstaaten verrichtet, so sei Art. 5 Nr. 1 eben nicht anwendbar und es müsse auf den allgemeinen Gerichtsstand des Art. 2 zurückgegriffen werden, nämlich den Wohnsitz des Beklagten. Bemerkenswert an diesem Urteil ist, daß der EuGH sich nicht nach dem Wunsch gerichtet hat, der von den Vertretern der am Luganer Abkommen beteiligten Staaten geäußert worden war: Daß nämlich der Gerichtshof dieses Abkommen gebührend berücksichtigen möge bei seiner Auslegung des Gemeinschaftsrechts[29]. Das berechtigt zu der Frage, was wohl eher geeignet sein mag als Ansatz für ein einheitliches europäisches Zivilprozeßrecht: die im Luganer Abkommen enthaltene Regel oder die Ansicht des Gerichtshofs? Anhand dieses Beispiels kann man besonders gut erahnen, welche Schwierigkeiten uns noch im Detail erwarten.

4) § 36 Nr. 3 ZPO erlaubt, für mehrere Beklagte mit unterschiedlichen Wohnsitzen ein zuständiges Gericht zu bestimmen, wenn ein gemeinschaftlicher besonderer Gerichtsstand fehlt. Nur eine Mindermeinung rät zur restriktiven Anwendung, besonders wenn dadurch ein zugunsten des Beklagten begründeter ausschließlicher Gerichtsstand verloren ginge. Dann solle die Vorschrift nur bei notwendiger Streitgenossenschaft angewandt werden[30]. Eine gewisse Parallele findet sich in Art. 6 Nr. 1 EuGVÜ: Mehrere Personen können zusammen vor einem Gericht verklagt werden, in dessen Bezirk einer der Beklagten wohnt. Auch diese Norm nennt nicht die Gründe, aus denen so manchem Beklagten das wichtige Privileg genommen werden darf, im eigenen Lande verklagt zu werden. Der Gerichtshof nimmt jedoch dieses Privileg ernst und meint, es dürfe nicht ohne Not in Frage gestellt werden. Dem Bericht des Sachverständigenausschusses entnimmt er den Normzweck, unvereinbare Entscheidungen in einzelnen Vertragsstaaten zu vermeiden. Daher schränkt er die Anwendung ein auf solche Fälle, in denen eine gemeinsame Verhandlung und Entscheidung geboten erscheint[31]. Es ist zu hoffen,

---

[28] Das EuGVÜ enthält keine Regelung des Erfüllungsorts; der EuGH (Slg. 1982, 1891 ff. Urteil, Rdnr. 13 ff., insbesondere 19) verweist insoweit auf das nationale Recht (krit. *Schwenzer,* IPRax 1989, 276).

[29] S. die Fn. 3 in Slg. 1989, 351.

[30] *Stein/Jonas/Schumann,* ZPO, 20. Aufl., § 36 Rdnr. 11.

[31] Slg. 1988, 5583, Rdnr. 8–13. Wohl erheblich großzügiger z. B. *Geimer/Schütze,* Internationale Urteilsanerkennung, Bd. I/1 (1983), § 74 II 1 b t S. 380.

daß diese Auslegung des EuGH nicht nur der in Deutschland vertretenen Mindermeinung Auftrieb gibt, sondern auch eine künftige Rechtsangleichung in Richtung einer restriktiven Handhabung solcher Vorschriften beeinflußt.

5) Ob eine an sich nicht gegebene Zuständigkeit begründet wird, wenn der Beklagte zwar die Rüge erhebt, sich aber zugleich zur Hauptsache einläßt, geht aus Art. 18 EuGVÜ nicht eindeutig hervor. Nach § 39 ZPO ist diese Frage eindeutig zu verneinen. Der Gerichtshof hat ebenso entschieden, falls Kläger und Gericht schon bei der ersten Einlassung des Beklagten erkennen können, daß diese sich gegen die Zuständigkeit des Gerichts richtet. Denn Beklagte könnten nach dem nationalen Recht einiger Vertragsstaaten Nachteile erleiden, wenn sie nicht zugleich hilfsweise zur Sache Stellung nähmen; eine gegenteilige Auslegung sei mit der Wahrung des rechtlichen Gehörs nicht vereinbar[32]. Diese Begründung ist zwar dem internationalen Zivilprozeßrecht entnommen. Dennoch ist zu erwarten, daß ein europäisches Zivilprozeßrecht dies auch für Prozesse, die nur Inlandsvorgänge betreffen, so bestimmen wird.

6) Art. 93 VerfO regelt die Streithilfe. Nach Art. 37 des Protokolls über die Satzung des Gerichtshofes genügt – wie nach § 66 ZPO – ein „berechtigtes Interesse am Ausgang des Rechtsstreits", das unabhängig ist vom Interesse der zu unterstützenden Partei[33]. Art. 93 § 4 VerfO entspricht unserem § 67 S. 1 ZPO, sagt aber nicht ausdrücklich, ob der Streithelfer auch Klageanträge stellen kann, die von der unterstützten Partei nicht gestellt sind. Der Gerichtshof hält dies aber für zulässig[34]; dort ging es um den Antrag auf Auslegung eines Urteils gemäß Art. 40 des Satzungsprotokolls. Fälle, in denen solche Streithilfeanträge mit Anträgen der Hauptpartei in Widerspruch geraten und die bei uns durch § 67 S. 2 ZPO verhindert werden, habe ich in der amtlichen Sammlung nicht entdeckt. Es ist aber wohl anzunehmen, daß der Gerichtshof diesen Sonderfall ebenso wie die ZPO entscheiden würde. Insgesamt darf man daher davon ausgehen, daß die Streithilferegelung in beiden Verfahren gleichläuft und dadurch die Chancen erhöht sind, daß eine solche Regelung sich bei einer Rechtsangleichung allgemein behaupten wird.

7) Die §§ 139 und 278 Abs. 3 ZPO gebieten dem Gericht, gegebenenfalls aufklärende Fragen zu stellen und Hinweise zu sachdienlichen

---

[32] Slg. 1981, 1671 ff., Rdnr. 14 f.

[33] Die Gründe sind schon im Antrag auf Zulassung zu nennen, falls er nicht von einem Mitgliedstaat oder einem Organ gestellt wird, Art. 93 § 1 f.).

[34] Slg. 1988, S. 2005.

Anträgen und rechtlichen Gesichtspunkten zu geben. Ob der Gerichtshof das auch als seine Pflicht begreift, läßt sich nicht belegen. Aber er handelt danach. In den veröffentlichten Sachberichten fehlt kaum einmal die Rubrik „Fragen des Gerichtshofs", auch in schriftlichen Verfahren. Schätzt z. B. ein Kläger seinen bereits erlittenen, aber vorerst noch nicht bezifferbaren Schaden, so wird er ausdrücklich zur nachträglichen Bezifferung aufgefordert[35]. Vergleicht man damit etwa schriftliche Verfahren in Deutschland, z. B. einen Prozeß, den ich beim Bundesverwaltungsgericht geführt habe, um dem Kläger die Anwaltsgebühren zu ersparen, oder etwa vollstreckungsrechtliche Erinnerungen und Beschwerden, so hat man eher den Eindruck, daß manche Richter in Verfahren ohne mündliche Verhandlung trotz § 278 Abs. 3 ZPO nicht ungern Anträge überraschend abweisen mit der Begründung, dieses und jenes sei nicht vorgetragen worden. Daß hierbei zuweilen das rechtliche Gehör verkürzt wird, spielt keine Rolle. Rügt man das in der nächsten Instanz, so wird man belehrt, jetzt sei ja noch Zeit für das rechtliche Gehör, und wenn es dann auf die gleiche oder ähnliche Art in der letzten Instanz wieder verletzt wird, bleibt nur die Verfassungsbeschwerde. In künftigen Prozeßordnungen sollte dieses Problem möglichst noch stärker als bisher betont werden, und insoweit können wohl etliche nationale Gerichte vom EuGH noch lernen.

Ein Urteil scheint nicht in diesen Rahmen zu passen. Die Verjährung wird bei uns nicht ohne Erhebung der Einrede berücksichtigt, wiewohl umstritten ist, inwieweit Gerichte einen Schuldner darauf hinweisen dürfen. Für das Gemeinschaftsrecht hat der Gerichtshof ebenso den Einredecharakter betont mit der Begründung, daß dies in den meisten Vertragsstaaten rechtens sei[36]. Bemerkenswert ist, daß so entschieden wurde, obwohl a) schon in der Klageschrift vorsorglich dargelegt wurde, warum die fünfjährige Verjährungsfrist noch nicht abgelaufen sei, b) die beklagte Kommission in der mündlichen Verhandlung, auf das Problem des Fristbeginns angesprochen, darauf sogar sachlich eingegangen ist, aber unter Berufung auf die Rechtsprechung des Gerichtshofs zu Klagefristen gemeint hat, ob Verjährung eingetreten sei, müsse wohl von Amts wegen berücksichtigt werden[37]. Ob in solchem Vorbringen der Beklagten eine stillschweigend und zumindest hilfsweise erhobene Einrede zu sehen sein könnte, hat der Gerichtshof nicht einmal erwogen. Solche Fragen wer-

---

[35] Slg. 1987, S. 163, Rdnr. 12.
[36] Slg. 1989, 1586, Rdnr. 12 f.
[37] Generalanwalt Slg. 1989, 1564 zu Nr. 12.

den im allgemeinen nicht in Verfahrensordnungen ausdrücklich geregelt. Dennoch dürfte es empfehlenswert sein, in einer Diskussion über gemeinsames Prozeßrecht die Frage anzuschneiden, wie klar und eindeutig ein Parteivorbringen sein muß, um darin die Einrede der Verjährung zu erblicken.

8) Die Kostenfolgen einer Zurücknahme der Klage „oder eines Antrags" sind in Art. 69 § 5 VerfO anders geregelt als in der ZPO. Beantragt der Beklagte nach Klagerücknahme nicht, dem Kläger die Kosten aufzuerlegen, so trägt jede Partei ihre eigenen Kosten. Ist die Rücknahme durch das Verhalten des Gegners gerechtfertigt, so werden die Kosten diesem auferlegt, wenn der Zurücknehmende das beantragt[38]. Ein solches Ergebnis läßt sich bei uns nur über § 91a ZPO, eventuell auch durch einseitige Erledigungserklärung erzielen. Einigen sich die Parteien über die Kosten, so wird gemäß der Vereinbarung entschieden, ohne daß ein Prozeßvergleich erforderlich wird[39]. Man sollte überlegen, ob eine Rechtsangleichung akzeptabel ist, die in diese Richtung der VerfO geht.

9) Für eine Erledigung der Hauptsache verlangt Art. 69 § 6 VerfO keine übereinstimmenden Anträge; stellt der Gerichtshof fest, daß eine Klage gegenstandslos geworden ist, so erklärt er die Hauptsache für erledigt[40]. Auffällig ist, daß der Gerichtshof dem bei uns so umstrittenen Unterschied, ob das erledigende Ereignis vor oder nach Rechtshängigkeit eintritt, in einem Urteil keine Beachtung geschenkt hat. Es genügt ihm, daß der Kläger gute Gründe hatte, die Klage doch noch zu erheben, weil die beklagte Kommission ihre anspruchserledigende Erklärung mit gewissen Bedingungen verknüpft hatte[41]. Vielleicht sollten solche flexiblen Lösungen de lege ferende den Vorzug erhalten.

Festzuhalten ist wohl für eine gemeinsame Prozeßordnung am freien Ermessen bezüglich der Kostenentscheidung, auf das Art. 5 § 6 VerfO in Übereinstimmung mit § 91a ZPO abstellt.

10) Die VerfO enthält keine Vorschriften über Feststellungsklagen. Der Rat hielt einmal einem Feststellungsantrag auf Ersatz künftiger Schäden entgegen, er sei „an einem typisch deutschen Instrument orientiert, das im Gemeinschaftsrecht nicht bekannt" sei. Mit Art. 178, 215 EWG-Ver-

---

[38] Beispiel: Slg. 1988, 709, Rdnr. 13 ff.

[39] Art. 69 § 5 ist nach Art. 77 Abs. 1 VerfO auch dann anzuwenden, wenn die Parteien nach Einigung über die streitigen Fragen auf die Geltendmachung ihrer Ansprüche verzichten. Ohne Verzichtsurteil wird nur über die Kosten entschieden, „gegebenenfalls unter Berücksichtigung der dahin gehenden Vorschläge der Parteien".

[40] Slg. 1988, 5681, Rdnr. 6 f.

[41] Slg. 1988, 2898, Rdnr. 1.

trag sei nur eine Leistungsklage auf Ersatz des „verursachten" Schadens vereinbar. Der Gerichtshof ließ jedoch den Feststellungsantrag zu mit der Begründung, zur Verhinderung noch bedeutenderer Schäden könne es sich als zweckmäßig erweisen, das Gericht bereits dann anzurufen, wenn die Schadensursache feststehe. Das werde durch die in den Rechtsordnungen der Mitgliedstaaten bestehenden Vorschriften bestätigt. Die meisten dieser Rechtsordnungen ließen eine Klage für künftige Schäden zu, wenn deren Entstehung hinreichend gewiß sei[42]. Daß Feststellungsanträge grundsätzlich zulässig sind, wird vom Gerichtshof nirgends in Zweifel gezogen.

11) Nach deutschem Verständnis der Feststellungsklage geht es nicht an, statt eines Rechtes oder Rechtsverhältnisses nur einzelne Elemente oder Vorfragen eines Rechtsverhältnisses zur Entscheidung des Gerichts zu stellen[43]. Im gleichen Sinne läßt auch der Gerichtshof Feststellungsanträge nicht zu, mit denen bestimmte Rügen für begründet erklärt werden sollen, auf die eine Anfechtungsklage gestützt wird. So z. B. die neben einer Anfechtungsklage wegen Nichtberücksichtigung in einem Auswahlverfahren begehrte Feststellung, daß die Universitätszeugnisse und Berufserfahrungen des Klägers den Anforderungen des Auswahlverfahrens genügt hätten[44].

12) Bemerkenswert sind die Urteile über Durchsuchungsanordnungen[45], insbesondere das im Prozeß der Hoechst AG gegen die Kommission erlassene, mit dem sich die Klägerin erfolglos gegen Durchsuchungsentscheidungen und ihre Durchsetzung mittels Zwangsgelds wehrte. Der Gerichtshof respektiert die Durchsuchungsbeschränkungen der nationalen Gesetze mit gewiß interessanter Begründung, für deren Betrachtung jedoch heute die Zeit fehlt. Ein bisher kaum beachteter Teil der Entscheidung verdient jedoch m. E. eine Hervorhebung und vor allem Nachahmung in allen Vertragsstaaten: Die als Rechtsgrundlage dienende VO Nr. 17 sieht in ihrem Art. 14 Abs. 6 vor, daß die Bediensteten der Kommission die nationalen Behörden zur Ermöglichung einer zwangsweisen Durchsuchung einschalten können, wenn sich das betroffene Unternehmen einer freiwilligen Durchsuchung widersetzt. Die Rechtslage ist wegen Art. 13 GG vergleichbar mit der nach § 758 ZPO vorgesehenen Durchsuchung von Wohnungen und Geschäftsräumen durch unsere Gerichtsvollzieher. Die deutschen Gerichte errichten un-

---

[42] Slg. 1976, 711, 719, 742, Rdnr. 6.

[43] Vgl. *Stein/Jonas/Schumann*, ZPO, 20. Aufl., § 256, Rdnr. 27.

[44] Slg. 1989, 2737, Rdnr. 8 f.

[45] Slg. 1989, 2920.

nötige Hürden für ein Rechtsschutzbedürfnis der Vollstreckungsgläubiger zur Stellung eines Antrags auf Erlaß einer Durchsuchungsanordnung. Manche verlangen sogar zuvor je einen vergeblichen Pfändungsversuch am Tage und – mit richterlicher Erlaubnis nach § 761 ZPO – einen solchen zur Nachtzeit, so daß der Gerichtsvollzieher dreimal, der Amtsrichter zweimal bemüht werden. Hingegen nimmt der EuGH an, daß der Durchsuchungsantrag bei der national zuständigen Stelle auch vorsorglich gestellt werden darf zu dem Zweck, „sich über einen etwaigen Widerspruch des Unternehmens hinwegsetzen zu können". Und das, obwohl der Wortlaut der Vorschrift zu verlangen scheint, daß der Widerspruch des Schuldners schon geschehen sein müsse. Unsere Gerichte sollten sich an dieser mutigen Zweckauslegung ein Beispiel nehmen, zumal der Wortlaut des Art. 13 GG die von der deutschen Rechtsprechung aufgetürmten Hürden keineswegs nahelegt.

13) Die Art. 83 f. VerfO regeln einstweilige Anordnungen, insbesondere zur vorläufigen Einstellung der Vollstreckung. Damit scheint nur eine Parallele zu den §§ 80 Abs. 5 und 123 unserer VerwGO angesprochen zu sein. Aber die Handhabung dieser Vorschriften ist auch für den Zivilprozeß interessant, wenn man statt an die Erhebung einer Anfechtungsklage an eine Wiederaufnahme oder an die Einlegung eines Einspruchs, einer Berufung oder Revision denkt, also an den Bereich der §§ 707, 719 ZPO. Bei der Prüfung solcher Anträge sieht der Gerichtshof grundsätzlich davon ab, zunächst die Zulässigkeit der Anträge zur Hauptsache festzustellen[46]. Jedoch betont er immer wieder, daß ernsten Zweifeln an der Zulässigkeit nachzugehen sei und jedenfalls eine offensichtliche Unzulässigkeit der Klage einer einstweiligen Anordnung entgegenstehe[47]. Daraus könnte man schließen, die Prüfung der Zulässigkeit und die Intensität dieser Prüfung seien beliebig. In einem späteren Urteil wird jedoch die Selbstbindung an Verfahrensmaximen deutlich: Wenn der Gegner die Unzulässigkeit der Klage geltend macht, hält man es für erforderlich, „festzustellen, ob Anhaltspunkte vorliegen, die den vorläufigen Schluß zulassen, daß die Klage zulässig ist"[48]. Beide Maximen wären in einem europäischen Prozeß auch bezüglich der zivilprozessualen Rechtsbehelfe akzeptabel. Die Abhängigkeit der Zulässigkeitsprüfung von einer Rüge des Gegners verstößt hier nicht gegen die Berücksichtigung von Amts wegen, da mit der Entscheidung über den Antrag auf

---

[46] Slg. 1987, 1696, Rdnr. 15.
[47] Slg. 1987, 2131, Rdnr. 2.
[48] Slg. 1988, 215, Rdnr. 2.

einstweilige Anordnung ohnehin noch nicht endgültig über die Zulässigkeit der Klage entschieden wird. Freilich paßt das nur auf Fälle, in denen der Gegner zuvor gehört wird. Nach Art. 84 § 2 VerfO darf solchen Anträgen jedoch auch vor Anhörung des Gegners stattgegeben werden, was auch bei uns zulässig ist. In solchen Fällen wird daran festzuhalten sein, daß zumindest eine Unzulässigkeit der Klage, die schon aus dem bisherigen Prozeßstoff ersichtlich ist, zu einer Ablehnung des Antrags führt. Entsprechendes gilt für einstweilige Anträge eines Rechtsmittelklägers. Daß man die Zulässigkeit hierbei nur kursorisch prüft, muß nicht Nachlässigkeit bedeuten. Unheilbare Mängel wie z. B. Fristversäumnis, sollten freilich immer ein Hindernis sein.

Aber die Einsicht, daß etwa erforderliche langwierige Überlegungen über die Zulässigkeit der Klage nicht in ein Eilverfahren passen, ist für ein gemeinsames Prozeßrecht ebenso empfehlenswert wie die mit unserer Praxis übereinstimmende Forderung des Gerichtshofs, daß die Klage jedenfalls „nicht unbegründet erscheinen darf"[49], freilich in einem anderen Urteil abgeschwächt zu „nicht völlig unbegründet erscheint"[50]. Das entspricht im wesentlichen unserer Rechtsprechung.

14) Ähnliches gilt für die übrigen Voraussetzungen einer einstweiligen Einstellung, soweit sie nach deutschem Recht ohne Sicherheitsleistung zulässig wäre: es muß ein „nicht wiedergutzumachender Schaden" drohen[51], was dem „nicht zu ersetzenden Nachteil" in den §§ 707 Abs. 1 S. 2, 719 Abs. 2 S. 1 ZPO entspricht. Freilich muß es sich um einen „schweren" Schaden handeln, was in der ZPO nicht zum Ausdruck kommt. Aber auch darauf könnte man sich künftig einigen, zumal es sich bei den Nachteilen, die unsere Gerichte bisher als „nicht ersetzbar" anerkannten, in aller Regel um gravierende Gefahren handelte. Übereinstimmung besteht auch insoweit, als Nachteile, die „in der Natur" einer belastenden Entscheidung liegen, immer in Kauf zu nehmen sind, also keine einstweilige Einstellung rechtfertigen[52]. Eine Übernahme der Einstellungspraxis des Gerichtshofs in ein gemeinsames Prozeßrecht würde daher unsere Rechtsprechung kaum zu Änderungen zwingen. Das ist umso bemerkenswerter, als Art. 83 § 2 ganz anders lautet als unsere Parallelvorschriften, da er einfach auf „Dringlichkeit und Notwendigkeit" der begehrten Anordnung abstellt, aber der Gerichtshof dies im einzelnen so auslegt, wie wir es im Zivilprozeß gewohnt sind.

---

[49] Slg. 1989, 3134, Rdnr. 33.
[50] Slg. 1989, 1700, Rdnr. 31.
[51] Slg. 1988, 2942, Rdnr. 31 f.
[52] Slg. 1989, 1689, Leitsatz 2.

15) Nach h. M. im deutschen Recht gehört eine vom Schuldner geleistete Sicherheit zur Abwendung der Vollstreckung nicht zu den Zwangsvollstreckungskosten i. S. d. § 788 ZPO und sind daher nicht nach dessen Abs. 2 zurückzuerstatten. Auch als Prozeßkosten nach § 91 ZPO können sie nur dann gemäß § 103 ZPO festgesetzt werden, wenn der Schuldner selbst das Verfahren eingeleitet hatte, z. B. eine Vollstrekkungsgegenklage. Im übrigen kann die Erstattung solcher Aufwendungen nur nach § 717 Abs. 2 ZPO oder nach anderem materiellem Recht verlangt werden. Da diese Fragen umstritten sind[53], erweckt insoweit ein Urteil des Gerichtshofs Interesse. Es betrifft allerdings nicht eine kraft Gesetzes oder Richterspruchs dem Schuldner nachgelassene Sicherheitsleistung, sondern eine Bankbürgschaft, die der Schuldner einer von der Kommission verhängten Geldbuße zu deren Gunsten stellte, da sie die Vollstreckung auszusetzen versprach unter dieser Bedingung. Als die Geldbuße vom Gerichtshof als überhöht herabgesetzt wurde, beantragte der Schuldner die Erstattung der Mehrkosten für die Bürgschaft mit der Begründung, dies sei nicht Schadensersatz, sondern Erstattung von Verfahrenskosten. Der Gerichtshof lehnte das zutreffend ab mit der Erwägung, es handele sich nicht um Kosten, die für das Verfahren als solches notwendig waren[54].

17) Nicht alles, was der Gerichtshof uns vorsetzt, verdient die Prüfung, ob es für ein gemeinsames Prozeßrecht taugt. Als Beispiel nenne ich den bedenklichen Umgang mit dem Begriff der Bindung der Parteien und des Gerichts an behördliche Akte. Wie unser Bundesgerichtshof neulich bestätigte, kann im Amtshaftungsprozeß die Rechtmäßigkeit eines Verwaltungsakts auch dann bezweifelt werden, wenn er mangels Anfechtung bestandskräftig geworden ist[55]. Bindende Wirksamkeit und Rechtmäßigkeit sind eben voneinander unabhängige Kategorien. Das sollte auch in Verwaltungsprozessen beachtet werden. In einem Prozeß um eine Geldbuße wegen Überschreitung einer Stahlerzeugungsquote trug der Kläger vor, die Überschreitung sei durch eine Entscheidung der Kommission veranlaßt worden, die von ihm als Widerspruch zu früherem Verhalten empfunden werde. Der Gerichtshof wies diesen Grund, mit dem der Kläger letztlich nur seine Schuldlosigkeit dartun wollte, als nicht stichhaltig zurück, weil damit die „Gültigkeit" der mangels Anfechtung bestandskräftig gewordenen Kommissionsentscheidung in Frage

---

[53] *Stein/Jonas/Münzberg,* ZPO, 20. Aufl., § 788 Rdnr. 17, 35 mit Nachweisen.
[54] Slg. 1987, 4612, Rdnr. 9 f.
[55] S. oben Fn. 8.

gestellt werde. Das sei nach ständiger Rechtsprechung nicht gestattet. Der Kläger hat aber nicht die Gültigkeit, sondern nur die Rechtmäßigkeit der Entscheidung in Frage gestellt.

18) Auch ein weiteres Urteil sollte besser keine Schule machen. Es betrifft die in Art. 42 VerfO vorgesehene Präklusion verspäteter Angriffs- und Verteidigungsmittel im schriftlichen Verfahren. Die Kommission begehrte die Feststellung, daß die Bundesrepublik Deutschland eine Richtlinie des Rates betr. den Umgang mit gefährlichen Stoffen nicht vollständig in nationales Recht umgesetzt habe, insbesondere eine Vorschrift, wonach zum Zwecke des Geheimnisschutzes beantragt werden kann, daß der anzumeldende Stoff verschlüsselt im Verzeichnis anzugeben ist; die Verschlüsselung darf aber nicht länger als drei Jahre dauern. Während in der Klage nur der Vorwurf unzureichenden Geheimnisschutzes erhoben worden war, sah die Kommission aufgrund der deutschen Klagebeantwortung ein, daß die deutschen Vorschriften den Geheimnisschutz gar nicht verhinderten; sie ließ also in ihrer Erwiderung die ursprüngliche Rüge fallen und erhob stattdessen die neue, der Geheimnisschutz hätte auch im deutschen Recht ausdrücklich auf drei Jahre begrenzt werden müssen. Während der Generalanwalt in der Umformulierung zwar ebenso wie die Beklagte eine „neue Rüge" sah, war er sich doch unsicher, ob sie wegen Verspätung zu verwerfen sei, weil die Änderung sich „erst aus dem Argumentationsprozeß zwischen den Parteien ergeben" habe und die Kommission schon immer der Beklagten allgemein vorgeworfen habe, die Richtlinien nicht oder nur unvollkommen umgesetzt zu haben[56]. Jedoch ging der Gerichtshof auf diese Frage gar nicht ein, sondern erklärte die neue Rüge schlicht wegen Verspätung als unzulässig[57].

Da die Tatsachen, nämlich die fehlende ausdrückliche Regelung im deutschen Recht, längst vorgetragen und unstreitig waren, betraf die neue Rüge nur die Rechtsfrage, ob die Lücke im deutschen Recht den Geheimnisschutz verhindere oder gerade umgekehrt entgegen der Richtlinie sogar verewige. Rechtliche Erwägungen sind aber stets von Amts wegen zu berücksichtigen und unterliegen daher, auch wenn man sie als Angriffs- oder Verteidigungsmittel ansieht, nach deutschem Recht nicht der Präklusion wegen Verspätung[58]. Daran sollte man auch in einem gemeinschaftlichen Zivilprozeß festhalten. – Außerdem scheint der

---

[56] Slg. 1987, 4054, Nr. 12–14.

[57] Slg. 1987, 4062, Nr. 9.

[58] *Stein/Jonas/Leipold,* ZPO, 20. Aufl., § 296, Rdnr. 42.

Gerichtshof übersehen zu haben, daß die neue Rüge auf rechtliche Gründe gestützt worden war, die erst während des schriftlichen Verfahrens zutage getreten sind. Unter dieser Voraussetzung erlaubt aber Art. 42 § 2 Abs. 1 VerfO neue Angriffsmittel.

19) Zu erwähnen sind noch jene von *Manfred Wolf*[59] besprochenen Entscheidungen des Gerichtshofs, die den Streitgegenstand und seine Bedeutung für Rechtskraft und Rechtshängigkeit betreffen[60]. Im Gegensatz zum deutschen Recht bezieht der EuGH auch Urteilsgründe in den Begriff „desselben Anspruchs" mit ein. Solange die nationalen Rechte den Streitgegenstand noch unterschiedlich weit fassen, kann die Abgrenzungsmethode des EuGH, wie *Wolf* aufgezeigt hat, zu prozessualen Ergebnissen führen, die weder dem einen noch dem anderen im Fall involvierten nationalen Recht zu entnehmen wären und nicht immer zu den unterschiedlichen Zwecken der Art. 21 und Art. 27 Nr. 3 EuGVÜ passen. Indessen läßt sich daraus noch nichts entnehmen für die Frage, ob eine Annäherung oder sogar gänzliche Vereinheitlichung der nationalen Prozeßrechte in die Richtung eines engen oder weiten Anspruchsbegriffs gehen sollte, da beide Wege zu einer Harmonisierung führen würden und auf diese Weise die von *Wolf* aufgezeigten Probleme gleich gut verringern bzw. beseitigen könnten[61].

Insgesamt läßt sich sagen, daß trotz nicht zu leugnender Unterschiede in den Verfahrenszwecken doch einige der aufgezeigten Problemlösungen des EuGH nicht nur einen Vergleich mit unserem Zivilprozeß lohnen, sondern auch als Vorbilder für eine künftige Rechtsangleichung dienen könnten. Die auffallende „Bausteintechnik" seiner Urteile – viele Passagen werden einfach wörtlich in neuen Urteilen wiederholt – könnten zwar manchmal Zweifel wecken, ob die Argumentation immer tiefgründig genug ist, und publizierte Kritik schont den EuGH so wenig wie andere höchsten Gerichte. Dennoch dürfte er bereits ein gerüttelt Maß jener echten Autorität erworben haben, die durch Überzeugungen, nicht durch Macht allein wirkt.

---

59 AaO. (oben Fn. 2), 561 ff. S. dazu auch *Schack,* IPRax 1989, 139 ff.

60 Slg. 1988, 645 = NJW 1989, 663 (Rs. 145/86 Hoffmann) und Slg. 1987, 4861 = NJW 1989, 665 (Rs. 144/86 Gubisch).

61 Damit will ich mich keineswegs vor einer Meinungsäußerung „drücken": Im Hinblick auf die materielle Rechtskraft halte ich die Vorteile eines engen Anspruchsbegriffs (Möglichkeit der Korrektur bedenklicher Entscheidungen) für größer als dessen Nachteile (Verfahrensverdopplung und dabei auftretende Widersprüche zwischen Entscheidungsgründen).

Rechtsvergleichende Betrachtungen zum Postulat der Einheitlichkeit der Rechtsprechung als Grundgedanke der Europäischen Prozeßrechtskonzeption*

von

Nikolaos Kan. Klamaris

Athen

1. Der verehrte Jubilar hat die deutsche und die internationale Prozeßrechtswissenschaft um viele sehr wichtige Studien über die Einheitlichkeit der Rechtsprechung grundlegend bereichert[1]. Seine Gedanken werden nun nach der gerechten Wiedervereinigung Deutschlands, durch welche die Frage nach der Einheitlichkeit der Rechtsprechung wieder an wissenschaftlicher und praktischer Bedeutung gewinnt, bestimmt einen neuen Anwendungsbereich finden.

Das Postulat der Einheitlichkeit der Rechtsprechung ist in vielen Rechtsordnungen gesetzlich verankert. Zahlreiche Rechtsvorschriften sehen prozessuale und gerichtliche Mechanismen vor, welche auf die Einheitlichkeit der Rechtsprechung zielen bzw. zur Rechtsprechungseinheitlichkeit beitragen. Die folgenden Ausführungen wollen einen rechtsvergleichenden Einblick gewähren.

---

* Dieser Beitrag enthält eine sehr kurze Zusammenfassung des rechtsvergleichenden Teils meiner in griechischer Sprache erschienenen Monographie „Die Zuständigkeit des Plenums des Areopags nach Verweisung", XII, 173 S., Athen, 1990. Auch die in griechischer Sprache erschienene Monographie ist dem hochverehrten Jubilar und meinem Lehrer in großer Ergebenheit, Verbundenheit, Dankbarkeit und Ehre gewidmet.

[1] *Bibliographie: F. Baur,* Der Gedanke der „Einheitlichkeit der Rechtsprechung" im geltenden Prozeßrecht, JZ 1953, 326–329; *derselbe,* Der BGH und die Zulassungsrevision, JZ 1954, 146 ff.; *derselbe,* Richteramt und Rechtseinheit, in: Privatautonomie, Eigentum und Verantwortung, Festgabe für Hermann Weitnauer zum 70. Geburtstag; *derselbe,* Die dritte Instanz im künftigen Zivilprozeß, ZZP 1971, 151; *derselbe,* Das Oberste Bundesgericht, JZ 1967, 84; *derselbe,* Empfiehlt es sich, die verschiedenen Zweige der Rechtsprechung ganz oder teilweise zusammenzufassen? Gutachten für den 42. Deutschen Juristentag, 1957.

2. *Belgien*: Die belgische Cour de Cassation wird als „Beschützerin und Regulatorin" des Rechts bezeichnet[2]. Ihr ursprüngliches Vorbild ist die französische Cour de Cassation[3]. Die rechtsprechende Funktion der belgischen Cour de Cassation erstreckt sich nach der Verfassung (Art. 95) nicht auf die Prüfung von Sachfragen[4]. Sie ist ein rein kassatorisches Gericht und ist in drei Senate (chambres) eingeteilt. Jeder Senat besteht aus weiteren zwei Abteilungen[5]. Aufgrund dieser organisatorischen Unterteilung tauchen Gefahren einer Rechtsprechungsdivergenz auf verschiedenen Ebenen auf: einerseits auf der Ebene zweier Abteilungen desselben Senats (sozusagen kleine Rechtsprechungsdivergenz); andererseits auf der Ebene der drei Senate der Cour de Cassation (sozusagen große Rechtsprechungsdivergenz).

Die Einheitlichkeit der Rechtsprechung zwischen zwei Abteilungen desselben Senats wird folgendermaßen gewährleistet: Der erste Vorsitzende der Cour de Cassation kann zur Vermeidung der Abweichung von einer gesicherten Rechtsprechung oder bei besonders interessanten und prekären Angelegenheiten oder Rechtsfragen anordnen, daß die Verhandlung einer beantragten Kassation nicht vor der an sich zuständigen Abteilung, sondern in der Form einer gemeinsamen Sitzung vor den *beiden* Abteilungen desselben Senats erfolgt. In einem solchen Fall werden diese beiden Abteilungen als Plenum (d. h. natürlich nur Plenum – audience plenière – des befaßten Senats) tätig; es geht also um ein internes Plenum dieses Senats[6].

Als Vereinheitlichungsmechanismus auf der Ebene des gesamten Gerichts dienen die sog. Vereinigten Senate (chambres réunies). Die Vereinigten Senate sind nur für die Kassation von Urteilen in Rechtssachen zuständig, in denen nach Kassation eines früheren Urteils und Rückverweisung sowie erneuter Sachentscheidung der unteren Instanz die Sache wiederum zur Entscheidung ansteht. Im Rahmen der Verhandlungen

---

[2] S. *P. Rouard,* Traité élémentaire de droit judiciaire privé, Tome préliminaire, Introduction générale, Volume II, Organisation judiciaire, Compétence, Eléments de procédure, Bruxelles, 1979, Nr. 699, S. 457 (Fn. 1).

[3] S. *P. Rouard,* aaO., Volume II, Nr. 696, S. 454; *derselbe,* Traité élémentaire de droit judiciaire privé, Tome préliminaire, Introduction générale, Volume I, Principes généraux du droit judiciaire privé, 1979, Nr. 225, S. 240.

[4] „Il y a pour toute la Belgique une Cour de cassation. Cette Cour ne connaît pas du fond des affaires ...".

[5] „Sections".

[6] S. *C. Cambier,* Droit judiciaire civil, Tome I, Fonction et organisation judiciaire, 1974, S. 535; *A. Tunc,* La Cour Judiciaire Suprème, Enquête comparative, Synthèse, Revue internationale de droit comparé, 30 (101), 1978, S. 48.

nach der Rückverweisung (mit dem Ziel einer erneuten Entscheidung) ist die untere Instanz nicht an die vorangegangene kassatorische Entscheidung inhaltlich gebunden; sie kann daher in der entschiedenen Rechtsfrage von ihr abweichen. Die erneute Entscheidung der unteren Instanz kann wiederum mit der Kassation angefochten werden. Falls sich der Kassationsgrund auf dieselbe Rechtsfrage bezieht, welche bereits zur Kassation und Aufhebung der ersten Entscheidung geführt hat, sind die Vereinigten Senate (chambres réunies) der Cour de Cassation für die Entscheidung über die wiederholte Kassation zuständig. Heben die Vereinigten Senate die von der ersten Kassationsentscheidung abweichende neue Entscheidung der unteren Instanz aus demselben Rechtsgrund auf und verweisen die Sache nochmals zurück, so ist die untere Instanz jetzt an die Entscheidung der Vereinigten Senate gebunden[7].

3. *Deutschland*: die Frage nach der Divergenz untergerichtlicher Rechtsprechung taucht in Deutschland bereits auf der Ebene der Zulässigkeit der Revision (Zulassungsrevision) auf[8]. Zur Vereinheitlichung der Rechtsprechung des Bundesgerichtshofes selbst dienen verschiedene Mechanismen. Falls ein Zivilsenat des BGH in einer Rechtsfrage von einer früheren Entscheidung eines anderen Zivilsenats oder des Großen Senats für Zivilsachen abweichen will, wird diese Rechtsfrage an den Großen Senat zur Entscheidung verwiesen[9]. Ähnlich ist eine Rechtsfrage dem Vereinigten Großen Senat zur Entscheidung vorzulegen, falls ein Zivilsenat in einer Rechtsfrage von einer früheren Entscheidung eines Strafsenats oder des Großen Senats für Strafsachen oder der Vereinigten Großen Senate abweichen will[10]. Ein Senat kann dem Großen Senat auch dann eine Rechtsfrage von grundsätzlicher Bedeutung vorlegen,

---

[7] Siehe diesbezüglich: Art. 1110 § 1, 1119 §§ 1 und 2, 1119 § 1, 1120 und 1121 § 1 Code judiciaire belge; *A. Fettweis*, Introduction au droit judiciaire, Les institutions (6. édition 1979), Nr. 302, S. 147; *A. Fettweis/A. Kohl/G. de Leval*, Droit judiciaire privé, Fascicule II (4. édition 1976), Nr. 432, S. 412 (auch Fn. 5) und S. 412/413; *A. le Paige*, Les voies de recours (Précis de droit judiciaire, publié sous la direction de A. Fettweis/E. Gutt/E. Krings/A. le Paige/M. Storme, Tome IV), 1974, Nr. 150, S. 130.

[8] Siehe § 546 ZPO in Verbindung mit § 451 Abs. 1 S. 1, 2 und 3 ZPO. Siehe auch zur Annahmerevision § 554 b ZPO. Die Revisionszulassung wird allerdings nicht einheitlich geregelt; siehe diesbezüglich *F. Weyreuther*, Revisionszulassung und Nichtzulassungsbeschwerde in der Rechtsprechung der obersten Bundesgerichte, 1971, S. 24.

[9] § 136 S. 1 GVG (in bezug auf den BGH); s. diesbezüglich auch *O.-R. Kissel*, Gerichtsverfassungsgesetz, Kommentar, 1981, S. 1006 ff. Entsprechende Vorschriften gelten auch in bezug auf die übrigen Bundesgerichte: Siehe z. B. die §§ 45 Abs. 2 Satz 2 ArbGG, 11 Abs. 4 VwGO, 42 SGG, 11 Abs. 4 FGO.

[10] § 136 Satz 2 GVG; siehe auch *O.-R. Kissel*, aaO., S. 1006 f.

wenn nach seiner Ansicht dies der Wahrung und Verstärkung der Einheit der Rechtsprechung dient[11]. Anstelle eines obersten Bundesgerichts wacht der Gemeinsame Senat der Obersten Gerichtshöfe des Bundes über die Wahrung einer einheitlichen Rechtsprechung zwischen den verschiedenen Gerichtsbarkeiten[12]. Zu seiner ausschließlichen Zuständigkeit gehören Rechtsfragen, die ihm von den obersten Gerichtshöfen (Bundesgerichten) bzw. einem von ihnen im Falle einer Meinungsverschiedenheit zugewiesen werden. Ein oberster Gerichtshof (Bundesgericht) muß Rechtsfragen auch dann dem Gemeinsamen Senat der obersten Gerichtshöfe vorlegen, wenn er in Bezug auf die Rechtsfrage von einer früheren Entscheidung des Gemeinsamen Senats abweichen will[13].

4. *Frankreich*: Die französische Cour de Cassation stellt das Vorbild eines rein kassatorischen obersten Gerichts dar[14]. Sie besteht aus drei Zivilsenaten (chambres civiles), einem Handelsrechtssenat (chambre commerciale), einem Sozialrechtssenat (chambre sociale) und einem Strafsenat (chambre criminelle)[15]; darüber hinaus sind auch sog. gemischte Senate (chambres mixtes) vorgesehen[16]. Diese gemischten Senate sind in Fällen zuständig, in denen grundsätzliche bzw. prinzipielle Rechtsfragen (questions principes) zur Entscheidung anstehen; ebenso, wenn sich eine Rechtsfrage ergibt, welche sich auch anderen Senaten stellen kann, oder wenn in bezug auf diese Rechtsfrage widersprechende Entscheidungen erlassen worden sind oder erlassen werden können. Die Initiative für die Verweisung einer Rechtsfrage an die gemischten Senate in den aufgezählten Fällen liegt beim ersten Präsidenten der Cour de Cassation, der einen entsprechenden Beschluß entweder von Amts wegen oder auf Vorschlag des an sich zuständigen Senats treffen kann. Aber auch der zuständige und bereits mit der Sache befaßte Senat ist befugt, selbst über die Verweisung an die gemischten Senate zu entscheiden und sie direkt an-

---

[11] Siehe *O.-R. Kissel*, aaO., S. 1010 f.

[12] Siehe das Gesetz zur Wahrung der Einheitlichkeit der Rechtsprechung der obersten Gerichtshöfe des Bundes.

[13] Siehe *M. Wolf*, Gerichtsverfassungsrecht aller Verfahrenszweige (6. Auflage 1987), S. 120.

[14] Art. 112–2 § 2 (Code de L'Organisation judiciaire). Siehe auch *J. Vincent*, Procédure civile (19. édition 1978), Nr. 145, S. 169; *H. Roland/L. Boyer*, Les institutions judiciaires (2. édition 1983), S. 218.

[15] Siehe Loi no 67–523 du 3 juillet 1967 relative à la Cour de Cassation; auch *J. Normand*, Manuel de procédure civile et voies d'exécution de *A. Jauffret* (14. édition 1984), Nr. 75, S. 47).

[16] In bezug auf die Einzelheiten der Besetzung und der sachlichen Zuständigkeit siehe Art. 3, 6, 7, 8, 13 und 14 des Gesetzes 67–523 v. 3. 7. 1967.

zuordnen. Neben diesem Fall der fakultativen Verweisung steht die obligatorische Verweisung an die gemischten Senate in denjenigen Fällen, in denen es bei der Abstimmung innerhalb eines Senates zur Stimmengleichheit kommt. Darüber hinaus kann ein Senat fakultativ an das Plenum der Cour de Cassation verweisen, wenn zu einer Rechtsfrage sich widersprechende Entscheidungen der Unterinstanzen oder der Cour de Cassation selbst vorliegen. Falls die Cour de Cassation die angefochtene Entscheidung aufhebt und die Sache zu neuer Entscheidung und Verhandlung an die untere Instanz verweist, ist diese nicht an die kassatorische Entscheidung über die Rechtsfrage gebunden. Weicht eine mit der Kassation angefochtene Entscheidung einer unteren Instanz von einem früheren Urteil der Cour de Cassation ab, so ist das Plenum der Cour de Cassation für die Verhandlung dieser Sache obligatorisch zuständig[17, 18].

5. *Griechenland*: Nach der griechischen ZPO entscheidet der Areopag in Senaten und im Plenum[19]. Es sind vier Zivilsenate und zwei Strafsenate vorgesehen. Jeder der vier Zivil- und zwei Strafsenate kann eine Sache an das Plenum verweisen, wenn es sich um eine Frage von allgemeinem Interesse handelt oder die Verweisung an das Plenum für die Einheitlichkeit der Rechtsprechung notwendig ist[20]. Aus denselben Gründen kann eine Sache durch gemeinsamen Verweisungsakt des Präsidenten des Areopags und des Staatsanwalts beim Areopag direkt an das Plenum verwiesen werden[21]. Der Präsident des Areopags ist auch ermächtigt, eine Sache allein an das Plenum zu verweisen, falls eine Angelegenheit außerordentlicher Bedeutung in Frage steht[22]. In allen erwähnten Fällen ist die Verweisung an das Plenum fakultativ. Obligatorisch dagegen ist die Verweisung an das Plenum, wenn ein Senat eine Entscheidung mit nur einer Stimme Mehrheit trifft; wenn er zum Schluß kommt, daß ein Gesetz als verfassungswidrig nicht angewandt werden darf[23]; wenn der Senat, an den die Angelegenheit von einem anderen Senat nach der Aufhebung eines angefochtenen Urteils zum Zwecke neuer Verhandlung und Entscheidung zur *Sache* verwiesen wurde, in Bezug auf die tragende Rechts-

---

17 Art. 15 des Gesetzes 67–523 v. 3. 7. 1967.

18 Im Falle einer erneuten Rückverweisung an die untere Instanz ist die letztere an die kassatorische Entscheidung des Plenums über die Rechtsfragen gebunden.

19 Art. 563 griechische ZPO (i. d. F. v. 1971).

20 Art. 563 gr. ZPO.

21 Art. 563 gr. ZPO.

22 Gesetz 1756/1988 Art. 23.

23 Art. 563 gr. ZPO.

frage von der vorangegangenen kassatorischen Entscheidung abweicht[24]. In allen Fällen binden die Urteile des Plenums die Senate des Areopags und die unteren Instanzen in bezug auf die entschiedene Rechtsfrage *nur im Rahmen derselben Rechtssache.* Eine generelle Bindung fehlt, so daß in anderen Sachen (d. h. außerhalb der objektiven und/oder subjektiven Grenzen der Rechtskraft) sowohl die unteren Instanzen als auch der Areopag selbst eine andere Entscheidung in bezug auf dieselbe Rechtsfrage treffen können und dürfen.

6. *Italien*: Auch die Vereinigten Zivilsenate sowie die Vereinigten Strafsenate des italienischen Kassationshofs sind für diejenigen Fälle zuständig, in denen von den Senaten nicht einheitlich beantwortete Rechtsfragen zu entscheiden sind[25].

7. *Österreich*: In der österreichischen Prozeßrechtsordnung taucht die Frage nach der Einheitlichkeit der Rechtsprechung – ähnlich wie in Deutschland – je nach Art der eingelegten Revision schon im Rahmen der Zulässigkeitsvoraussetzungen bzw. Zulässigkeitsprüfung der Revision auf[26]. Darüber hinaus sind Mechanismen zur Vereinheitlichung der Rechtsprechung des Obersten Gerichtshofs in Form der sog. Verstärkten Senate vorgesehen. Diese entscheiden über Rechtsfragen von grundsätzlicher Bedeutung, welche ihnen von einem einfachen Senat des obersten Gerichtshofs zugewiesen werden können, weil der einfache Senat entweder von der ständigen Rechtsprechung des Obersten Gerichtshofs abweichen oder von der letzten zu derselben Rechtsfrage ergangenen Entscheidung eines Verstärkten Senats abgehen will oder zu einer Rechtsfrage von grundsätzlicher Bedeutung widersprüchliche Entscheidungen des Obersten Gerichtshofs erlassen worden sind[27].

8. *Schweiz*: Wenn eine Abteilung des schweizerischen Bundesgerichts in einer Rechtsfrage von einer Entscheidung einer anderen Abteilung oder mehrerer vereinigter Abteilungen oder des Gesamtgerichts abweichen will, ist sie verpflichtet, sich an ein besonderes Einigungsverfahren zu halten, um nicht ohne wichtigen Grund die Einheit der Rechtspre-

---

[24] Art. 580 § 3 Satz b gr. ZPO.

[25] Siehe *V. Segroi*, Cour de Cassation d'Italie, Revue internationale de droit comparé, 1978, S. 293 ff.

[26] Art. 502 öZPO (nach dem Inkrafttreten des Bundesgesetzes vom 2. Februar 1983 = Zivilverfahrens-Novelle 1983). Siehe auch *W. Fasching*, Lehr- und Handbuch, 1984, S. 865.

[27] *W. Fasching*, aaO., S. 893.

chung zu gefährden. In diesen Fällen darf die abweichungswillige Abteilung nur dann eine abweichende Entscheidung fällen, wenn die entsprechende andere Abteilung – oder die anderen vereinigten Abteilungen – oder das Gesamtgericht damit einverstanden sind. Falls eine solche zustimmende Meinung nicht geäußert wird, ist eine gemeinsame Entscheidung nach gemeinsamer Sitzung der entsprechenden Abteilungen erforderlich. Bei Stimmengleichheit wird angenommen, daß keine zustimmende Entscheidung zustande gekommen ist[28].

Ähnliche Tendenzen zur Vereinheitlichung der Rechtsprechung ergeben sich auch aus kantonalem Prozeßrecht, so z. B. im Kanton Zürich. Wenn eine Abteilung des Zürcher Obergerichts in einer Rechtsfrage von einer früheren Entscheidung einer anderen Abteilung abweichen will, muß sie dies dem Präsidenten des Obergerichts mitteilen. Der Präsident verweist die Rechtsfrage sodann an das Plenum des Obergerichts. Dessen Entscheidung bindet alle Abteilungen des Obergerichts, soweit das Gesamtgericht nicht seine Rechtsprechung wieder ändert[29].

9. *E.G.*: Auch die Rechtsordnung der Europäischen Gemeinschaften verfolgt das Ziel einer einheitlichen Rechtsprechung durch besondere Vorschriften. Die nationalen Gerichte der Mitgliedstaaten dürfen bzw. müssen den Europäischen Gerichtshof in Luxemburg anrufen, falls die Entscheidung über ein laufendes Verfahren von einer Rechtsfrage über Auslegung und Gültigkeit sekundären Europäischen Gemeinschaftsrechts oder des Brüsseler Gerichtsstands- und Vollstreckungsübereinkommens

---

[28] Siehe *W. Birchmeier*, Handbuch des Bundesgesetzes über die Organisation der Bundesrechtspflege, 1950, S. 20 (Bemerkungen unter Art. 16); *R. Hauser*, Rechtsprechung des BGes auf dem Gebiete des Gerichtsverfassungsrechts, in: Erhaltung und Entfaltung des Rechts in der Rechtsprechung des Schweizerischen Bundesgerichts, 1975, S. 531 ff., 534 ff.; *R. Hauser*, Die Wahrung der Einheit der Rechtsprechung in rechtsvergleichender Sicht, Festschrift für Schwab, S. 197 ff., 206 ff., 211 ff. Vgl. auch Ständerat, Amtliches stenografisches Bulletin der Bundesversammlung, 53 (1943), S. 99 und 100; auch Nationalrat, Amtliches stenografisches Bulletin der Bundesversammlung 53 (1943), S. 82.

[29] Siehe *H. Sträuli*, Gesetze über die Zürcherische Rechtspflege (2. Aufl. 1935), S. 39 ff. (Bemerkungen unter Art. 51); auch *W. Hauser/R. Hauser*, Gerichtsverfassungsgesetz vom 29. Januar 1911 mit den seitherigen Änderungen, 1978 S. 193 ff. (194 ff.). Gesamtobergericht (Zürich): 10. 12. 1937, Bl. für Zürcher. Rechtsprechung 37 (1938), Nr. 23, S. 41 ff.; 18. 4. 1947, Bl. für Zürcher. Rechtsprechung 37 (1938), Nr. 23, S. 41 ff.; 18. 4. 1947, Bl. für Zürcher. Rechtsprechung 47 (1948), Nr. 128, S. 309 ff.; 23. 3. 1955, Bl. für Zürcher. Rechtsprechung 57 (1958), Nr. 81, S. 192 ff.; Obergericht (Zürich): 10. 11. 1952, Bl. für Zürcher. Rechtsprechung 57 (1958), Nr. 75, S. 185 ff.; 25. 12. 1958, Bl. für Zürcher. Rechtsprechung 59 (1960), Nr. 114, S. 249 ff.; Kassationsgericht (Zürich): 29. 9. 1955, Bl. für Zürcher. Rechtsprechung 55 (1956), Nr. 70, S. 149 ff.

(EuGVÜ) abhängt (Art. 177 EWGV bzw. Luxemburger Auslegungsprotokoll 1971). Dies garantiert eine einheitliche Rechtsprechung der Gerichte der Mitgliedstaaten. Auch das Lugano-Abkommen sieht ähnliche Mechanismen für die Gerichte der EG-Mitgliedstaaten vor und erzielt damit – im Rahmen der vom Lugano-Abkommen erfaßten Rechtsmaterien – eine einheitliche Rechtsprechung der Gerichte der EG-Mitgliedstaaten und der Nichtmitglieder.

10. *Fazit*: Die Einheitlichkeit der Rechtsprechung ist Postulat und leitender richtungsweisender Grundgedanke der Europäischen Prozeßrechtskonzeption. Zu diesem Schluß führen unsere rechtsvergleichenden Überlegungen. Im Rahmen des Versuchs einer Angleichung des europäischen Zivilprozeßrechts wird es in der Frage der Vereinheitlichung der Rechtsprechung keine Schwierigkeiten bereiten, einen gemeinsamen Nenner zu finden, d. h. gemeinsame Voraussetzungen für die Zuständigkeit der bzw. die Verweisung an die obersten, mit der Vereinheitlichung befaßten Rechtsprechungsorgane herauszuarbeiten. Die Einheitlichkeit der Rechtsprechung ist jedoch kein Selbstzweck. Sie dient der Verstärkung eines gemeinsamen und anpassungsfreundlichen Rechtsbewußtseins und nicht zuletzt der Rechtsangleichung und Rechtsgleichheit.

Feststellung und Revisibilität europäischen Rechts im deutschen Zivilprozeß

von

Rolf A. Schütze

Stuttgart/Tübingen

Dölle hat in seinem Aufsatz „Über die Anwendung ausländischen Rechts“[1] fremdes Recht im deutschen Zivilprozeß als Tertium neben inländischen Rechtssätzen und Tatsachen bezeichnet. Es scheint so, als ob uns das Gemeinschaftsrecht ein Quartum in diesem Sinne beschert hätte. Es paßt jedenfalls nicht so recht in das übliche Schema inländisches Recht/ausländisches Recht.

Obwohl auch ausländisches Recht im deutschen Zivilprozeß als Recht – nicht wie in anderen Rechtsordnungen[2] als Tatsache[3] – angewandt wird, bestehen Unterschiede in der Feststellung seines Inhalts und der Nachprüfung in der Revisionsinstanz. Nach § 293 ZPO kann sich das Gericht der Hilfe der Parteien oder Dritter bei der Feststellung des Inhalts eines ausländischen Rechtssatzes bedienen, insbesondere Rechtsgutachten einholen. Bei inländischem Recht darf das der Richter nicht, mag ihm die Materie auch noch so fremd sein. Inländisches Recht ist revisibel, ausländisches Recht ist es nach § 549 Abs. 1 nicht.

Bei der Entscheidung, ob Gemeinschaftsrecht prozessual wie inländisches oder wie ausländisches Recht zu behandeln ist, muß auf die ratio der §§ 293, 549 Abs. 1 ZPO abgestellt werden[4].

---

[1] Vgl. *Dölle*, Über die Anwendung ausländischen Rechts, GRUR 1957, S. 56 ff. (57).

[2] So das englische IZPR, vgl. *Bülow/Böckstiegel/Geimer/Schütze*, Internationaler Rechtsverkehr, 2. Aufl. 1973 ff., O.1156.10; *Jacob*, Private International Litigation, 1988, S. 436 ff.; *Schmitthoff*, Länderbericht England in: *Müller* u. a., Die Anwendung ausländischen Rechts im internationalen Privatrecht, 1968, S. 88 ff.

[3] Vgl. dazu *Zajtay*, Die Lehre vom Tatsachencharakter und die Revisibilität ausländischen Rechts, in: *Müller*, u. a. (Fn. 2), S. 193 ff.

[4] Vgl. dazu *Schütze*, EG-Recht im deutschen Zivilprozeß, EWS 1990, S. 49 ff.

I. Zur Anwendbarkeit von § 293 ZPO auf das Gemeinschaftsrecht

1. Auffindung der anwendbaren Rechtsnorm

Der Grundsatz iura novit curia bürdet dem Richter eine doppelte Last auf: Er muß die Rechtsnorm auffinden, die auf einen Rechtsstreit anzuwenden ist, und er muß deren Inhalt feststellen, d. h. sie auslegen. Das ist schon bei heimischem Recht schwer, bei ausländischem Recht ist es nur in Ausnahmefällen möglich. Wie soll sich ein deutscher Richter – um nur zwei Beispiele aus den im Auftrag des Deutschen Rates für Internationales Privatrecht veröffentlichten Gutachten zum internationalen und ausländischen Privatrecht (IPG) zu nehmen – Kenntnis des jordanisch-islamischen Scheidungsrechts im Hinblick auf die Scheidung durch die Bevollmächtigte[5] oder des Erbrechts von Kasachstan/Usbekistan[6] verschaffen? Würde man den deutschen Richter zur Auffindung des kollisionsrechtlich zur Anwendung berufenen Rechtssatzes und zur Feststellung seines Inhalts verpflichten, so wäre die Gefahr einer falschen Entscheidung ungleich größer als sie ohnehin schon ist[7]. Zwar existieren zahlreiche Sammlungen, die dem Richter das Auffinden ausländischer Rechtsnormen, z. B. auf dem Gebiet des Erbrechts[8], des Familienrechts[9] und des internationalen Zivilprozeßrechts[10] erleichtern. Sie können ihm aber nicht die genügend sichere Kenntnis bringen, insbesondere weil er nicht weiß, ob die aufgeführte Rechtsnorm nicht seit der letzten Ergänzungslieferung überholt ist. Es ist ein unlösbares Problem, Sammlungen wie die vorerwähnten jeweils auf dem aktuellen Stand zu halten.

Wenn man nach Kriterien sucht, die Rechtsnormen, die der Richter kennen muß, von denen abzugrenzen, bei deren Auffindung, Feststellung und Auslegung er sich fremder Hilfe im Rahmen von § 293 ZPO bedienen darf, so zeigt sich, daß es nur scheinbar einfach ist, inländisches und ausländisches Recht zu unterscheiden.

---

[5] Vgl. dazu IPG 1977 Nr. 21 (Köln).

[6] Vgl. dazu IPG 1977 Nr. 32 (München).

[7] Die Rechtsmittelinstanz soll zwar der Überprüfung unrichtiger Entscheidungen dienen, führt aber in der Praxis aber nur zu anderen, nicht notwendigerweise richtigeren Entscheidungen. Vgl. dazu *Schütze*, Verbesserungen des Zivilgerichtsverfahrens aus Erfahrung mit der Schiedsgerichtsbarkeit, in: *Gilles* (Herausg.), Effiziente Rechtsverfolgung, Deutsche Landesberichte zum VIII. Weltkongreß für Prozeßrecht in Utrecht 1987, S. 65 ff. (73 f.).

[8] Vgl. *Ferid/Firsching*, Internationales Erbrecht (Loseblsmlg.).

[9] Vgl. *Bergmann/Ferid*, Internationales Ehe- und Kindschaftsrecht (Loseblsmlg.).

[10] Vgl. *Bülow/Böckstiegel/Geimer/Schütze*, Internationaler Rechtsverkehr in Zivil- und Handelssachen (Loseblsmlg.).

a) Geltung eines Rechtssatzes im Inland

Ein offenbar ungeeignetes Kriterium ist die Geltung eines Rechtssatzes im Inland. Denn auch ausländisches Recht gilt im Inland. § 293 ZPO setzt die Anwendbarkeit kollisionsrechtlich berufenen Rechts voraus. Das ganze IPR beschäftigt sich mit der Frage der Anwendbarkeit ausländischen Rechts im Inland.

b) Erlaß eines Rechtssatzes durch den inländischen Gesetzgeber

Sachgerechter erscheint es darauf abzustellen, ob ein Rechtssatz Anwendung heischt, weil er von deutschen Rechtssetzungsorganen erlassen ist oder nicht. Diese Abgrenzung mag regelmäßig zu angemessenen Ergebnissen führen. Problematisch ist aber, ob sie auch den Besonderheiten der Anwendung von EG-Recht gerecht wird. Das OLG München[11] und ein Teil der Lehre[12] stellen darauf ab, ob eine Rechtsnorm des EG-Rechts durch Zustimmungsgesetz übernommen worden ist. Das OLG München geht unter Berufung auf die Rechtsprechung des Bundesverfassungsgerichts davon aus, daß europäisches Gemeinschaftsrecht weder Bestandteil der nationalen Rechtsordnung noch Völkerrecht, sondern eine eigenständige Rechtsordnung darstellt, die aus einer autonomen Rechtsquelle fließt[13] und innerstaatliche Rechtsordnung und Gemeinschaftsrecht als unabhängige Rechtskreise nebeneinander bestehen[14]. Nur das durch Zustimmungsgesetz übernommene Gemeinschaftsrecht soll die Qualität innerstaatlichen Rechts i. S. von § 293 ZPO haben. Dagegen wendet sich zu Recht – allerdings mit ungehöriger Häme – Nicolaysen[15]. Auch Leipold[16], Geimer[17] und Rüssmann[18] differenzieren nicht, jedenfalls nicht so. Sie halten Gemeinschaftsrecht – unabhängig von einer etwaigen Transformation – nicht unter den Begriff des ausländischen Rechts i. S. von § 293 ZPO fallend. In der Tat gibt die Qualifizierung

---

[11] Vgl. OLG München EuR 1988, 409 mit abl. Anm. *Nicolaysen.*

[12] Vgl. *Baumbach/Lauterbach/Albers/Hartmann*, ZPO, 49. Aufl., 1991, § 293 Anm. 1.

[13] Vgl. BVerfGE 37, 271; 31, 145; 22, 293.

[14] Vgl. BVerfGE 37, 271.

[15] Vgl. *Nicolaysen*, Difficile est satiram non scribere, EuR 1988, S. 41 f.

[16] Vgl. *Stein/Jonas/Leipold*, ZPO, 20. Aufl., § 293 Rdnr. 7.

[17] Vgl. *Zöller/Geimer*, ZPO, 17. Aufl., 1991, § 293 Rdnr. 5.

[18] Vgl. *Rüssmann* in: Alternativkommentar zur ZPO, 1987, § 293 Rdnr. 1.

des Gemeinschaftsrechts[19] in der Rechtsprechung EuGH seit der Entscheidung Costa ./. E.N.E.L.[20] keinen vernünftigen Anlaß zu einer Differenzierung wie sie das OLG München vornimmt.

c) Art des Rechtsanwendungsbefehls

Für die Abgrenzung von in- und ausländischem Recht im Rahmen von § 293 ZPO wird man als Kriterium auf die Art des Rechtsanwendungsbefehls zurückgreifen müssen. Gilt eine Norm unmittelbar – sei es als vom deutschen Gesetzgeber erlassen, sei es als Völkerrecht[21], sei es als Teil eines Staatsvertrages – so ist § 293 ZPO unanwendbar. Gilt ein Rechtssatz jedoch, weil eine Norm des deutschen Kollisionsrechts auf ihn verweist, so ist er ein ausländischer. Da Gemeinschaftsrecht nicht aufgrund kollisionsrechtlicher Verweisung, sondern unmittelbar in der Bundesrepublik Deutschland gilt, findet § 293 ZPO keine Anwendung[22].

2. Auslegung der anwendbaren Norm

Mit dieser Feststellung ist aber nur ein Teil der Frage nach der Anwendbarkeit von EG-Recht im deutschen Zivilprozeß beantwortet. Der andere Aspekt – die Auslegung des anwendbaren Rechtssatzes – bleibt dabei noch offen.

Bei ausländischem Recht ist die Lösung einfach. Das ausländische Recht muß so angewendet werden, wie es im Ausland gilt[23], d. h. so wie es die Rechtsprechung des ausländischen Staates anwendet[24]. Dies hilft bei Gemeinschaftsrecht nicht weiter. Dieses gibt aber selbst eine Richtschnur für seine Auslegung. Ausgehend von der Überlegung, daß Rechtssätze des europäischen Rechts eine einheitliche Interpretation und damit Anwendung in den Mitgliedsländern der Gemeinschaft erheischen[25], ist die Auslegung von Gemeinschaftsrecht dem deutschen Rich-

---

[19] Vgl. dazu den Überblick bei *Ipsen*, Europäisches Gemeinschaftsrecht, 1972, S. 255 ff.; *Bleckmann*, Europarecht, 4. Aufl., 1985, S. 220 ff. m. w. N.

[20] EuGHE 1964, 1251 (1269 ff.).

[21] Vgl. Art. 25 GG.

[22] Vgl. *Schütze* (Fn. 4) S. 50.

[23] Vgl. *Kegel*, Internationales Privatrecht, 6. Aufl., 1987, S. 318 f.; *Kropholler*, Internationales Privatrecht, 1990, S. 187 f.

[24] Vgl. BGH NJW 1976, 1588; *Schack*, Internationales Zivilverfahrensrecht, 1991, Rdnr. 628.

[25] Vgl. *Hauschka*, Grundprobleme der Privatrechtsfortbildung durch die Europäische Wirtschaftsgemeinschaft, JZ 1990, S. 521 ff.

ter in weitem Umfang entzogen. So entscheidet der EuGH nach Art. 177 Abs. 1 lit. a EWGV im Wege der Vorabentscheidung über die Auslegung des Vertrages. Art. 177 EWGV geht von der Prämisse aus, daß das mitgliedschaftliche und das Gemeinschaftsrecht zwei getrennte Rechtsordnungen bilden und zur einheitlichen und wirksamen Anwendung des Gemeinschaftsrechts Instanzgerichte das Recht und letztinstanzliche Gerichte die Pflicht haben, die Auslegung einer Norm des EWGV dem EuGH zu überlassen[26]. Neben der Vorabentscheidungskompetenz des Art. 177 EWGV bestehen für den EuGH noch ähnliche Kompetenzen nach Art. 150 EWGV und Art. 41 EGKSV.

Eine besondere Situation besteht im Bereich des verfahrensrechtlich so bedeutsamen Brüsseler Übereinkommens über die gerichtliche Zuständigkeit und die Vollstreckung gerichtlicher Entscheidungen in Zivil- und Handelssachen (EuGVÜ)[27]. Diese Konvention auf dem Gebiet des IZPR ist weder primäres noch sekundäres Gemeinschaftsrecht[28]. Es ist ein völkerrechtlicher Vertrag, zu dessen Beitritt sich die Mitgliedstaaten der Gemeinschaft verpflichtet haben[29]. Das ist – mit Änderungen – durch mehrere Beitrittsübereinkommen durch die „neuen" EG-Staaten geschehen[30]. Obwohl es sich also nicht um Gemeinschaftsrecht handelt, ist das EuGVÜ europäisches Recht. Seine Interpretation ist durch das Protokoll betreffend die Auslegung des Übereinkommens vom 27. September 1968 über die gerichtliche Zuständigkeit und die Vollstreckung von gerichtlichen Entscheidungen in Zivil- und Handelssachen durch den Gerichtshof vom 3. 6. 1971[31] i. d. F. vom 25. 10. 1982[32] dem EuGH übertragen[33]. Nach Art. 3 EuGVÜ i. V. m. Art. 2 Nr. 1 des Protokolls sind die obersten Gerichte verpflichtet, eine Auslegungsfrage dem

---

[26] Vgl. dazu *Grabitz/Wohlfahrt*, Kommentar zum EWG-Vertrag, Art. 177, Rdnr. 1.

[27] In Kraft für die Bundesrepublik Deutschland in der Fassung des Beitrittsübereinkommens v. 25. 10. 1982, BGBl. 1988 II 453.

[28] Vgl. dazu *Kropholler*, Europäisches Zivilprozeßrecht, 3. Aufl., 1991, Einl. Rdnr. 10; *Schwartz*, Übereinkommen zwischen den EG-Staaten: Völkerrecht oder Gemeinschaftsrecht?, Festschrift für Grewe, 1981, S. 551 ff.

[29] Vgl. *Kropholler* (Fn. 28) Einl. Rdnr. 10.

[30] Durch das Beitrittsübereinkommen v. 9. 10. 1978 wurde das Übereinkommen auf Dänemark, Irland und das Vereinigte Königreich erstreckt, durch das Beitrittsübereinkommen v. 25. 10. 1982 auf Griechenland.

[31] BGBl. 1972 II 845.

[32] BGBl. 1988 II 453.

[33] Vgl. dazu *Geimer/Schütze*, Internationale Urteilsanerkennung, Bd. I/1, 1983, S. 59 ff.; *Schlosser*, Neue Zuständigkeiten des Gerichtshofs der Europäischen Gemeinschaften, RIW/AWD 1975, S. 534 ff.

EuGH zur Vorabentscheidung vorzulegen, die Rechtsmittelgerichte sind berechtigt, dies zu tun[34].

Die deutschen Gerichte haben von der Vorlagemöglichkeit (und -notwendigkeit) regen Gebrauch gemacht[35] und dadurch zur Klärung von mancherlei Streitfragen beigetragen.

3. Fazit

Bei der Auffindung der anwendbaren Rechtsnorm – der Anwendung in der ersten Stufe – ist Gemeinschaftsrecht im Rahmen des § 293 ZPO wie inländisches Recht zu behandeln, da es nicht aufgrund kollisionsrechtlicher Verweisung, sondern unmittelbar in der Bundesrepublik Deutschland gilt. In der zweiten Stufe – der Ermittlung des Inhalts eines Rechtssatzes des Gemeinschaftsrechts – gilt das nicht uneingeschränkt. Hier ist der besondere Charakter des Gemeinschaftsrechts zu berücksichtigen. Der inländische Richter darf in gewissen Fällen die Auslegung nicht selbst vornehmen, muß sie vielmehr einem anderen Spruchkörper, dem EuGH, überlassen[36].

II. Zur Anwendbarkeit von § 549 Abs. 1 ZPO auf das Gemeinschaftsrecht

Ausländisches Recht ist nach § 549 Abs. 1 ZPO nicht revisibel[37]. Soweit dies von Klein[38] und Broggini[39] de lege lata geleugnet wird, ist der Wunsch der Vater des Gedankens[40].

---

[34] Vgl. Art. 3 Abs. 2 EuGVÜ i.V.m. Art. 2 Nr. 2 des Protokolls.

[35] Vgl. für Nachweise Nachschlagewerk der Europäischen Gemeinschaften, Serie D, 1981 ff.; *Pocar*, Codice delle convenzioni sulla giurisdzione e l'esecuzione delle sentenze straniere nella C.E.E., 1980.

[36] Vgl. *Schütze* (Fn. 4) S. 50.

[37] Vgl. BGHZ 48, 214; BGH WM 1986, 461; Nachweise bei *Soergel/Kegel*, BGB, 11. Aufl., 1984, Vor Art. 7 EGBGB, Rdnr. 167 Fn. 2; *Fastrich*, Revisibilität der Ermittlung ausländischen Rechts, ZZP 97 (1984), S. 423 ff.; *Kerameus*, Revisibilität ausländischen Rechts, ZZP 99 (1986), S. 166 ff.; *Schütze*, Deutsches Internationales Zivilprozeßrecht, 1985, S. 123 ff. m. w. N.

[38] Vgl. *Klein*, Die Revisibilität des Internationalen Privatrechts, NiemeyersZ 13 (1903), S. 353 ff.

[39] Vgl. *Broggini*, Die Maxime „iura novit curia" und das ausländische Recht, AcP 156 (1956) S. 469 ff. (478).

[40] Vgl. *Raape/Sturm*, IPR, 6. Aufl., Bd. I, 1977, S. 312.

Die Kommentatoren zu § 549 ZPO gehen davon aus, daß Gemeinschaftsrecht als jedenfalls nicht ausländisches Recht revisibel ist[41]. Da die Auslegung des Gemeinschaftsrechts dem Bundesgerichtshof aber durch Art. 177 EWGV und andere Normen des EG-Rechts weitgehend entzogen ist, soll sich die Nachprüfungsbefugnis der Revisionsinstanz darauf beschränken, ob das Berufungsgericht das Gemeinschaftsrecht richtig angewendet[42], ob es fehlerhaft autonomes anstelle von Gemeinschaftsrecht angewendet[43] oder ob eine von der Vorinstanz nicht für auslegungsbedürftig gehaltene EG-Norm interpretationsbedürftig und dem EuGH vorzulegen ist[44].

In der Tat liegt es nahe, die Revisibilität von EG-Recht anzunehmen, findet es doch nicht aufgrund kollisionsrechtlicher Verweisung Anwendung im Inland und ist damit nach der oben gefundenen Definition nicht ausländisch. Die Klassifizierung als in- oder ausländisch hilft aber bei § 549 Abs. 1 ZPO ebensowenig weiter wie bei § 293 ZPO. Auszugehen ist vom Normzweck des § 549 ZPO. Die Irrevibilität ausländischen Rechts wird einmal begründet mit dem Ansehen des Revisionsgerichts, das durch die Mißinterpretation ausländischen Rechts nicht gefährdet werden soll[45], zum anderen mit der Aufgabe, die Einheitlichkeit der Anwendung und die Fortbildung des autonomen Rechts zu gewährleisten[46]. Die rechtspolitisch verfehlte Begründung des Schutzes der Revisionsinstanz vor der Blamage falscher Rechtsanwendung muß bei der Lösung außer Betracht bleiben. Sie führt nicht weiter. Geht man von der Aufgabe der Revisionsinstanz als Hüter der Einheitlichkeit der Rechtsanwendung und Garant der Rechtsfortbildung aus, dann kann man füglich zweifeln, ob Gemeinschaftsrecht revisibel ist. Diese Aufgaben sind den nationalen Gerichten gerade entzogen und auf den EuGH übertragen.

---

41 Vgl. *Ankermann* in: Alternativkommentar zur ZPO, 1987, § 549 Rdnr. 5; *Baumbach/Lauterbach/Albers/Hartmann* (Fn. 12), § 549 Anm. 4 A; *Stein/Jonas/Grunsky*, ZPO, 20. Aufl., § 549 Rdnr. 57; *Zöller/Schneider* (Fn. 17) § 549 Rdnr. 4; ebenso *Steindorff*, Das Offenlassen der Rechtswahl im IPR und die Nachprüfung ausländischen Rechts durch das Revisionsgericht, JZ 1963, S. 200 ff. (203).

42 Vgl. *Ankermann*, aaO. § 549 Rdnr. 5; *Stein/Jonas/Grunsky* (Fn. 41) § 549 Rdnr. 57; *Steindorff* aaO. JZ 1963, S. 200 ff. (203); *Zöller/Schneider* (Fn. 17) § 549 Rdnr. 4.

43 Vgl. *Zöller/Schneider*, ZPO, 15. Aufl. 1987, § 549 Rdnr. 4.

44 Vgl. *Zöller/Schneider* (Fn. 41) § 549 Rdnr. 4; der BGH hat die Anwendung von EG-Kartellrecht durch das Berufungsgericht im Hinblick auf die Auslegung von Art. 85 EWGV durch den EuGH nachgeprüft, vgl. BGHZ 40, 135.

45 Vgl. *Schütze* (Fn. 37) 124; *Zajtay* (Fn. 3) S. 204.

46 Vgl. BGHZ 36, 348; *Raape/Sturm* (Fn. 38) S. 312; *Kegel* (Fn. 21) S. 321; *Kropholler* (Fn. 21) S. 506 f.; *Nußbaum*, Deutsches Internationales Privatrecht, 1932, S. 102.

Gemeinschaftsrecht also nicht revisibel? Auch hier versagt das übliche Schema inländisch/ausländisch – revisibel/nicht revisibel. Denn das Vorlage- und Vorabentscheidungsverfahren setzt eine Entscheidung des Revisionsgerichts voraus. Dieses ist in dessen verfahrensmäßige Ausgestaltung einbezogen. Über eine Revision – oder ihr gleichgestellte Rechtsbeschwerde[47] soweit es sich um das EuGVÜ handelt – kann die Vorlage erfolgen. Der BGH darf nicht selbst auslegen, er darf und muß aber aufgrund einer Interpretation des EuGH entscheiden. Dann muß er aber auch darüber entscheiden können, ob das Berufungsgericht Gemeinschaftsrecht richtig angewendet hat[48].

Hat das Berufungsgericht Gemeinschaftsrecht nicht angewendet, sei es weil die anwendbare Norm ihm unbekannt war[49], sei es weil der Rechtssatz erst nach Urteilserlaß in Kraft getreten ist[50], so hindert dies die Nachprüfung durch den BGH nicht. Insoweit besteht nach h. L. schon bei ausländischem Recht kein Nachprüfungsverbot[51]. Erst recht muß das für Gemeinschaftsrecht gelten[52].

Ergebnis also? Gemeinschaftsrecht ist revisibel, jedoch ist der BGH in der Nachprüfung durch die Auslegungskompetenzen des EuGH beschränkt.

---

[47] Vgl. § 17 AVAG.

[48] So zu Recht *Zöller/Geimer* (Fn. 41) § 549 Rdnr. 4.

[49] Vgl. für das Problem bei der Anwendung ausländischen Rechts BGHZ 40, 197.

[50] Vgl. für das Problem bei der Anwendung ausländischen Rechts BGHZ 36, 348.

[51] Vgl. *MüKo/Sonnenberger*, BGB, 2. Aufl., 1990, Einl. IPR Rdnr. 480; *Raape/Sturm* (Fn. 40) S. 313; *Schütze* (Fn. 37) S. 125 m. w. N.

[52] Vgl. *Schütze* (Fn. 4) S. 51.

Polnisches Zivilprozeßrecht – auf dem Wege nach Westen?

von

Egbert Peters

Tübingen

I.

Europa endet nicht an der Ostgrenze Deutschlands. In wechselvoller und leidvoller Geschichte ist Polen, auf das ich mich hier beschränke, mit seinen westlichen Nachbarn verbunden. Die europäischen Kunstepochen finden sich vielfältig auch in Polen, von Danzig bis Krakau, von Posen bis Thorn, von Warschau bis Lublin und Zamosc. Ebenso hat sich die polnische Rechtskultur in enger Wechselwirkung mit den europäischen Rechtsordnungen entwickelt, oft regional verschieden im Gefolge der politischen Zersplitterungen und Teilungen. Auf dem Gebiete des Zivilprozeßrechts ist in neuerer Zeit der Einfluß der Allgemeinen Gerichtsordnung für die Preußischen Staaten von 1793, des code de procédure civile von 1806 und der Reichscivilprozeßordnung von 1877 ganz offensichtlich, aber auch des österreichischen und des italienischen Prozeßrechts. Das vorletzte polnische Zivilverfahrensgesetzbuch vom 29. 11. 1930/27. 10. 1932 stellte eine weiterentwickelte, den westlichen Prozeßordnungen in Aufbau, Stil und Substanz ebenbürtige Kodifikation dar. Auffallend ist bis heute die Ähnlichkeit mit der deutschen ZPO in den Allgemeinen Vorschriften: Örtliche Zuständigkeit, Ausschluß und Ablehnung von Richtern, die Parteilehre mit Partei- und Prozeßfähigkeit, Streitgenossenschaft, Nebenintervention und Streitverkündung, Prozeßbevollmächtigte, Kosten und Armenrecht, Schriftsätze, Zustellungen, Sitzungen und Protokoll, Fristen und Wiedereinsetzung in den vorigen Stand. Erst bei den Vorschriften über Klage, mündliche Verhandlung und Beweisverfahren nehmen die Unterschiede zu.

Die Entwicklung des polnischen Zivilprozeßrechts wurde unterbrochen durch den Sozialismus, der sich auch des Verfahrensrechts bemächtigte. Das Zivilverfahrensgesetzbuch (ZVGB) vom 17. 11. 1964 brachte dennoch keine radikal andersartige Kodifikation. Man hat eher den Eindruck, daß einzelne Vorschriften den bisherigen Regelungen aufgepfropft wurden. Das Ziel war freilich klar: Die Parteiherrschaft zurückzudrängen durch den Grundsatz der objektiven Wahrheitsfindung; die kontradiktorische Streitform sollte zwar beibehalten, aber durch das Gericht gesteuert und durch Einschaltung des Staatsanwalts kontrolliert und ggf. verdrängt werden. Man wollte den Zivilprozeß dem Amtsverfahren der Freiwilligen Gerichtsbarkeit annähern. Folgerichtig nahm der Gesetzgeber einen Großteil dieser Angelegenheiten in das ZVGB auf; so die Nachlaß-, Familien- und Vormundschaftssachen, Entmündigung und Todeserklärung, nicht jedoch Grundbuch- und sonstige Registersachen.

II.

Nach dem Ende des Sozialismus' streben die polnischen Juristen eine Rückkehr zu den Regelungen des früheren ZVGB an[1]. Durch eine Reform des Gerichtsverfassungsrechts und durch das Gesetz über den Landesjustizrat ist inzwischen die Unabhängigkeit der Richter garantiert[2]. Für die Reform des Erkenntnisverfahrens stehen vor allem folgende, für das sozialistische Rechtsdenken charakteristische Punkte auf dem Prüfstand:

1. Nach Art. 7 poln. ZVGB kann der *Staatsanwalt* in grundsätzlich jeder Zivilsache den Prozeß einleiten oder an einem anhängigen Zivilprozeß teilnehmen; ausgenommen sind nur nichtvermögensrechtliche Familienrechtsstreitigkeiten, z. B. Ehescheidungen. Der Staatsanwalt ist selbständiges Prozeßsubjekt; er kann Behauptungen aufstellen oder bestreiten, Beweisanträge stellen, Rechtsmittel einlegen (Art. 60 poln. ZVGB). Das Gericht hat ihn von jeder Sache zu informieren, in der es seine Mitwirkung für erforderlich hält (Art. 59 poln. ZVGB). Der Staatsanwalt ergreift die Initiative, wenn dies nach seinem Ermessen „der Schutz der Gesetzlichkeit, der Rechte der Bürger, des gesellschaftlichen Interesses oder des gesellschaftlichen Eigentums" erfordert (Art. 7 poln. ZVGB).

---

[1] Vgl. *Warzocha*, Jahrbuch für Ostrecht, 1988, S. 83 ff.; *Sobkowski*, ZZP 104 (1991), 192 ff.

[2] Vgl. *Gralla*, Jahrbuch für Ostrecht, 1990, S. 122 f.; *Lammich*, Osteuropa Recht, 1991, S. 67 ff.

Diese Tatbestände sind so weit gefaßt, daß sie nach Belieben zum Gebrauch, d. h. auch zum Mißbrauch einladen. Was überhaupt hat der Staatsanwalt in den privaten Streitigkeiten seiner Bürger zu suchen? Man sollte ihn nur dort einschalten, wo man die Regelung nicht den beteiligten Bürgern anvertrauen darf, so etwa in den Ehenichtigkeits- (§ 24 EheG) und Entmündigungssachen (§§ 646, 652, 663, 664, 675, 679 dt. ZPO). In anderen Verfahren könnte man die Initiative eher dem Gericht überlassen, etwa wie in den Amtsverfahren unserer Freiwilligen Gerichtsbarkeit, z. B. dem Vormundschaftsgericht. In den Regelfällen des Zivilprozesses aber sollte man es den Bürgern überlassen, ihren Rechtsstreit zu führen.

Nicht verschwiegen werden sollen die unrühmlichen Parallelen. Im sog. Dritten Reich verlieh das Gesetz über die Mitwirkung des Staatsanwaltes in bürgerlichen Rechtssachen vom 15. 7. 1941 dem Staatsanwalt die Befugnis, in allen Zivilprozessen mitzuwirken, zur Wahrung parteipolitischer Belange – versteht sich. Diesen Fremdkörper beseitigte das Vereinheitlichungsgesetz vom 12. 9. 1950. Das entsprechende Gesetz über die Staatsanwaltschaft in der DDR vom 17. 4. 1963 fiel durch die Wiedervereinigung.

Eingriffe von außen in private Streitsachen sind ferner den *gesellschaftlichen Organisationen des werktätigen Volkes* erlaubt. Unterhaltsansprüche, Ansprüche von Arbeitnehmern aus dem Arbeitsverhältnis und Ersatzansprüche aus Arbeitsunfall und Berufskrankheiten können diese Organisationen zu Gunsten der Bürger selbständig einklagen oder sich an einem anhängigen Prozeß beteiligen (Art. 8, 61 ff. poln. ZVGB). In diesem Verfahren besitzen solche Organisationen, die nicht rechtsfähig sind, sogar Parteifähigkeit (Art. 64 § 2 poln. ZVGB). Diese Regelung erscheint überzogen. Es müßte doch genügen, die Tätigkeit solcher Organisationen auf Beratung und vielleicht auch Prozeßvertretung zu beschränken.

2. Eine eigenartige Bevormundung der Parteien durch den Staat findet sich im *Rechtsmittelsystem*. Die beiden gewöhnlichen Rechtsmittelzüge verlaufen wie folgt: Die meisten Prozesse beginnen beim Kreisgericht (Unterinstanz), das Rechtsmittel führt zum Wojewodschaftsgericht (Mittelinstanz), das abschließend entscheidet. In bestimmten Fällen, namentlich in nichtvermögensrechtlichen Streitigkeiten (aber nicht Ehescheidungssachen), Amtshaftungsprozessen und Streitigkeiten mit hohem Streitwert, bei denen eine Einheit der vergesellschafteten Wirtschaft[3] be-

[3] Wie später nach Privatisierung der Wirtschaft? Vgl. unten zu 6.

teiligt ist, beginnt der Prozeß beim Wojewodschaftsgericht; Rechtsmittelinstanz war bis zum 1. 10. 1990 das Oberste Gericht (16, 17 poln. ZVGB), seitdem sind es neu eingerichtete Appellationsgerichte. Rechtsmittel ist in beiden Zügen die sog. Revision (Art. 367 ff. poln. ZVGB), nach deutschen Begriffen eine Berufung, weil sich das Rechtsmittel auch gegen die Feststellung des Sachverhalts richten kann, z. B. neue Tatsachen und Beweismittel anführen darf, welche die Partei in der ersten Instanz nicht angeben konnte (Art. 368 Nr. 6 poln. ZVGB).

Nun die Besonderheit: Gegen jedes rechtskräftige Urteil, gleich welcher Instanz[4], kann der Justizminister, der Erste Vorsitzende des Obersten Gerichts oder der Generalstaatsanwalt die *außerordentliche Revision* beim Obersten Gericht einlegen (Art. 417 poln. ZVGB). Die Parteien werden, obwohl sie von der Aufhebung oder Änderung des rechtskräftigen Urteils betroffen werden, nicht einmal gefragt[5]; ihnen bleibt lediglich anfangs ein Gesuch an die drei genannten Amtsträger um Einlegung der außerordentlichen Revision (Art. 418 poln. ZVGB). Zum Mißbrauch laden wiederum die Gründe ein, aus denen die außerordentliche Revision eingelegt werden kann: Wenn das Urteil offensichtlich das Recht oder das Interesse der Volksrepublik Polen verletzt. Oder, falls die ao. Revision auf die Urteilsgründe beschränkt wird (eine merkwürdige Regelung!), wenn diese Gründe das Interesse der Volksrepublik Polen verletzen oder offensichtlich die Ehre einer Partei antasten oder ihre Rechte verletzen (Art. 417 § 1 poln. ZVGB).

Nicht nur die wiederum zur Parteilichkeit führende Orientierung der ao. Revision befremdet. Sondern es wird auch die Chance vertan, das Oberste Gericht zur Weiterentwicklung des materiellen Rechts einzusetzen. Zur Beseitigung offensichtlicher Rechts- und Interessenverletzungen hat es einzugreifen statt zur Entscheidung alter und insbesondere neuer Rechtsfragen. Es fehlt die Konzentrierung auf die Fälle von grundsätzlicher Bedeutung.

Einen eigenen Ansatz, Leitentscheidungen des Obersten Gerichts zu erwirken, schafft die neue Regelung, daß die zweitinstanzlichen Gerichte (Appellationsgerichte und ggf. Wojewodschaftsgerichte) ernsthafte Zweifel erweckende Rechtsfragen dem Obersten Gericht vorlegen kön-

---

[4] Nicht gegen eine Entscheidung des Obersten Gerichts selbst, die schon auf eine ao. Revision hin ergangen ist (Art. 417 § 3 poln. ZVGB).

[5] Rücknahme der Klage, Verzicht, Vergleich, Anerkenntnis sind den Parteien hier versagt (Art. 423 § 2 poln. ZVGB).

nen[6]. Das Oberste Gericht kann die Rechtsfrage abstrakt beantworten oder den anhängigen Rechtsstreit an sich ziehen und entscheiden (Art. 391 ZVGB).

Insgesamt erscheint eine Neugestaltung des Rechtsmittelsystems notwendig, namentlich eine einheitliche neue Zielsetzung für eine Richtlinienfunktion des Obersten Gerichts. Vorstellbar wäre, die Initiative der obersten Justizorgane auf solche, für die Rechtsentwicklung ergiebigen Fälle zu lenken. Aber ohne Zustimmung der Parteien? Und wie soll die Auswahl der Prozesse geschehen? Etwa durch systematische Überprüfung von Amts wegen? Wer könnte solche Arbeit leisten? Oder sollte die Initiative den zweitinstanzlichen Gerichten überlassen bleiben? Empfiehlt sich eine Zulassungs- oder Streitwertrevision? Eine Frage zieht die nächste nach sich. Der gesamte Komplex der ao. Revision ist neu zu orientieren und zu strukturieren.

3. Eingeschränkt, u. U. sogar beseitigt, wird die *Dispositionsfreiheit der Parteien* über den Streitgegenstand; nicht nur in den Fällen, in denen der Staatsanwalt als Partei eingreift. Als Grundsatz gilt zwar, daß das Gericht weder über einen Gegenstand urteilen darf, der nicht von dem Klagantrag umfaßt war, noch über den Antrag hinaus zusprechen darf (Art. 321 § 1 poln. ZVGB). Das Gericht ist aber nicht gebunden, wenn Kläger eine Einheit der vergesellschafteten Wirtschaft ist, sowie in Streitigkeiten über Unterhaltsansprüche und über den Ersatz eines durch unerlaubte Handlung zugefügten Schadens; das Gericht entscheidet hier über die Ansprüche, die sich aus dem Tatsachenvortrag des Klägers ergeben (Art. 321 § 2 poln. ZVGB). Ähnlich, aber nicht deckungsgleich stellt Art. 381 § 2 poln. ZVGB das Gericht der – einfachen – Revision (= Berufung nach dt. ZPO) von den Anträgen des Rechtsmittelführers frei in Prozessen einer Einheit der vergesellschafteten Wirtschaft (als Rechtsmittelführer) sowie in Prozessen über Nichtvermögensrechte (anders in erster Instanz!), über Unterhaltsansprüche oder über Schadensersatzansprüche aus unerlaubter Handlung. Ganz abgesehen von der unhaltbaren Privilegierung der Staatsbetriebe – mit der Anregung des Richters an den Kläger, seine Anträge zu ändern, sollte es sein Bewenden haben (vgl. § 139 I dt. ZPO); eine Bevormundung paßt nicht in ein liberales Verfahren. Zumal der Kläger ja auch die Abweisung des von ihm nicht gewünschten Antrags riskiert.

---

[6] Vgl. *Sobkowski*, ZZP 104 (1991), 200. Die Regelung ähnelt den §§ 28 II, III dt. FGG, 79 II, III dt. GBO.

Auch in ihren *Dispositionsakten während des Prozesses* unterliegen die Parteien der gerichtlichen Aufsicht. Ein Anerkenntnis des Beklagten bindet das Gericht nicht; das Gericht kann es jedoch dabei bewenden lassen, wenn das Anerkenntnis eine Begründung in den Umständen der Sache findet (Art. 213 § 2 poln. ZVGB). Reicht nun ein Indiz oder die Wahrscheinlichkeit oder ist Gewißheit erforderlich? Noch mehr verschwimmen die Voraussetzungen, unter denen das Gericht eine Klagerücknahme, einen Klageverzicht oder einen Vergleich für unzulässig zu erachten hat: wenn diese Prozeßhandlung „unvereinbar mit dem Recht oder den Grundsätzen des gesellschaftlichen Zusammenlebens ist oder offensichtlich ein gerechtfertigtes Interesse berechtigter Personen verletzt" (Art. 203 § 4, Art. 184, Art. 223 § 2 poln. ZVGB). Wie läßt sich mit solchen Formulierungen Rechtssicherheit gewinnen? Nun wird aus der polnischen Praxis berichtet, daß die Gerichte die genannten Dispositionsakten der Parteien ohne nähere Kontrolle hinzunehmen pflegen[7]. Obwohl die einschlägigen Artikel Mußvorschriften sind! Sie sind also offensichtlich fehl am Platze.

Schließlich zeugt die Regelung des *Versäumnisurteils* gegen den Beklagten von der Vorherrschaft des Gerichts. Die Behauptungen des Klägers werden als wahr angenommen, „wenn sie nicht begründete Zweifel an der Übereinstimmung mit der wahren Sachlage erwecken" (Art. 339 § 2 poln. ZVGB). Immerhin ist die deutsche Sanktion der Geständnisfiktion ohne Beachtung der bisherigen Beweisergebnisse (§ 331 I dt. ZPO) rechtspolitisch umstritten. Und die polnische Regelung meistert jedenfalls das Gros der Säumnisfälle: Der Beklagte bleibt aus, weil er nichts Erhebliches gegen die Klageforderung vorzutragen weiß.

4. Staatliches Übergewicht zeigt sich ferner bei der Stoffsammlung. Eine liberale Prozeßordnung setzt in erster Linie auf die Initiative der Parteien; sie tragen die Behauptungs- und Beweislast. Der Richter wird ergänzend tätig, durch persönliche Anhörung der Parteien (§ 141 dt. ZPO), durch Erfüllung seiner Hinweispflicht (§ 139 dt. ZPO), durch Heranziehung von Beweismitteln von Amts wegen (§§ 142–144, 448 dt. ZPO, aber nicht erlaubt bei Zeugen). Es herrscht eine *modifizierte Verhandlungsmaxime.*

Das polnische ZVGB bewegt sich auf dem Boden der *Untersuchungsmaxime* und bietet zugleich die Instrumente, um die Parteien und um Dritte bei der Wahrheitssuche einzuspannen. Die Parteien sind verpflich-

---

[7] Vgl. auch *Warzocha*, Fn. 1 S. 86.

tet, sich wahrheitsgemäß zu äußern (Art. 3 § 1 poln. ZVGB), auch zu den Behauptungen des Gegners (Art. 210 § 2 poln. ZVGB); gemeint sein kann nach dem Zusammenhang allein eine substantiierte Erklärung. Nichtbestreiten und Geständnis binden den Richter nicht; Nichtbestreiten kann er unter Beachtung der Ergebnisse der gesamten mündlichen Verhandlung als Geständnis ansehen (Art. 230 poln. ZVGB); ein Geständnis wiederum läßt die Beweisbedürftigkeit nur entfallen, wenn es nicht Zweifel an seiner Übereinstimmung mit der wirklichen Sachlage erweckt (Art. 229 poln. ZVGB).

Das Gericht kann auf mannigfache Weise die Initiative ergreifen. Immer muß es einer Partei ohne Anwalt die notwendigen Hinweise auf Prozeßhandlungen und deren Rechtsfolgen bei Vornahme oder Nichtvornahme geben (Art. 5 poln. ZVGB). Zur Klärung des Sachverhalts hat es die Parteien erforderlichenfalls zu belehren (Art. 212 poln. ZVGB); dazu kann es sie persönlich anhören (Art. 216 poln. ZVGB). Darüber hinaus kann der Richter von Amts wegen die notwendigen Untersuchungsmaßnahmen treffen, namentlich zur Ergänzung und Klärung der Parteibehauptungen (Art. 3 § 2, 213 § 1 poln. ZVGB).

Als *Beweismaterial* zieht das Gericht zunächst die von den Parteien angebotenen Beweise heran. Die Parteien sind verpflichtet, die zur Entscheidung notwendigen Beweismittel zu bezeichnen (Art. 232 S. 1 poln. ZVGB). Das Gericht kann jedoch weitere Beweismittel hinzunehmen, ja selbst zur Feststellung (d. h. Ermittlung) solcher Beweismittel eine Untersuchung anordnen (Art. 232 S. 2 poln. ZVGB)[8]. Die Vorlagepflicht der Parteien scheint widersprüchlich geregelt: Wer sich schriftsätzlich auf eine Urkunde beruft, hat das Original auf Verlangen des Gegners vorzulegen (Art. 129 poln. ZVGB, dem § 423 dt. ZPO vergleichbar). Dem Beklagten kann das Gericht immer auferlegen, eine Urkunde oder ein Augenscheinsobjekt zur Verhandlung mitzubringen (Art. 187 § 2 Nr. 3 poln. ZVGB)[9]. Ja sogar jedermann ist verpflichtet, eine in seinem Besitz befindliche Urkunde oder ein Augenscheinsobjekt vorzulegen oder besichtigen zu lassen; ausgenommen Umstände, die ein Zeugnisverweigerungsrecht begründen würden (Art. 248, 293, 294 poln. ZVGB)[10]; Sanktion: Geldbußen (Art. 251, 296 poln. ZVGB). Angesichts dieser

---

[8] So ausdrücklich für die Parteivernehmung Art. 299 poln. ZVGB.

[9] Man vergleiche dagegen den Streit im deutschen Zivilprozeßrecht um solche Mitwirkungspflichten des Beweisgegners; zuletzt *E. Peters* in Festschrift Schwab, 1990, S. 399 ff.

[10] Eine sinnvolle und vor allem sachdienliche Harmonisierung der Mitwirkungspflichten Dritter (vgl. dagegen die Enge des § 429 dt. ZPO).

umfassenden Vorlagepflicht für den Beklagten und für dritte Personen erscheint es nach der Untersuchungsmaxime zwingend, auch den Kläger mit einer umfassenden Pflicht zur Vorlage von Urkunden und Augenscheinsobjekten in seinem Besitz zu belasten, auch für dem Beklagten günstige Umstände. Als Sanktion erwähnt das poln. ZVGB für die Parteien nicht die Geldbuße – was die Konsequenz der Untersuchungsmaxime wäre. Vielmehr überträgt Art. 233 § 2 poln. ZVGB dem Gericht die Wertung, welche Bedeutung der Vorlageverweigerung beizumessen ist – was doch Kennzeichen einer versäumten Last ist, also Instrument der Verhandlungsmaxime; eine Regelung, die dem deutschen Prozessualisten unter dem Stichwort Beweisvereitelung, zu würdigen nach § 286 dt. ZPO, geläufig ist.

Insgesamt bewegt sich die heutige Diskussion in Polen in die Richtung, wieder zu einer Verhandlungsmaxime verbunden mit helfender richterlicher Steuerung zurückzukehren[11]. Zwei Gedanken aber lassen die polnischen Prozessualisten zögern. Erstens ist die Vision noch nicht ganz verblaßt, Untersuchungsmaxime führe zur „materiellen Wahrheit", Verhandlungsmaxime lediglich zur „formellen Wahrheit". Obwohl doch der Streit der Parteien am ehesten zur Klärung der Fakten beiträgt. Nur wo der Interessengegensatz fehlt, darf man die Sachverhaltsfeststellung nicht den Parteien überantworten; z. B. in Verfahren der Ehenichtigkeit oder der Entmündigung oder der Entziehung der elterlichen Gewalt oder der Einsetzung und Überwachung des Vormunds[12]. Aus der polnischen Praxis hört man allerdings, daß die Gerichte die Stoffsammlung den Parteien zu überlassen pflegen, zur eigenen Arbeitserleichterung und ohne Sorge, den wahren Sachverhalt zu verfehlen. – Dem zweiten Grund für Beibehaltung der Untersuchungsmaxime kann man wohl nur geringe Bedeutung zumessen. Die Untersuchungsmaxime solle helfen, Rechte und Chancen der schwächeren Partei zu wahren. Aber hier genügen andere Instrumente, ggf. Anwaltszwang, Prozeßkostenhilfe nebst Beiordnung eines Anwalts, erhöhte Aufmerksamkeit des Gerichts und gezielte Hinweise im Einzelfall.

5. Das *Beweisverfahren* unterliegt dem Grundsatz der Beweisunmittelbarkeit (Art. 235 poln. ZVGB, vergleichbar dem § 355 I dt. ZPO). Der Grundsatz der Parteiöffentlichkeit (vgl. § 357 dt. ZPO) wird nicht ausdrücklich genannt, wird freilich vorausgesetzt, weil bei der Zeugen- und

---

[11] Über die Möglichkeiten der Präklusion verspäteten Vorbringens müßte man sich noch Gedanken machen (vgl. §§ 272 ff., 282, 296, 528 f. dt. ZPO).

[12] Die beiden letztgenannten Gruppen gehören zu den Amtsverfahren des dt. FGG.

Sachverständigenvernehmung die Parteien das Recht haben, Fragen unmittelbar an die Beweisperson zu richten (Art. 271 § 1, 289 poln. ZVGB, vgl. §§ 397, 402, 411 III dt. ZPO). Auch durch Einsicht in die Akten können die Parteien sich Kenntnis von Beweisen (z. B. Urkunden) und Beweisergebnissen verschaffen (Art. 9 S. 2 poln. ZVGB, vgl. § 299 I dt. ZPO).

Ein allgemein formulierter *Anspruch auf rechtliches Gehör* findet sich im poln. ZVGB nicht. Fairerweise gewähren die Gerichte aber zu allen entscheidungserheblichen Tatsachenfragen rechtliches Gehör. Das Defizit in der Kodifikation stammt vermutlich vom Vorbild der dt. ZPO; erst Art. 103 I GG hat die längst erkannte und früher durch die Gerichtsübung überbrückte Lücke geschlossen. In eine reformierte polnische Prozeßordnung sollte der Anspruch auf rechtliches Gehör, als Eckpfeiler eines rechtsstaatlichen Verfahrens, jedenfalls Eingang finden.

6. Die *Privilegien der sog. Einheiten der vergesellschafteten Wirtschaft* sind uns bereits aufgefallen. Zu Gunsten einer solchen Klägerin ist das Gericht nicht an den Klagantrag gebunden; es kann über den Antrag hinausgehen, ja sogar nicht eingeklagte, sich aber aus dem Sachverhalt ergebende Ansprüche zusprechen (Art. 321 § 2 poln. ZVGB). Das Gleiche gilt bei Revisionen einer solchen Partei (Art. 381 § 2 poln. ZVGB). Ein Versäumnisurteil gegen sie als Beklagte ist unzulässig (Art. 339 § 3 poln. ZVGB). Darüber hinaus wird aus der Praxis berichtet, daß die Einheiten der vergesellschafteten Wirtschaft im Zivilprozeß nur geringe Aktivität zu entwickeln pflegten; obwohl Art. 3 § 1 poln. ZVGB jede Partei zum Sachvortrag und zur Vorlage der Beweise verpflichtet, legten diese Parteien die Hände in den Schoß; die Gerichte nähmen die Bürde auf sich, die Beweise zu sammeln, um den Sachverhalt zu klären; die Untätigkeit der Partei verzögere das Verfahren[13].

Ein schlagendes Argument gegen die Funktionstüchtigkeit der Untersuchungsmaxime! Aber mehr noch: Wo bleibt die Gleichheit vor Gericht, die Waffengleichheit der Parteien (vgl. Art. 3 I GG)? Sie wird doch verletzt und damit die richterliche Neutralitätspflicht, wenn die Gerichte einseitig anstelle einer bestimmten Gruppe von Parteien die Stoffsammlung betreiben[14]. Werden die polnischen Staats- und Genossenschaftsbetriebe demnächst allmählich privatisiert, wird sich das Problem in grotes-

---

[13] *Warzocha*, Fn. 1, S. 86. Die Benachrichtigung des übergeordneten Organs der Einheit (Art. 4 poln. ZVGB) verhallt offenbar.

[14] Zutreffend *Warzocha*, aaO.

ker Weise verschieben, aber noch lange nicht lösen. Sofortige Gleichbehandlung im Prozeß ist also geboten[15].

III.

Wir kehren zur Eingangsfrage zurück: Polnisches Zivilprozeßrecht – auf dem Wege nach Westen? Auf dem Wege zu den bewährten liberalen Regeln west- und mitteleuropäischer Prozeßordnungen? In der Tat scheint es so zu sein. In fast allen von mir genannten Punkten ist die Diskussion in Polen entbrannt. In den Fachzeitschriften, auf den Fachtagungen, im Gespräch mit den Fachkollegen der Wissenschaft und der Praxis wird man mit den Reformüberlegungen konfrontiert. Wir deutschen Prozessualisten sollten, mit dem nötigen Takt freilich, den Reformern den Rücken stärken. Denn es kann uns nicht gleichgültig sein, ob bei unserem unmittelbaren Nachbarn im Osten eine liberale rechtsstaatliche Verfahrensordnung herrscht.

---

[15] Auch die Sondervorschriften über die Zwangsvollstreckung zu Gunsten oder zu Lasten einer Einheit der vergesellschafteten Wirtschaft (Art. 1060 ff., 1072 ff. poln. ZVGB) bedürfen der Überprüfung.

Neuere Probleme der privaten Schiedsgerichtsbarkeit in Europa

von

Gerhard Walter

Bern/Genf

Einleitung

Schiedsgerichtsbarkeit ist Rechtsprechung[1]; in einer Zeit, in der man weltweit von „Deregulierung" spricht (und manchmal auch danach handelt), könnte man auch sagen: Schiedsgerichtsbarkeit ist „privatisierte Rechtspflege". Bei einem Kolloquium über „Wege zu einem europäischen Zivilprozeßrecht" darf deswegen die Erörterung von neueren Entwicklungen im Recht der Schiedsgerichtsbarkeit nicht fehlen. Ja, im Gegenteil: Ich möchte behaupten, daß auf dem Wege zu einem „europäischen" Zivilprozeßrecht die verschiedenen nationalen Gesetzgeber im Bereich der *Schiedsgerichtsbarkeit* schon am weitesten vorangekommen sind. Man spricht heute sogar schon von einem „diritto commune"[2] der Schiedsgerichtsbarkeit (und möchte damit sicher nicht nur sprachlich eine Beziehung zum „ius commune" herstellen).

Auf dem Gebiet des Prozeßrechts hat sich der verehrte Jubilar Fritz Baur auch mit der privaten Schiedsgerichtsbarkeit befaßt. Am 20. Juni 1979 hielt er vor der Berliner Juristischen Gesellschaft einen Vortrag über „Neuere Probleme der privaten Schiedsgerichtsbarkeit"[3], die ihm als ge-

---

[1] So *Fritz Baur*, Neuere Probleme der privaten Schiedsgerichtsbarkeit, Vortrag gehalten vor der Berliner Juristischen Gesellschaft am 20. Juni 1979, Berlin-New York 1980, S. 9. (Er sagt dort zwar nur: „Wenn man die private Schiedsgerichtsbarkeit als Rechtspflege ansieht ...", seine Ausführungen lassen aber klar erkennen, daß er die Frage bejaht.).

[2] So *Elio Fazzalari*, La cultura dell'Arbitrato, Rivista dell'Arbitrato 1991, 1 ff. (10) m. w. N.

[3] *Fritz Baur*, Neuere Probleme der privaten Schiedsgerichtsbarkeit, Vortrag gehalten vor der Berliner Juristischen Gesellschaft am 20. Juni 1979, Berlin-New York 1980.

legentlichem Schiedsrichter in nationalen und internationalen Schiedsgerichten praktisch bedeutsam erschienen. Auch in der Festschrift für Fritz Baur zu seinem 70. Geburtstag wurden ihm Beiträge aus dem Bereich der Schiedsgerichtsbarkeit gewidmet[4]. Seitdem, d. h. im letzten Jahrzehnt, hat das Schiedsverfahrensrecht einen erheblichen Umbruch erlebt. Die meisten westlichen Länder Europas haben ihre Schiedsgerichtsgesetze revidiert oder sogar ein besonderes Gesetz für *internationale* Schiedsgerichtsbarkeit neu eingeführt[5].

Zunächst wurde in *England* der *Arbitration Act von 1979* eingeführt, der den Arbitration Act von 1950 teilweise geändert hat[6].

Fast gleichzeitig hat in *Irland* der neue *Arbitration Act von 1980* den früheren Irish Arbitration Act von 1954 modifiziert[7].

Dann hat *Frankreich* eine Reform des internen Schiedsrechts durch das Dekret Nr. 80–354 vom 14. Mai 1980 durchgeführt. Ein Jahr später wurde der französische Code de Procédure Civile (CPC) mit dem *Dekret Nr. 81–500 vom 12. Mai 1981*, der ausschließlich die internationale Schiedsgerichtsbarkeit regelt, ergänzt (Art. 1492–1507 nCPC)[8].

Italien hat das interne Schiedsrecht durch *Gesetz Nr. 28 vom 9. Februar 1983* revidiert, das jetzt in Art. 806–831 codice di procedura civile (cpc) enthalten ist[9].

Im gleichen Jahr wurde in *Österreich* das *Reformgesetz vom 1. Mai 1983* neu eingeführt, dessen schiedsrechtlicher Teil in Art. 577–599 der österreichischen ZPO zu finden ist[10].

Belgien hat ein *Reformgesetz vom 27. März 1985* angenommen, das als

---

[4] Vgl. *Walther J. Habscheid*, Zur Frage der Kompetenz-Kompetenz der Schiedsgerichte, Festschrift für Fritz Baur, Tübingen 1981, S. 425 ff.; *Karl Heinz Schwab*, Einstweiliger Rechtsschutz und Schiedsgerichtsbarkeit, S. 627 ff.; *Gerhard Walter*, Neue Mechanismen internationaler Streitschlichtung, S. 691 ff.

[5] Dem *Grundsatz der Ungleichbehandlung* von nationaler und internationaler Schiedsgerichtsbarkeit folgen Frankreich und die Schweiz.

[6] S. *Johan Steyn*, National Report England, in: Intl. Handbook on Comm. Arb. I, S. 2.

[7] S. *Max W. Abrahamson*, National Report Irland, in: Intl. Handbook on Comm. Arb. I, S. 2.

[8] S. *Yves Derains*, National Report France, in: Intl. Handbook on Comm. Arb. I, S. 1 f.

[9] S. *Giorgio Bernini*, National Report Italien, in: Intl. Handbook on Comm. Arb. II, S. 7.

[10] S. *Werner Melis*, National Report Österreich, in: Intl. Handbook on Comm. Arb. I, S. 1.

einzige Änderung Art. 1717 der belgischen ZPO einen Absatz 4 hinzugefügt hat[11].

Die *Bundesrepublik Deutschland* hat, was die Schiedsgerichtsbarkeit betrifft, mit dem *Gesetz vom 25. Juli 1986 zur Neuregelung des Internationalen Privatrechts* nur §§ 1039, 1041, 1044 und 1045 ZPO revidiert[12].

Die gesetzgeberische Reform in *Holland* ist mit dem *Schiedsgesetz vom 1. Dezember 1986* (Art. 1020–1076 ZPO) erfolgt[13].

In der *Schweiz* trat am 1. Januar 1989 das neue *Bundesgesetz über das internationale Privatrecht (IPRG)* in Kraft, dessen 12. Kapitel die internationale Schiedsgerichtsbarkeit regelt[14].

Schließlich wurde in *Spanien* das Gesetz Nr. 36 vom 7. Dezember 1988 neu eingeführt, das gegenüber dem alten Gesetz vom 22. Dezember 1953 tiefgreifende Veränderungen gebracht hat[15].

Diese umfassende Reformtätigkeit der Gesetzgeber ist im übrigen nicht auf westeuropäische Länder beschränkt; als weitere Länder wären etwa zu nennen[16]:

- die Volksrepublik China, die inzwischen dem UN-Übereinkommen über die Anerkennung und Vollstreckung ausländischer Schiedssprüche vom 10. 6. 1958 (im folgenden New Yorker Konvention genannt) beigetreten ist;
- die Sowjetunion, die damit die Bildung von joint ventures erleichtern möchte;
- Saudi Arabien;
- Kanada, wo die New Yorker Konvention im ganzen Bundesgebiet gilt, während in einzelnen Provinzen das UNCITRAL-Modellgesetz (dazu sogleich unten) mit mehr oder weniger Modifikationen übernommen wurde;
- Neuseeland;
- Jugoslawien;

---

[11] S. *Lambert Matray*, National Report Belgium, in: Intl. Handbook on Comm. Arb. I, S. 1. Zum Inhalt dieser Vorschrift s. auch unten *III. 3. b)*.

[12] S. *Ottoarndt Glossner*, National Report Fed. Rep. of Germany, in: Intl. Handbook on Comm. Arb. I, S. 1.

[13] S. *Albert Jan van den Berg*, National Report Netherlands, in: Intl. Handbook on Comm. Arb. II, S. 1.

[14] Vgl. Yearbook Commercial Arbitration XIII (1988), S. 446 ff.

[15] Allgemein zur „Handelsschiedsgerichtsbarkeit in Spanien" *Cremades*, Jahrbuch für die Praxis der Schiedsgerichtsbarkeit, Bd. 2 (1988), S. 28–36.

[16] S. dazu den umfassenden Überblick von *G. Recchia*, Riforme legislative straniere sull'arbitrato, Rivista dell'Arbitrato 1991, S. 175 ff.

– Nigeria; diese Reform zeichnet sich dadurch aus, daß sie weitgehend das „Mustergesetz" der UNCITRAL adaptiert hat.

Fragt man nach den *Gründen* für diese Entwicklung, so fällt zunächst auf, daß sie quer durch die „juristischen Familien" geht: Länder des „civil law"-Rechtskreises sind genauso engagiert wie solche des „common law", „lateinische" ebenso wie „germanische", (ehemals oder noch) „sozialistische" wie „islamische" usw. Dies zeigt, daß das gemeinsame Element all dieser Reformen in der notwendigen Anpassung des jeweiligen nationalen Rechts an die zunehmenden internationalen Handels- und Wirtschaftsbeziehungen liegt:

Wegen der Komplexität und der Divergenz der verschiedenen nationalen Regelungen und der daraus resultierenden Unsicherheit in der Praxis der internationalen Schiedsgerichtsbarkeit hat sich sehr früh das Bedürfnis gezeigt, das Schiedsverfahrensrecht zu vereinheitlichen, insbes. die Regelung der Anerkennung und Vollstreckung von Schiedssprüchen im internationalen Bereich. Die ersten Schritte in diese Richtung waren zwar schon mit dem Genfer Protokoll über die Schiedsklauseln im Handelsverkehr vom 24. 9. 1923 und dem Genfer Abkommen zur Vollstrekkung ausländischer Schiedssprüche vom 26. 9. 1927 unternommen worden; den eigentlichen Durchbruch aber brachte erst die New Yorker Konvention von 1958[17] und in geringerem Ausmaß das Europäische Übereinkommen über die internationale Handelsschiedsgerichtsbarkeit vom 21. 4. 1961. Weitere Bemühungen um eine Vereinheitlichung der nationalen Schiedsverfahrensrechte finden ihren vorläufigen Höhepunkt im Modellgesetz über die internationale Handelsschiedsgerichtsbarkeit der UNCITRAL[18] (UNCITRAL-Modellgesetz), das die Vollversammlung der Vereinten Nationen mit Resolution vom 11. 12. 1985 allen Staaten zur Berücksichtigung bei der Neugestaltung ihrer nationalen Schiedsverfahrensrechte hinsichtlich der internationalen Handelsschiedsgerichtsbarkeit empfohlen hat. Mit diesem Modellgesetz sind erhebliche Erwartungen für eine mittelfristige Vereinheitlichung der nationalen Rechte über die internationale Handelsschiedsgerichtsbarkeit verbunden. Das UNCITRAL-Modellgesetz ist zwar in einigen Staaten schon positives Recht geworden; so in Australien, Bulgarien, Kanada[19], Zy-

---

[17] Der New Yorker Konvention sind inzwischen 82 Länder beigetreten (Stand: 1. 1. 1991), von Algerien bis Uruguay.

[18] United Nations Commission on International Trade Law.

[19] Wenn auch nicht in allen Provinzen, s. *Thomas Nöcker*, Das Recht der Schiedsgerichtsbarkeit in Kanada, in: Abhandlungen zum Recht der Internationalen Wirtschaft, Bd. 10, Heidelberg 1988, S. 19 f.

pern, Hongkong, Nigeria, teilweise in den USA (Kalifornien, Connecticut und Texas). In Deutschland setzt sich insbesondere das Deutsche Institut für Schiedsgerichtswesen sehr stark für eine Übernahme des Modellgesetzes in das deutsche Recht ein[20]. Indessen gibt es auch einige Vorbehalte gegen eine – wenn auch modifizierte – Übernahme[21]. Über die weitere „Akzeptanz" des Modellgesetzes lassen sich schwer Prognosen anstellen: So ist etwa das neue holländische Schiedsgesetz vom 1. 12. 1986 mit dem Modellgesetz zum größten Teil vereinbar, trennt jedoch die interne Schiedsgerichtsbarkeit von der internationalen nicht. Bei der Reform der schweizerischen internationalen Schiedsgerichtsbarkeit im Rahmen des Bundesgesetzes vom 18. Dezember 1987 über das Internationale Privatrecht fand das UNCITRAL-Modellgesetz hingegen keine Berücksichtigung.

Das Modellgesetz erfordert aber zweifellos schon heute als Ausdruck dessen, was international als Standard für ein aufgeschlossenes Recht der Schiedsgerichtsbarkeit gilt, Beachtung – wie wir noch sehen werden. Sollte es tatsächlich in der Zukunft von den für die Schiedsgerichtsbarkeit wichtigsten europäischen Ländern rezipiert werden, hätten wir ein einheitliches europäisches Recht jedenfalls im Bereich der *internationalen Handelsschiedsgerichtsbarkeit.*

Da indessen – wie wir gesehen haben – gerade in den letzten zehn Jahren so viele nationale Regelungen zum Teil völlig neu konzipiert worden sind, ist auch und schon aus diesem Grunde kaum zu erwarten, daß in diesen Ländern erneut – im Sinne des Modellgesetzes – eine Reform durchgeführt werden wird.

Vor dem Hintergrund dieser neueren, europäischen Reformgesetze sollen hier drei Punkte wieder aufgegriffen werden, die Fritz Baur 1979 in seinem Vortrag vor der Berliner Juristischen Gesellschaft, wenn auch unter einem anderen Blickwinkel, erörtert hatte. In jenem Vortrag behandelte Fritz Baur vier Problemkreise, nämlich 1. die Unabhängigkeit der Schiedsrichter, 2. die ordre public-Klausel, namentlich bei Verfahrensverstößen, 3. rechtsgestaltende Entscheidungen des Schiedsgerichts

---

[20] Vgl. dazu die Publikation des DIS: „Uebernahme des UNCITRAL Modellgesetzes über die internationale Handelsschiedsgerichtsbarkeit in das deutsche Recht", Köln 1989.

[21] S. dazu die ausführliche Analyse des Modellgesetzes durch *K. H. Schwab* in seinem Beitrag „Das Uncitral-model law und das deutsche Recht" für die Festschrift Heinrich Nagel (Beiträge zum internationalen Verfahrensrecht und zur Schiedsgerichtsbarkeit), Münster 1987, S. 427 ff.; anschließend: *Calavros*, Das UNCITRAL-Modellgesetz über die internationale Handelsschiedsgerichtsbarkeit, Bielefeld 1988; *Husslein-Stich*, Das UNCITRAL-Modellgesetz über die internationale Handelsschiedsgerichtsbarkeit, Köln / Berlin/Bonn/München 1990.

und ihre Nachprüfung und 4. den einstweiligen Rechtsschutz im Bereich der Schiedsgerichtsbarkeit. Es werden also zunächst *die neueren Entwicklungen des einstweiligen Rechtsschutzes im Bereich der Schiedsgerichtsbarkeit* (unter *I.*) und sodann die eher *verfahrensrechtlichen Aspekte der Unabhängigkeit des Schiedsrichters (II.)* behandelt. Anschließend möchte ich mich mit einem neueren Phänomen der Schiedsgerichtsbarkeit befassen, das die heutige Tendenz zur Delokalisierung des Schiedsspruchs, insbesondere durch den Ausschluß der gerichtlichen Kontrolle im Ursprungsland, widerspiegelt: unter (*III.*) werden *die Möglichkeiten des Rechtsmittelverzichts in der internationalen Schiedsgerichtsbarkeit* dargestellt.

I. Die neueren Entwicklungen des einstweiligen Rechtsschutzes im Bereich der Schiedsgerichtsbarkeit

1. Vorbemerkungen

a) Ein auf internationaler Ebene noch nicht einheitlich gelöstes Problem ist die Gewährung von einstweiligem Rechtsschutz durch Schiedsgerichte. Während sich Fritz Baur schon 1979 für die Übertragung dieser Befugnisse auf den Schiedsrichter ausgesprochen hat[22], herrscht heute in Deutschland wohl noch die Meinung vor, daß der einstweilige Rechtsschutz[23] grundsätzlich Domäne der staatlichen Gerichtsbarkeit bleibe, weil er seinem Wesen nach mit dem Schiedsverfahren unvereinbar sei[24]. Zweck des Schiedsverfahrens sei eine „Entscheidung des Rechts-

---

[22] Vgl. *Fritz Baur*, Neuere Probleme der privaten Schiedsgerichtsbarkeit, S. 25.

[23] Darunter verstehen wir die Anordnung eines Arrestes (§ 916 ZPO) oder einer einstweiligen Verfügung (§ 935, 940 ZPO).

[24] S. *Karl Heinz Schwab*, Einstweiliger Rechtsprechung und Schiedsgerichtsbarkeit, Festschrift für Fritz Baur, Tübingen 1981, S. 638 ff.; *Schwab/Walter*, Schiedsgerichtsbarkeit, 4. Aufl., München 1990, S. 54 f.; *Hans Jakob Mayer*, Handbuch der Schiedsgerichtsbarkeit, Herne/Berlin 1979, Rdnr. 377; *Schütze/Tscherning/Wais*, Handbuch des Schiedsverfahrens, 2. Aufl., Berlin-New York 1990, Rdnr. 44; *Walter Erman*, Eilmaßnahmen aus §§ 117, 127 HGB und Schiedsvertrag, FS für Philipp Möhring, S. 3 ff. (insbes. S. 11 ff.). Andere sprechen sich für eine Zuständigkeit des Schiedsgerichts aus, erachten aber eine subsidiäre Zuständigkeit des ordentlichen Gerichtes für notwendig: *Stein/Jonas/Grunsky*, Kommentar zur ZPO, 20. Aufl., Tübingen 1981, vor § 916 Rdnr. 25; *Stein/Jonas/Schlosser*, Kommentar zur ZPO, 20. Aufl., Tübingen 1981, § 1027 a II, Rdnr. 6 und § 1034 Rdnr. 38; *Peter Schlosser*, Das Recht der internationalen privaten Schiedsgerichtsbarkeit, 2. Aufl., Tübingen 1989, Rdnr. 403 ff.; *Gisbert Brinkmann*, Schiedsgerichtsbarkeit und Maßnahmen des einstweiligen Rechtsschutzes, Berlin 1977, S. 35 ff.; *Fritz Nicklisch*, Instrumente der Internationalen Handelsschiedsgerichtsbarkeit zur Konfliktsregelung bei Langzeitverträgen, in: RIW 1978, S. 638 ff.; *Matthias Herdegen*, Einstweiliger Rechtspre-

streits", die aufgrund eines Erkenntnisverfahrens getroffen wird. Bei einstweiligen Maßnahmen gehe es nur um die Sicherung der Vollstrekkung und nicht um den Erlaß endgültiger Schiedssprüche, die durch ein besonderes Verfahren für vollstreckbar erklärt werden können. Dementsprechend bleibe die Ausübung einstweiligen Rechtsschutzes dem staatlichen Richter vorbehalten.

b) In Europa ist dagegen eine Tendenz zur *Ausdehnung* des schiedsrichterlichen einstweiligen Rechtsschutzes festzustellen. Viele Länder, die im letzten Jahrzehnt ihre Schiedsgesetze revidiert haben, führten eine derartige Möglichkeit ein[25]. Während früher Staatsrichter und Schiedsrichter als in einem *Konkurrenzverhältnis* stehend angesehen wurden, spricht man heute eher von einer *Zusammenarbeit* und einer *komplementären Tätigkeit* des Staatsrichters und des Schiedsrichters[26], die zu mehr Wirksamkeit der internationalen Schiedsgerichtsbarkeit beitragen sollen. Die heutige Rolle des Staatsrichters besteht danach nicht nur in der Kontrolle *ex post* von Schiedsspruch und Schiedsverfahren durch das Exequatur- oder im Aufhebungsverfahren, sondern sie besteht auch in der Unterstützung des Schiedsgerichts *während* des Verfahrens (z. B. Mitwirkung bei der Bestellung des Schiedsgerichts, Mitwirkung beim Erlaß bzw. Vollzug vorläufiger Maßnahmen oder bei der Beweisaufnahme, Mitwirkung bei der Schiedsrichterablehnung). Gerade beim Erlaß und der Durchführung von Maßnahmen des einstweiligen Rechtsschutzes zeigt sich dieses neue Verständnis des Verhältnisses von Staatsrichter und Schiedsgericht exemplarisch: wenn die Schiedsgerichte selbst für effektiven vorläufigen Rechtsschutz sorgen können, dürfen sie dies auch tun; lediglich die Ausübung von Zwang ist ihnen untersagt, so daß dann dafür „rechtshilfeweise" der Staatsrichter zur Verfügung steht (näheres unter *2.*).

c) Dies zeigt: Spricht man von einstweiligem Rechtsschutz in der Schiedsgerichtsbarkeit, so muß eine klare Unterscheidung zwischen der *Anordnung* und der *Durchsetzung* der einstweiligen Maßnahme getroffen werden[27]. Denn selbst wenn die Anordnung durch das *Schiedsgericht* in

---

chung durch Schiedsgerichte in rechtsvergleichender Betrachtung, in: RIW 1981, S. 304 f., der sich für eine Exklusivkompetenz des Schiedsgerichts ausspricht, wenn es die Parteien vereinbart haben. Nähere Nachweise zum Meinungsstand bei *Schwab/Walter*, a.a.O.

[25] Unter *I. 2.* wird ein kurzer rechtsvergleichender Überblick gegeben werden.

[26] S. *Federico Carpi*, L'arbitrato rituale fra autonomia e aiuto giudiziario, in: Contratto e Impresa, Vol. VI (1990), S. 902–903; *Berthold Goldman*, L'action complémentaire des juges et des arbitres en vue d'assurer l'efficacité de l'arbitrage commercial international, in: 60 Ans après. Regard sur l'avenir, Paris 1984, S. 271 ff.

[27] Vgl. *Franz Laschet*, Probleme des einstweiligen Rechtschutzes, in: Vertragsgestaltung

einigen Ländern möglich ist, muß für die zwangsweise Durchsetzung *immer* das *staatliche Gericht* in Anspruch genommen werden. Weigert sich eine Partei, die vorsorgliche Maßnahme freiwillig zu erfüllen, so muß das staatliche Vollstreckungsgericht angerufen werden.

d) Schließlich: In den Ländern, die die Zuständigkeit des Schiedsgerichts zum Erlaß von vorläufigen Maßnahmen vorsehen, muß noch unterschieden werden, ob das Schiedsgericht solche Maßnahmen

- vor Einleitung des eigentlichen Schiedsverfahrens oder
- während des Schiedsverfahrens trifft.

aa) Anordnung von vorläufigen Maßnahmen *vor Einleitung* des Schiedsverfahrens:

In diesem Fall muß das Schiedsgericht erst noch gebildet werden, was erhebliche Schwierigkeiten (vor allem Zeitverlust) mit sich bringen kann. Bei der *institutionellen* Schiedsgerichtsbarkeit soll dies zwar angeblich kein großes Problem sein, da entweder ein ständiges Schiedsgericht bestehe oder ein Schiedsgericht innerhalb kürzester Frist zusammengerufen werden könne[28]. Der dringlichen Natur der verlangten Maßnahmen wegen wird jedoch auch bei Vereinbarung eines institutionellen Schiedsgerichts der vorläufige Rechtsschutz in vielen Fällen zu spät erfolgen.

Erst recht bei der ad hoc-Schiedsgerichtsbarkeit: hier kann die Bildung oder Zusammensetzung eines Schiedsgerichts sehr viel Zeit in Anspruch nehmen. Die Partei, gegen die die vorläufigen Maßnahmen getroffen werden sollen, kann schon während des Konstituierungsverfahrens Verzögerungstaktiken anwenden. Die vorläufige Maßnahme wird sich dann als überflüssig oder als zu spät erweisen, wenn die Bildung des Schiedsgerichts monatelang dauert.

Da aber andererseits auch die Möglichkeit besteht, daß durch eine vorläufige Regelung, insbesondere bei Auftauchen einer Streitigkeit während der Abwicklung eines längerfristigen Vertrags, ein „Hauptsache"-Schiedsverfahren vermieden werden kann (wie dies ja in der heutigen deutschen Gerichtspraxis in Verfahren des gewerblichen Rechtsschutzes üblich ist), ist es durchaus wünschbar, daß auch schon vor oder ohne Einleitung eines „Hauptsache"-Schiedsverfahrens schiedsgerichtlicher einstweiliger Rechtsschutz zur Verfügung steht.

---

und Streiterledigung in der Bauindustrie und im Anlagebau, Schriftenreihe des Deutschen Instituts für Schiedsgerichtswesen, Bd. 4, hrsg. von Karl-Heinz Böckstiegel, Köln et al. 1984, S. 120 mit weiteren Nachweisen.

[28] Vgl. *Laschet*, a.a.O., S. 134.

Im Hinblick darauf hat die Internationale Handelskammer in Paris (ICC) ein neues Verfahren, das sog. *référé pré-arbitral Verfahren*, ausgearbeitet, das seit dem 1. Januar 1990 zur Verfügung steht. Auf dieses Verfahren wird unter *I 3.* zurückzukommen sein.

bb) Anordnung von vorläufigen Maßnahmen *während* des Schiedsverfahrens:

Hier ergibt sich ein Problem, das sich auf die oben gemachte Unterscheidung zwischen Anordnung und Durchsetzung von vorläufigen Maßnahmen bezieht. Nehmen wir an, die belastete Partei erfülle die Anordnung nicht und die Gegenpartei habe die Vollstreckung beim staatlichen Gericht beantragt. Nach der Vollziehung der vorläufigen Maßnahme kann das Schiedsgericht die von ihm erlassene Maßnahme für unnötig oder unangemessen oder eben für ungerechtfertigt (iSv § 945 ZPO) halten. Ist jetzt das Schiedsgericht zuständig, die von ihm erlassene, aber vom staatlichen Gericht durchgesetzte Maßnahme aufzuheben? Die Antwort darauf soll negativ lauten, denn durch die Vollstreckbarkeitserklärung habe das staatliche Gericht das letzte Wort gehabt[29]. Die belastete Partei müsse das staatliche Gericht anrufen oder den endgültigen Schiedsspruch abwarten[30]. Dies zeigt jedoch deutlich die Grenzen der schiedsgerichtlichen Befugnisse im Bereich des einstweiligen Rechtsschutzes.

2. Rechtsvergleichender Überblick

a) Länder mit ausschließlicher Zuständigkeit des staatlichen Richters

Außer in Deutschland[31], wo nach herrschender Auffassung keine vorläufigen Maßnahmen durch den Schiedsrichter getroffen werden können, geht man auch in *Österreich* von einer ausschließlichen Zuständigkeit der ordentlichen Gerichte aus[32].

Auch in *Italien* ist das Schiedsgericht grundsätzlich nicht für den Erlaß von einstweiligen Maßnahmen zuständig[33]. Dort wird wie bekannt auch ein Unterschied zwischen arbitrato rituale und arbitrato irrituale gemacht; bei der freien (irrituale) Schiedsgerichtsbarkeit wird außerdem

---

[29] Eine andere Frage wäre, wie weit das staatliche Gericht die Richtigkeit der angeordneten Verfügung vor der Vollstreckbarkeitserklärung zu prüfen hat.

[30] So *Laschet*, a.a.O., S. 136.

[31] Vgl. oben unter *I. 1.* und § 1036 Abs. 1 dZPO.

[32] Vgl. Art. 589 Abs. 1 öZPO.

[33] Art. 818 codice di procedura civile.

angenommen, die Parteien verzichteten auf den Erlaß von einstweiligen Maßnahmen[34].

Auch *Schweden* gehört zu dieser Gruppe[35]. Außer wenn die beantragende Partei Sicherheitsleistungen gibt, gewährt das Staatsgericht jedoch vorläufige Maßnahmen nur in außerordentlichen Fällen[36].

Unklar ist (trotz des neuen Gesetzes von 1988) die Rechtslage in *Spanien*[37]: das Gesetz vermeidet jede Erwähnung des Begriffes „medidas provisionales". Der führende spanische Experte *Cremades* ist indessen der Auffassung, aus dem Schweigen des Gesetzes sei eine Billigung der Rechtsprechung der spanischen Gerichte zu schließen, die in letzter Zeit auch einstweilige Maßnahmen von Schiedsgerichten zur Vollstreckung zugelassen hätten[38].

b) Länder und Schiedsgerichtsordnungen mit möglicher Zuständigkeit des Schiedsrichters

In *England* ist der Erlaß von vorläufigen Maßnahmen durch ein Schiedsgericht möglich[39], wenn diese Maßnahmen sich auf im Besitz einer der Parteien befindliche Gegenstände (v. a. verderbliche Güter) beziehen. Maßnahmen gegenüber „goods", die sich im Besitz eines Dritten befinden, können nur von dem staatlichen Richter angeordnet werden[40].

Auch im *französischen internen* Schiedsrecht können Schiedsrichter gewisse vorsorgliche Maßnahmen treffen; sie können z. B. einen Gutachter bestellen, die Vorlegung oder Herausgabe von Urkunden oder anderen Beweisen aufgeben, eine Untersuchung mittels Zeugeneinvernahme vornehmen oder einen Augenschein anordnen[41]. Es gibt aber auch Maß-

---

[34] S. *Giorgio Bernini*, National Report Italy, in: Yearbook Commercial Arbitration VI, 1981, S. 43.

[35] S. § 15 Schiedsgerichtsordnung.

[36] Vgl. *Ulf Holmbäck/Nils Mangard*, National Report Sweden, International Handbook of Commercial Arbitration II, S. 12.

[37] Allgemein zur „Handelsschiedsgerichtsbarkeit in Spanien" *Cremades*, Jahrbuch für die Praxis der Schiedsgerichtsbarkeit, Bd. 2 (1988), S. 28–36 (dort allerdings keine Ausführungen zum einstweiligen Rechtschutz); s. jedoch auch *Cremades*, España estrena nueva ley de arbitraje, Rivista dell'Arbitrato 1991, S. 35 ff. (S. 53 f. zum einstweiligen Rechtsschutz); *Text* des Gesetzes in Rivista dell'Arbitrato 1991, S. 219 ff.

[38] *Cremades*, Riv. Arb. 1991, S. 53 f.

[39] S. die allgemeine Formulierung von Section 12 (1) Arbitration Act 1950.

[40] Vgl. *Johan Steyn*, National Report England, Yearbook Commercial Arbitration VIII (1983), S. 20 f.

[41] Vgl. *Matthieu de Boisseson*, Le droit français de l'arbitrage, Paris 1983, Rdnr. 290 ff.

nahmen, die vom Schiedsrichter nicht angeordnet werden können. Für die Anordnung solcher Maßnahmen bleibt die staatliche Gerichtsbarkeit (juge des référés oder juge des requêtes) zuständig. Einzig zuständig für *Sicherungsmaßnahmen* (wie provisorische Pfändung, Arrest, vorläufige Grundpfandverschreibung) ist der juge des requêtes[42]. Andere einstweilige Maßnahmen (z. B. Maßnahmen gegenüber Dritten, Zwangsmaßnahmen) kann auf Antrag einer Partei der *juge des référés* erlassen, vorausgesetzt, daß die vorzunehmende Maßnahme nicht die Hauptsache betrifft[43]. Die Verfügung des juge des référés ist, wie im normalen Zivilprozeß, eine vorläufige Entscheidung, die auf Antrag einer Partei erfolgt und durch ein Gericht gefällt wird, das für die Entscheidung in der Hauptsache nicht zuständig ist[44].

Im Falle eines *internationalen* Schiedsverfahrens hängt die Zuständigkeit des Schiedsgerichts für den einstweiligen Rechtsschutz in erster Linie vom Parteiwillen ab[45]. Haben die Parteien nichts vereinbart, so bestimmt der Schiedsrichter das Verfahren[46]. Und wenn das internationale Schiedsverfahren dem französischen Recht unterworfen ist, kommen die Bestimmungen über das interne Schiedsrecht (s. oben) nur bei Fehlen einer besonderen Vereinbarung zur Anwendung[47].

In *Belgien* dürfen Schiedsrichter die gleichen vorläufigen Maßnahmen wie die staatlichen Richter anordnen (Art. 1709 ZPO). Gemäß Art. 1679 Abs. 2 ZPO bedeutet das Gesuch an ein staatliches Gericht keinen Verzicht auf die Schiedsvereinbarung. Die Parteien sind auch frei, einzig das Schiedsgericht für zuständig zu erklären, sobald es gebildet worden ist[48].

---

[42] S. *Boisseson*, a.a.O., S. Rdnr. 306.

[43] Vgl. *Le droit de l'arbitrage en Europe*, FR, hrsg. von der ICC, Publikation Nr. 353, Paris 1981, Kap. 4, Abs. 1, Ziff. 5 B., S. 153.

[44] Vgl. die Definition in Art. 484 nCPC und Art. 808 nCPC: „Dans tous les cas d'urgence, le président du tribunal de grande instance peut ordonner en juge des référés toutes les mesures qui ne se heurtent à une contestation sérieuse ou que justifie l'existence d'un différend". S. auch die Zuständigkeit des juge des référés, vorläufige Zahlungen anzuordnen, die „prima facie" als geschuldet erscheinen: „Dans les cas où l'existence de l'obligation n'est pas sérieusement contestable, il peut accorder une provision au créancier, ou ordonner l'exécution de l'obligation même s'il s'agit d'une obligation à faire".

[45] Vgl. Art. 1491 Abs. 1 nCPC: „Die Schiedsvereinbarung kann unmittelbar oder durch Bezugnahme auf eine Schiedsverfahrensordnung das in den anhängigen Schiedsverfahren zu befolgende Verfahren festlegen; sie kann es auch dem Verfahrensrecht unterwerfen, das sie bestimmt."

[46] Art. 1494 Abs. 2 nCPC.

[47] Art. 1495 nCPC.

[48] Vgl. *Lambert Matray*, National Report Belgium, in: Yearbook Commercial Arbitration V, 1980, S. 14.

Holland hat mit dem Schiedsgesetz vom 1. Dezember 1986 einen neuen Art.1051 Abs. 1 ZPO eingeführt, wonach das Schiedsgericht durch Parteivereinbarung als zuständig für die Anordnung von einstweiligen Maßnahmen erklärt werden kann.

In der *Schweiz* stellt Art. 183 IPRG eine Neuerung dar, denn das Schiedsgericht kann auf Antrag einer Partei vorsorgliche oder sichernde Maßnahmen anordnen, wenn nichts anderes vereinbart ist (Art. 183 Abs. 1 IPRG). Im System des Konkordats sind allein die staatlichen Gerichte zur Anordnung vorsorglicher Maßnahmen zuständig (Art. 26 Abs. 1 Konk.)[49]. Der neue Art. 183 IPRG hat jedoch eine beschränkte Tragweite: unterzieht sich der Betroffene nicht freiwillig der angeordneten Maßnahme, so kann das Schiedsgericht den staatlichen Richter um *Mitwirkung* ersuchen; dieser wendet *sein eigenes Recht*[50] an (Art. 183 Abs. 2 IPRG).

Die unmittelbare *Wirksamkeit* der schiedsgerichtlichen Anordnung hängt also davon ab, ob sie aus sich selbst heraus vollzogen werden kann (z. B. wenn ein Unternehmer durch die Anordnung befugt wird, die Arbeiten für den Bauherrn einzustellen), oder ob sie die Einwirkung der öffentlichen Gewalt erfordert (z. B.wenn die belastete Partei zur Herausgabe einer Sache verpflichtet wird und sich weigert)[51]. Die Wirksamkeit der Anordnung des Schiedsrichters ist abgesehen davon jedoch vor allem im internationalen Bereich beschränkt: es wird nicht selten vorkommen, daß der Gegenstand des angeforderten Rechtsschutzes im Ausland gelegen ist. Die Verpflichtung zur Mitwirkung bei der Vollstreckung von Maßnahmen, die von einem Schiedsgericht mit Sitz in der Schweiz angeordnet worden sind, kann aber natürlich nicht für einen ausländischen Richter gelten, wenn es an einer zwischenstaatlichen Regelung fehlt[52].

Auch das *UNCITRAL-Modellgesetz,* das sich sonst gegenüber Neuerungen eher zurückhaltend zeigt, hat sich in Art. 17 für eine solche fast revolutionäre Regelung entschieden: Danach kann das Schiedsgericht,

---

[49] Eine Ausnahme galt für den Kanton Zürich, bevor er sich 1985 dem Konkordat anschloß; denn die zürcherische ZPO sah ausdrücklich vor, daß Schiedsgerichte auch für den Erlaß von einstweiligen Maßnahmen zuständig seien, es sei denn, die Parteien vereinbarten das Gegenteil (§ 248 Abs. 2 zürch. ZPO).

[50] Er kann, weil er „eigenes Recht" anwendet, keine Maßnahmen anordnen, die dem Bundesrecht oder dem kantonalen Recht nicht bekannt sind (vgl. *A. Bucher,* a.a.O., Rdnr. 209).

[51] S. *Claude Reymond,* La nouvelle loi suisse et le droit de l'arbitrage international – Réflexions de droit comparé, in: Rev. arb. 1989, S. 404.

[52] *A. Bucher,* a.a.O., Rdnr. 210; *Lalive/Poudret/Reymond,* a.a.O., S. 368; *Reymond,* a.a.O., S. 405.

wenn eine Partei es beantragt, jeder Partei auferlegen, alle vorläufigen Maßnahmen zu ergreifen, die das Schiedsgericht in Bezug auf den Gegenstand des Streites für notwendig erachtet. Allerdings ist es gem. Art. 9 des Modellgesetzes „mit einer Schiedsvereinbarung (...) nicht unvereinbar, wenn eine Partei vor oder während des schiedsrichterlichen Verfahrens bei einem Gericht eine vorläufige oder sichernde Maßnahme beantragt und das Gericht eine solche Maßnahme anordnet“[53]. Es besteht also – nach Wahl der antragstellenden Partei – ein Wahlrecht zwischen Schiedsgericht und Staatsgericht.

Auch Art. 26 *UNCITRAL-Schiedsgerichtsordnung* sieht diese Möglichkeit vor.

Auch gemäß Art. 8 Abs. 5 der *ICC-Schiedsgerichtsordnung* können die Parteien vor der Übergabe der Akten an den Schiedsrichter und ausnahmsweise nach diesem Zeitpunkt bei jedem zuständigen Gericht einstweilige Anordnungen oder Sicherungsmaßnahmen beantragen, ohne dadurch gegen die sie bindende Schiedsvereinbarung zu verstoßen und *unbeschadet der dem Schiedsrichter zustehenden Befugnisse*[54]. Aus diesem letzten Satzteil kann geschlossen werden, daß das Schiedsgericht von den Parteien zum Erlaß solcher Maßnahmen ermächtigt werden darf, soweit das staatliche Recht dem nicht entgegensteht[55]. Die Regelungsbefugnis des Schiedsgerichts hängt somit vom Sitz des Schiedsgerichts ab.

3. Das référé pré-arbitral Verfahren der ICC

Die Erfüllung eines internationalen Vertrages (z. B. eines Bauvertrages) kann ungeahnte Schwierigkeiten mit sich bringen. Die daraus resultierenden Probleme sind entweder *technischer Natur* (z. B. Feststellung, ob die für die Baustelle angesetzten Fristen eingehalten werden, hochtechnische Kontrolle des zu leistenden Materials) oder *juristischer Natur* (z. B. Probleme bei der Auslegung bestimmter Klauseln des Vertrages, Probleme bei der Feststellung des Zahlungseinbehalts des Bestellers, der die Beseitigung von Mängeln verlangt). Zu erinnern wäre hier nur an die Probleme der Finanzierung bzw. der Fortführung der Bauarbeiten anläßlich der Fertigstellung des „Kanaltunnels“. Sehr oft bedürfen solche Situationen einer dringlichen Lösung in der Form des einstweiligen

---

53 S. dazu näher *Calavros*, a.a.O., S. 54 ff.

54 Hervorhebung durch den Verfasser.

55 Vgl. *Menno Aden*, Internationale Handelsschiedsgerichtsbarkeit, Kommentar zu den Verfahrensordnungen, Heidelberg 1988, S. 93–94.

Rechtsschutzes. Gerade bei Bauverträgen ist es dringlich, daß trotz aufgetretener Streitigkeiten die Arbeiten fortgesetzt werden. Fraglich ist also, wer die angemessenen Maßnahmen anordnen kann. Nach gewissen nationalen Schiedsgerichtsgesetzen sind, wie wir gesehen haben, die Schiedsrichter dafür nicht zuständig, nach anderen sind sie zwar zur Anordnung vorsorglicher Maßnahmen befugt, aber erst, wenn sie ernannt worden sind.

Im Hinblick auf diese spezifischen Probleme und vor allem auf Verlangen der Bauindustrie stellt die ICC zwei Instrumente zur Verfügung: 1976 hat sie die *Internationale Zentralstelle für technische Gutachten* geschaffen. Dieses Verfahren, das zur Regelung von Problemen rein technischer Natur geeignet ist und nur – als Schieds*gutachten*verfahren – die Feststellung von Tatsachen ermöglicht, erlaubt allerdings nicht, alle Probleme zu lösen, die sich im Laufe der Vertragserfüllung ergeben können. Dies ist vor allem bei Bauverträgen der Fall: da der Vertragsgegenstand noch nicht existiert, ist er in umfangreichen Vertragsunterlagen zu beschreiben, die oft durch Vereinbarungen und Anordnungen während der Durchführung ergänzt werden. Als Folge davon ergibt sich eine besondere Gefahr von Widersprüchen in den verschiedenen Vertragsdokumenten und eine Belastung des Schiedsverfahrens durch umfangreiches Beweismaterial[56]. Aufgrund der *Dauer* von Bauprojekten ergeben sich oft Änderungen in den Zielvorstellungen und den Umständen der Abwicklung. Da der Unternehmer im allgemeinen vorleistungspflichtig ist, ist er in der schwächeren Position. Eine rasche Entscheidung über die finanziellen Forderungen des Unternehmers ist somit für die Zahlungsabwicklung wesentlich[57]. Notwendig war demgemäß die Schaffung eines Verfahrens, das weit über das Verfahren für technische Gutachten hinausgeht.

Um diesen Bedürfnissen nach Gewährung dringlicher Maßnahmen gerecht zu werden, hat die ICC den Vorschlag untersucht, das Institut des „juge des référés" des französischen Zivilprozeßrechts (s. vorne *I. 2. b*) auf die Schiedsgerichtsbarkeit zu übertragen. Dieser Richter kann, wie gezeigt, auf Antrag einer Partei vorläufige Maßnahmen treffen und sogar vorläufige Zahlungen anordnen, die „prima facie" als geschul-

---

[56] S. *Michael E. Schneider*, Schiedsverfahren in Streitigkeiten aus Bau- und Anlagenverträgen, in: Vertragsgestaltung und Streiterledigung in der Bauindustrie und im Anlagenbau, Schriftenreihe des Deutschen Instituts für Schiedsgerichtswesen, Bd. 4, hrsg. von Karl-Heinz Böckstiegel, Köln et al. 1984, S. 160.

[57] *Schneider*, a.a.O., S. 161.

det erscheinen. Übrigens bleibt eine staatliche Gerichtsbarkeit für die Streiterledigung in der Hauptsache zuständig[58].

Am 1. Januar 1990 hat die ICC das besondere *référé pré-arbitral Verfahren* durch ein Reglement eingeführt. Die Anwendung dieses Verfahrens setzt schriftliche Parteivereinbarung voraus[59]. Demnach kann ein Dritter (im folgenden „der Dritte" genannt) vor Bestellung des zuständigen Gerichts Anordnungen zur Sicherung oder Feststellung von Beweisen sowie vorläufige Sachentscheidungen einschließlich der Zahlung von Geld treffen[60]. Durch Vereinbarung der Parteien kann der Dritte außerdem ermächtigt werden, weitere sonstige Maßnahmen zu treffen[61]. Der Dritte ist nicht befugt, in der Sache zu entscheiden, außer wenn es die Parteien ausdrücklich vereinbart haben[62]. Er wird entweder von den Parteien[63] oder bei fehlender Parteivereinbarung unmittelbar und innerhalb kurzer Zeit durch den Vorsitzenden des Schiedsgerichtshofs der ICC[64] ernannt.

Wie bei der Anordnung vorläufiger Maßnahmen durch einen Schiedsrichter stellt sich hier die *Frage der Durchsetzbarkeit* der Anordnung des „Dritten". Es muß unterschieden werden:

In den Ländern, die den schiedsrichterlichen einstweiligen Rechtsschutz gar nicht zulassen und diese Befugnis ausschließlich den staatlichen Gerichten einräumen, wird die Anordnung des Dritten sicher auch nicht als vollstreckungsfähig betrachtet. Die „Anordnung" des Dritten ist in diesem Fall keine „Entscheidung", die vollstreckt werden kann[65]. Erfüllt die belastete Partei die Anordnung nicht, ist die Gegenpartei gezwungen, das staatliche Gericht auf Anordnung anderer vorläufiger Maßnahmen oder auf Vertragserfüllung anzugehen[66]. Der Dritte kann wohl die Erfüllung der Anordnung gewissen Bedingungen unterstellen, nämlich a) der Einleitung eines Verfahrens vor dem zuständigen Gericht innerhalb einer bestimmten Frist oder b) der Leistung angemessener Sicherheiten durch die Partei, die die Anordnung verlangt[67]. Dies zwingt aber die *belastete* Partei keinesfalls, die Anordnung zu befolgen.

---

58 S. *Yves Derains*, „Expertise technique et référé arbitral", in: Rev. arb. 1982, S. 239.

59 Art. 3.1. des Reglements (abgedruckt auf französisch in der Rev. arb. 1990, S. 937–944).

60 Art. 2.1. des Reglements.

61 Art. 2.1.1. des Reglements.

62 Art. 2.3. des Reglements.

63 Art. 4.1. des Reglements.

64 Art. 4.2. des Reglements.

65 S. *Laschet*, a.a.O., S. 138.

66 Vgl. auch *Laschet*, a. a. O., S. 138.

67 Art. 6.4. des Reglements.

Dagegen kann in den nationalen Rechtsordnungen, die die Anordnung vorläufiger Maßnahmen durch den Schiedsrichter zulassen, die Anordnung des Dritten der Anordnung durch einen Schiedsrichter gleichgestellt werden. Eine Vollstreckbarerklärung durch den staatlichen Richter ist somit möglich. Nur für den Fall, daß nach einer bestimmten Rechtsordnung einzig ein Schiedsrichter – und keine andere Privatperson – aus Gründen des ordre public zum Erlaß vorläufiger Maßnahmen befugt wäre, bliebe die Anordnung des Dritten vollstreckungs*unfähig*.

II. Verfahrensrechtliche Aspekte der Unabhängigkeit des Schiedsrichters

Bei seinen Überlegungen zur Unabhängigkeit des Schiedsrichters wandte sich Fritz Baur in seinem Berliner Vortrag gegen die Tendenz, die Kriterien, die für die Unabhängigkeit der staatlichen Richter gelten, im Bereich der Schiedsgerichtsbarkeit nicht mit der gleichen Strenge anzuwenden. Dies bedeute eine erhebliche Rechtsunsicherheit, die den Weg zur Aufhebungsklage und damit zum staatlichen Richter öffne[68].

Ich möchte an dieser Stelle nicht auf diese materiellen Kriterien für die Unabhängigkeit des Schiedsrichters eingehen; vielmehr soll ein prozessualer Aspekt des Problems beleuchtet werden.

1. Das Ablehnungsverfahren

Nach traditioneller westeuropäischer Auffassung entscheidet über ein Ablehnungsgesuch gegen einen Schiedsrichter, sofern dieser nicht freiwillig „seinen Hut nimmt", ein staatlicher Richter. Dies war bisher die klare Sicht der Dinge durch die nationalen Gesetzgebungen[69].

In diese klare Linie brach schon das UNCITRAL-Modellgesetz eine kleine Bresche: Nach Art. 13 Abs. 1 können die Parteien ein Verfahren für die Ablehnung eines Schiedsrichters frei vereinbaren. Fehlt eine sol-

---

[68] *Fritz Baur*, a.a.O., S. 12.

[69] Deutschland: § 1045 ZPO; Italien: art. 815 cpc; Belgien: Art. 1687 ZPO; England: vgl. *Johan Steyn*, National Report England, in: Intl. Handbook on Comm. Arb. I, S. 12; Holland: Art. 1035 ZPO; Schweiz (für nationale Schiedsverfahren): Art. 21 Abs. 1 und Art. 3 schweiz. Konkordat; Frankreich (auch für nationale Schiedsverfahren): art. 1463 nCPC. Eine Ausnahme bilden Österreich und Schweden, wo zunächst das Schiedsgericht selbst über die Ablehnung entscheidet und bei Nichteinverständnis der Parteien die Ablehnung im Wege der Anfechtung des End- oder Teilschiedsspruches geltend gemacht werden muß (vgl. *Franz Florian Laschet*, Rechtsmittel gegen Prozeß-, Vorab- oder Zwischenentscheidungen eines Schiedsgerichtes oder einer Schiedsgerichtsorganisation, in: FS für Heinrich Nagel, Münster 1987, S. 176).

che Vereinbarung, so entscheidet – falls der Schiedsrichter nicht zurücktritt oder die andere Partei der Ablehnung nicht zustimmt – das *Schiedsgericht* über das Ablehnungsgesuch. Bleibt indessen die Ablehnung in dem einen oder anderen Fall erfolglos, so kann nach Abs. 3 die Entscheidung eines *staatlichen Gerichts* beantragt werden; gegen die Entscheidung soll ein Rechtsmittel nicht zulässig sein.

Diese Regelung des Modellgesetzes ist aus der Sicht des deutschen Rechtes nicht bedenklich: es ist durchaus ein Verfahren zulässig, nach dem zunächst eine andere Stelle als das staatliche Gericht über die Ablehnung entscheidet[70]. Entscheidend ist, daß – wenn auch vielleicht erst in einem zweiten Schritt[71] – ein staatliches Gericht über die Unparteilichkeit eines Schiedsrichters entscheidet. Deshalb bestehen aus deutscher Sicht auch keine Bedenken gegen Art. 2 Abs. 9 der Schiedsgerichtsordnung der ICC, wonach über einen Ablehnungsantrag der *Schiedsgerichtshof* (also das Verwaltungsorgan der ICC) entscheidet: bei einem „deutschen" Schiedsverfahren steht gleichwohl der Weg zum staatlichen Richter offen.

Nun hat allerdings der *schweizerische* Gesetzgeber mit seinem IPRG vom 1. 1. 1989 eine problematische Neuheit eingeführt; Art. 180 Abs. 3 IPRG lautet:

> „Soweit die Parteien das Ablehnungsverfahren nicht geregelt haben, entscheidet im Bestreitungsfalle der Richter am Sitz des Schiedsgerichts endgültig".

Das bedeutet: nur wenn die Parteien das Ablehnungsverfahren nicht geregelt haben, ist der Staatsrichter für die Entscheidung zuständig. Es ist den Parteien also möglich, durch spezielle Vereinbarung bzw. durch eine vereinbarte institutionelle Schiedsgerichtsordnung, also gerade etwa die der ICC, ein „privatisiertes" Ablehnungsverfahren durchzuführen, dessen Ergebnisse *nicht mehr* von staatlichen Gerichten *überprüfbar* sein sollen[72].

---

70 So schon *K. H. Schwab*, FS Nagel, a.a.O., S. 432.

71 Ist es wegen der Fristen praktisch unmöglich, ein Begehren zunächst vor dem einen und danach vor dem anderen Organ zu stellen, so kann – wie auch von Anfang an – eine Ablehnung sowohl bei Gericht als auch beim ICC-Schiedsgerichtshof angebracht werden; s. zu den verschiedenen Fallgestaltungen und praktischen Konsequenzen *Antonio Renato Briguglio*, Die Schiedsrichterablehnung im italienischen Recht und nach den Regeln der ICC-Schiedsordnung, Jahrbuch für die Praxis der Schiedsgerichtsbarkeit, Bd. 2 (1988), S. 23–27, und *Laschet*, a.a.O., S. 176.

72 S. auch Art. 1493 Abs. 1 des franz. nCPC, der für ein *internationales* Schiedsverfahren in Frankreich folgendes vorsieht: „Die Schiedsvereinbarung kann unmittelbar oder durch Bezugnahme auf eine Schiedsverfahrensordnung den oder die Schiedsrichter benennen oder das Verfahren ihrer Benennung vorsehen". Diese Vorschrift soll aber auch implizit das Ablehnungsverfahren enthalten.

Dies wirft die Frage auf, ob tatsächlich der Entscheid eines privaten Gremiums nicht mehr von einem staatlichen Gericht überprüft werden kann.

Meines Erachtens muß man differenzieren: Wenn Art. 180 Abs. 3 sagt, daß der *Richter* am Sitz des Schiedsgerichtes *endgültig* entscheide, so ist klar, daß nicht nur diese Entscheidung nicht angreifbar ist. Auch eine *mittelbare* Überprüfung dieser Entscheidung durch Beschwerde gegen den *Schiedsspruch* mit der Begründung, ein Schiedsrichter sei zu Recht abgelehnt worden, bzw. die Zurückweisung des Ablehnungsgesuches sei zu Unrecht erfolgt, kann nicht zulässig sein. Wie aber, wenn über die Ablehnung eben z. B. der Schiedsgerichtshof der ICC Paris entschieden hat, also *kein staatliches Gericht*? Soll sich hier der Staat wirklich einer der wenigen Kontrollmöglichkeiten begeben, die er noch gegenüber einem Schiedsspruch hat? Ich meine, daß die Behauptung eines nicht neutralen Schiedsrichters mit einer Beschwerde gegen den Schiedsspruch geltend gemacht werden kann, und zwar mit der Begründung, das Schiedsgericht habe sich *zu Unrecht für zuständig* erklärt (Art. 190 Abs. 2 lit. b IPRG).

Diese Lösung sieht interessanterweise übrigens auch die neue *spanische* Regelung vor: wenn der Schiedsrichter die Ablehnung nicht akzeptiert, kann der Betreffende die *Annullierung des Schiedsspruches* verlangen (Art. 18 Abs. 2 des Gesetz von 1988).

Es zeigt sich indessen bei der Behandlung dieses Punktes, daß *Fritz Baur* mit seinen Bedenken Recht hatte: nicht nur will man materiell an die Unabhängigkeit der Schiedsrichter weniger Anforderungen stellen, sondern es ist auch die Tendenz festzustellen, verfahrensrechtlich „nachzudoppeln", indem auch die Entscheidung über ein Ablehnungsgesuch für staatliche Gerichte unüberprüfbar sein soll. Dies ist nun allerdings ein Punkt, bei dem man – meine ich – unmißverständlich auf die Grenzen hinweisen muß, die einem Rechtsstaat gezogen sind: gerade weil, wie ganz zu Beginn festgestellt, auch private Schiedsgerichtsbarkeit „Rechtsprechung" ist, muß von Seiten eines Rechtsstaates sichergestellt sein, daß das *wesentliche*, konstituierende Element von Rechtsprechung, nämlich bindende Streitentscheidung durch einen *unabhängigen, unparteiischen Dritten,* auch wirklich vorhanden gewesen ist.

2. *Das Anerkennungsverfahren*

Die Problematik des parteigeregelten Ablehnungsverfahrens setzt sich aber noch über den behandelten Streitpunkt hinaus fort: was geschieht mit einem Schiedsspruch, der in einem Verfahren ergangen ist, in dem *keine* staatliche Überprüfung der Neutralität eines Schiedsrichters möglich war, in einem Land, dessen Recht es, wie z. B. Italien[73] oder Deutschland, nicht zuläßt, die Zuständigkeit des staatlichen Gerichts für die Schiedsrichterablehnung auszuschließen? Also konkret: wenn in Deutschland die Vollstreckbarerklärung eines Schweizer Schiedsspruchs beantragt wird, ohne daß die Neutralität des Schiedsrichters vor einem staatlichen Gericht nachgeprüft werden konnte (weil dieses meiner Ansicht nicht folgte): kann dann die Neutralität eines Schiedsrichters im Anerkennungs- und Vollstreckungsstaat a *posteriori* überprüft werden?

Briguglio bejaht die Frage kurzerhand[74]; m. E. zu Recht. Die Rechtsgrundlage ist nach meiner Auffassung der ordre public, sei es gem. § 1044 Abs. 2 Ziff. 2 ZPO, sei es gem. Art. V Abs. 2 lit. b der New Yorker Konvention. Solange es also noch keine „europaweite" übereinstimmende Auffassung von der Ausschließbarkeit der gerichtlichen Überprüfung eines Ablehnungsgesuches gibt, müssen die erwähnten „progressiven" Länder damit rechnen, daß „ihre" Schiedssprüche andernorts nicht anerkannt werden. Daß sie damit ihrer internationalen Klientel, für die diese Regelung gedacht war, letztlich keinen Gefallen erweisen, sei nur am Rande bemerkt.

III. Die Möglichkeit des Rechtsmittelverzichts in der internationalen Schiedsgerichtsbarkeit

Ein weiterer Punkt des Berliner Vortrags betraf „die ordre public-Klausel, namentlich bei Verfahrensverstößen"[75]. Auch hier möchte ich mich dem Thema von einer vielleicht ungewöhnlichen Seite aus nähern, nämlich ausgehend von der in Europa und auch in Übersee[76] zu beobachtenden Tendenz, Rechtsbehelfe gegen einen Schiedsspruch zu erschweren oder – aufgrund Vereinbarung der Parteien oder gar von Gesetzes wegen – ganz auszuschließen. Bei den Überlegungen zu Zulässigkeit und Folgen solcher Regelungen werden wir wieder auf den verfahrensrechtlichen ordre public einzugehen haben.

---

[73] S. dazu *Briguglio*, a.a.O., S. 23–27.
[74] *Briguglio*, a.a.O., S. 27 (allerdings ohne nähere Begründung).
[75] *Fritz Baur*, a.a.O., S. 6, 12 ff.
[76] S. dazu Hinweise bei *Schlosser*, Das Recht der internationalen privaten Schiedsgerichtsbarkeit, 2. Aufl., Rdnr. 755.

Im Deutschland ist nach h. M. ein *Vorausverzicht* auf die *Aufhebungsklage* (d. h. ein Verzicht vor Erlaß des Schiedsspruchs) grundsätzlich *unzulässig*, mit der Ausnahme von § 1041 Abs. 2 ZPO, wonach ein vorgängiger vertraglicher Ausschluß der Anfechtung wegen *fehlender Begründung* (§ 1041 Abs. 1 Nr. 5 ZPO) erlaubt ist[77]. Nur der *Verzicht nach Erlaß* des Schiedsspruchs und in Kenntnis des (bereits vorhandenen) Aufhebungsgrundes ist *möglich*.

Auch der *Vorausverzicht* auf die *Wiederaufnahmeklage* wäre nach h. M. grundsätzlich *wirkungslos*, weil darin ein Verstoß gegen zwingende Normen des öffentlichen Rechts wie gegen die guten Sitten liegen würde[78].

Anderer Auffassung ist *Geimer*[78], nach dem der Vorausverzicht auf die Geltendmachung einzelner Aufhebungsgründe[80] wirksam sei, wenn nicht unmittelbare staatliche Interessen auf dem Spiel stünden. Nach einer solchen Auffassung wäre auch ein Verzicht auf die Geltendmachung des § 1041 Abs. 1 Nr. 2 ZPO (ordre public) möglich, denn zur Disposition der Parteien stünden sehr wohl diejenigen Bereiche des ordre public, die dem Schutz einer Partei dienen[81].

Wie gesagt, sehen manche nationalen Schiedsordnungen die Möglichkeit eines vorgängigen Verzichts auf Rechtsbehelfe vor. In der internationalen Schiedsgerichtsbarkeit kann dann ein Schiedsspruch, gegen den wegen Rechtsmittelverzichtes keine Anfechtung mehr möglich ist, allenfalls noch im Vollstreckungsstadium überprüft werden: die unterlegene Partei hat die Möglichkeit, sich gestützt auf die Anerkennungsversagungsgründe von Art. V der New Yorker Konvention zur Wehr zu setzen, falls der Gegner eine Vollstreckung im Ausland verlangt.

---

[77] Vgl. *Rosenberg/Schwab*, Zivilprozeßrecht, 14. Aufl., München 1986, S. 1187; *Schwab/Walter*, aaO., Kap. 24 Rdnr. 36–37 (S. 208–209); *Stein/Jonas/Schlosser*, a.a.O., § 1041 Rdnr. 1; *Wieczorek/Schütze*, Zivilprozeßordnung und Nebengesetze, 2. Aufl., Berlin/New York 1981, § 1041 B III a.

[78] A. A. *Stein/Jonas/Grunsky*, a.a.O., vor § 578 Rdnr. 31, der den Vorausverzicht für zulässig hält unter der Bedingung, daß die Partei eine klare Erkenntnis von der Tragweite des Verzichts hat (im Einzelfall ist der Rechtsmittelverzicht restriktiv auszulegen).

[79] S. *Zöller*, Zivilprozeßordnung, 15. Aufl., Köln 1987, § 1041 Rdnr. 24–25.

[80] Nicht zu verwechseln mit dem pauschalen Vorausverzicht, der nach Geimer unzulässig ist.

[81] *Zöller*, a.a.O., § 1041 Rdnr. 25.

1. England

a) Vorhandene Rechtsmittel

Der englische *Arbitration Act von 1979* hat Anstoß gegeben für den Umbruch des europäischen Schiedsverfahrensrecht im letzten Jahrzehnt. England ist das erste Land gewesen, das die gesetzlichen Möglichkeiten, einen Schiedsspruch aufheben zu lassen, eingeschränkt hat. Die Rechtsmittel des vorgängigen *Arbitration Act von 1950*[82] waren nämlich sehr zahlreich und wurden oft zu dilatorischen Zwecken benutzt. Um solche Verzögerungstaktiken zu vermeiden, hat Section 1 (1) des Arbitration Act von 1979 zwei Rechtsmittel abgeschafft: keine Geltung mehr haben sowohl Section 21 des Arbitration Act von 1950 (special case procedure)[83] als auch die Regel, daß im Falle eines offensichtlichen Fehlers in der Rechtsanwendung oder Tatsachenfeststellung („error on its face on a point of fact or law") das Gericht (High Court) den Schiedsspruch aufheben konnte. Um zu verhindern, daß ein Schiedsspruch wegen eines offensichtlichen rechtlichen oder tatsächlichen Fehlers aufgehoben wurde, waren englische Schiedsrichter dazu übergegangen, Schiedssprüche ohne jede Begründung zu erlassen[84]. Nach dem Arbitration Act von 1979 müssen Schiedssprüche mit Gründen versehen sein; falls dies nicht der Fall ist oder falls die angegebenen Gründe nicht genügend sind, kann der High Court unter bestimmten Voraussetzungen dem Schiedsgericht aufgeben, eine ausführlichere Begründung zu geben, damit der High Court eine sich ergebende Rechtsfrage überprüfen kann[85].

Der Arbitration Act von 1979 hat ein *neues Rechtsmittelsystem* eingeführt: im Falle eines Rechtsfehlers gewährt das neue Gesetz das Rechtsmittel der *Berufung* („appeal") *zum High Court* nur noch dann, wenn beide Parteien zustimmen oder das Gericht die Berufung zuläßt, was vor-

---

[82] Der *Arbitration Act von 1975* hat die New Yorker Konvention von 1958 in das englische Schiedsverfahrensrecht eingeführt und enthält keine Bestimmungen über Rechtsmittel.

[83] Danach konnten die Parteien das Schiedsgericht bitten, eine Rechtsfrage während des Verfahrens oder im Schiedsspruch dem Gericht vorzulegen. Theoretisch konnte das Schiedsgericht das Gesuch ablehnen, aber es mußte den Parteien Zeit geben, um selbst das Gericht anrufen zu können. In der Praxis lehnten die Schiedsgerichte dieses Gesuch selten ab, s. *Clive M. Schmitthoff*, The United Kingdom Arbitration Act 1979, Yearbook Commercial Arbitration V (1980), S. 231 f.

[84] Vgl. *Wolfgang Kühn*, Praktische Erfahrungen im englischen Schiedsverfahren, in: Handelsschiedsgerichtsbarkeit in England und in der Bundesrepublik Deutschland, Schriftenreihe des Deutschen Instituts für Schiedsgerichtswesen, Bd. 7, hrsg. von Karl-Heinz Böckstiegel, Köln et al. 1987, S. 118.

[85] Section 1 (5), (6) Arbitration Act 1979.

aussetzt, daß die Klärung der betreffenden Rechtsfrage die Rechte einer oder mehrerer der Parteien erheblich betrifft[86]. Das Gericht kann die Zulassung des Rechtsmittels von bestimmten Bedingungen abhängig machen, wie beispielsweise der Zahlung des in dem Schiedsspruch festgesetzten Betrages an das Gericht[87]. Die Entscheidung des High Court ist wiederum nur dann mit Rechtsmitteln angreifbar, wenn das Gericht es zuläßt und der High Court bestätigt, daß die Angelegenheit von „generellem öffentlichem Interesse" ist oder „aus anderen speziellen Gründen" vom *Court of Appeal* behandelt werden sollte[88].

Obwohl das „*special case procedure*" nach Section 21 Arbitration Act 1950 abgeschafft worden ist, findet sich der Grundgedanke wieder in *Section 2 (1), (2) Arbitration Act 1979*, wonach die Zwischenklärung einer Rechtsfrage durch den High Court auch während des Verfahrens zulässig ist, wenn der Schiedsrichter oder alle Parteien zustimmen und das Gericht überzeugt ist, daß die Klärung der Rechtsfrage den Parteien eine erhebliche Kostenersparnis bringt und für eine solche Rechtsfrage auch die Berufung nach Section 1 (3) (b) zugelassen würde. Eine Berufung ist wiederum nur zulässig, wenn das Gericht bestätigt, daß die betreffende Rechtsfrage von generellem Interesse ist oder aus einem anderen besonderen Grund vom Court of Appeal behandelt werden sollte[89].

Durch den Arbitration Act von 1979 *nicht abgeschafft* wurde Section 23 des Arbitration Act von 1950, wonach ein Schiedsspruch wegen „schiedsrichterlichen Fehlverhaltens" (arbitral misconduct) angegriffen werden kann. Gemäß Section 22 Arbitration Act 1950 besteht auch die Möglichkeit, daß der Schiedsspruch nach Anordnung des Gerichts dem Schiedsgericht erneut zur Entscheidung vorgelegt wird (award remitted for reconsideration).

b) Rechtsmittelverzicht

aa) Umfang

Der Arbitration Act von 1979 hat nun allerdings auch die Möglichkeit des Rechtsmittelausschlusses (*exclusion agreement*) neu eingeführt[90]. Von der gerichtlichen Kontrolle können die Berufung zum High Court i. S.

---

[86] Section 1 (3), (4) Arbitration Act 1979.
[87] Section 1 (3) Arbitration Act 1979.
[88] Section 1 (7) Arbitration Act 1979.
[89] Section 2 (3) Arbitration Act 1979.
[90] Section 3 Arbitration Act von 1979.

von Section 1 (3), (4) Arbitration Act 1979 und das Recht, eine gerichtliche Entscheidung über eine entscheidungserhebliche Vorfrage herbeizuführen (special case procedure i. S. von Section 2 (1), (2) Arbitration Act von 1979), ausgeschlossen werden. Über die anderen Rechtsmittel, insbes. diejenigen des Arbitration Act von 1950, kann kein exclusion agreement abgeschlossen werden.

Für den Umfang des exclusion agreement spielt die Unterscheidung zwischen *nationalen* (domestic) und *nicht-nationalen* (non-domestic) Schiedsverfahren sowie die *Art des Schiedsvertrages* eine wichtige Rolle. Der Arbitration Act von 1979 sagt nicht, was ein „nicht-nationales" Schiedsverfahren ist, aber er gibt eine Definition des „nationalen" Schiedsvertrages in Section 3 (7) Arbitration Act 1979: ausschlaggebend ist, daß der Schiedsvertrag als *Sitz des Schiedsgerichts* kein anderes Land als *England* (sei es ausdrücklich oder stillschweigend) vorsieht und daß *keine der Parteien* eine *Beziehung zum Ausland* hat. Eine Beziehung zum Ausland hat eine natürliche Person mit ausländischer Staatsangehörigkeit oder mit Aufenthalt im Ausland, oder eine juristische Person mit Sitz oder Niederlassung im Ausland. Relevant für die Erfüllung dieser Voraussetzungen ist der Zeitpunkt des Schiedsvertragsabschlusses[91].

Der mögliche Umfang eines exclusion agreement bestimmt sich nun nach drei Fallgruppen:

1. Bei der *nationalen* Schiedsgerichtsbarkeit kann die gerichtliche Kontrolle *erst nach* Beginn des Verfahrens ausgeschlossen werden.
2. Bei der *nicht-nationalen* Schiedsgerichtsbarkeit kann ein exclusion agreement *vor und nach* Beginn des Verfahrens getroffen werden.
3. Dazu gibt es eine dritte Gruppe von Schiedsverträgen (die *special category*), die wie die nationalen Schiedsverträge behandelt werden und somit einen Rechtsmittelverzicht nur *nach* Beginn des Verfahrens zulassen, *falls nicht ausländisches Recht auf den Vertrag Anwendung findet*[92]. Die Privilegien des Rechtsmittelverzichts in „non-domestic arbitration" werden demgemäß in den drei Fällen der „special category" wieder eingeschränkt, namentlich:

---

[91] Vgl. *Schmitthoff*, a.a.O., S. 234.

[92] Section 4 (1) Arbitration Act 1979. Bei einem Vertrag, auf den ausländisches Recht Anwendung findet, ist ein Rechtsmittelverzicht auch vor Beginn des Verfahrens zulässig. Dies führt zum widersprüchlichen Ergebnis, daß z. B. bei einem Vertrag, auf den das ausländische Recht von Bermuda anwendbar wäre (in Bermuda gilt eigentlich englisches Recht), ein Rechtsmittelverzicht zulässig ist (*Steyn*, a.a.O., S. 30).

- in Fällen, die in die „Admiralty jurisdiction" (Schiffs-Arbitrage) des High Court fallen, oder
- bei Streitigkeiten aus einem Versicherungsvertrag, oder
- bei Streitigkeiten aus einem „commodity"-Vertrag, d. h. aus einem Standardvertrag[93] im Warenhandel, im Gegensatz zu „one-off"-Verträgen mit bloßer Einzelfallbedeutung. Da die meisten englischen Warenverträge im Rahmen der Schiedsordnung von bekannten Warenvereinen[94] abgeschlossen werden, fallen fast alle wichtigen Schiedsverträge unter den dritten Punkt der „special category".

bb) Form

Was die Form des exclusion agreement betrifft, sieht Section 3 (1) Arbitration Act 1979 die schriftliche Form („agreement in writing") vor. Es werden allerdings keine hohen Anforderungen gestellt, insbesondere wird keine Unterschrift der Parteien verlangt; der Abschluß eines exclusion agreement kann somit durch telex oder telefax erfolgen. Nach Einführung des Arbitration Act 1979 war in der Praxis unsicher, welche Folgen die allgemeine Unterstellung des Rechtsstreites unter die ICC-Schiedsgerichtsordnung hatte, weil Art. 24 ICC-Schiedsgerichtsordnung vorsieht, daß „jede Partei, die die Schiedsgerichtsbarkeit der Internationalen Handelskammer in Anspruch nimmt, sich damit verpflichtet, den Schiedsspruch unverzüglich zu erfüllen und *von allen Rechtsmitteln, auf die sie verzichten kann, Abstand zu nehmen*[95]". Der High Court hat diesem Problem die Antwort gegeben, daß ein exclusion agreement auch durch Verweis auf eine Schiedsordnung, die solche Klauseln enthält[96], gültig

[93] Was genau ein „commodity"-Vertrag ist, sagt der Arbitration (Commodity Contracts) Order 1979, abgedruckt in Yearbook Commercial Arbitration V (1980), S. 247 ff. In solchen Verträgen steht der Schutz der schwächeren Partei im Vordergrund, s. *Berger*, a.a.O., S. 855.

[94] Wie z. B. the Federation of Oils, Seeds and Fats Associations Ltd. (FOSFA) oder the Grain and Feed Trade Association Ltd. (GAFTA).

[95] Hervorhebung durch den Verfasser.

[96] Es ist sonst allgemein anerkannt (s. *Menno Aden*, Internationale Handelsschiedsgerichtsbarkeit, Kommentar zu den Verfahrensordnungen, Heidelberg 1988, S. 132 mit Verweis auf BGH NJW 1986, 1436), daß Art. 24 Abs. 2 ICC-Schiedsgerichtsordnung die nach dem jeweiligen nationalen Verfahrensrecht ohnehin unverzichtbare Aufhebungsklage grundsätzlich nicht betrifft. Wenn Art. 24 Abs. 2 ICC-Schiedsgerichtsordnung von Rechtsmitteln spricht, bezieht sich dies vielmehr auf *interne* Rechtsmittel, d. h. auf Rechtsmittel zu einem oberen Schiedsgericht (zwei- oder mehrinstanzliches Schiedsgerichtssystem).

abgeschlossen werden könne[97]; eine ausdrückliche schriftliche Vereinbarung sei nicht notwendig[98].

Zusammenfassend: Es kann festgehalten werden, daß in allen (nationalen, nicht-nationalen und special category-)Schiedsverträgen ein Rechtsmittelausschluß *nach* Beginn des Verfahrens möglich ist. Nur bei nichtnationalen Schiedsverträgen ist ein exclusion agreement auch *vor* Beginn des Verfahrens zulässig. Vor allem die Einschränkungen der special category bewirken, daß die Zahl der möglichen Fälle von Vorausverzicht auf Rechtsmittel nur sehr gering ist. Nur wenn die Parteien vereinbaren, daß auf den Vertrag ausländisches Recht anwendbar ist, kann ein Vorausverzicht im Rahmen der special category wieder möglich werden.

2. Österreich

a) Vorhandene Rechtsmittel

Die österreichische Zivilprozeßordnung stellt der unterlegenen Schiedspartei zwei Rechtsmittel zur Verfügung: die *Aufhebungsklage* in § 595 öZPO, die einen Katalog von sieben Aufhebungsgründen enthält, und die *Wiederaufnahme* in § 530 Abs. 1 Ziff. 1–7 öZPO[99]. Während die erste Klage innerhalb von *drei Monaten* seit Zustellung des Schiedsspruchs oder seit Kenntnisnahme des Aufhebungsgrundes eingelegt werden muß[100], beträgt die absolute Klagefrist für die Wiederaufnahme *zehn Jahre*[101].

b) Rechtsmittelverzicht

aa) Umfang

Gemäß § 598 Abs. 1 öZPO sind die Aufhebungsgründe i. S. von § 595 öZPO *im voraus unverzichtbar*. Seit dem *Reformgesetz von 1983* besteht jedoch eine *Ausnahme*: nach § 598 Abs. 2 öZPO können die Par-

---

[97] Vgl. Journal of International Arbitration I (1984), S. 63.

[98] Im Gegensatz zur Schweiz, wo eine ausdrückliche schriftliche Vereinbarung verlangt wird (Art. 192 Abs. 1 IPRG); der Verweis auf die ICC-Schiedsgerichtsordnung bedeutet allerdings auch in der Schweiz keinen Verzicht auf die Anfechtungsklage gemäß Art. 190 Abs. 2 IPRG (s. auch unten *III. 4. b)*).

[99] Gemäß § 595 Abs. 1 Ziff. 7 öZPO ist eine Aufhebungsklage auch möglich, wenn Wiederaufnahmegründe nach § 530 Abs. 1 Ziff. 1–7 öZPO vorliegen.

[100] Vgl. § 596 Abs. 2 öZPO. ausgenommen ist die Klage wegen Vorliegens von Wiederaufnahmegründen (§ 595 Abs. 1 Ziff. 7 öZPO), die innerhalb von zehn Jahren erfolgen kann (§ 596 Abs. 3 öZPO).

[101] § 534 Abs. 3 öZPO.

teien, wenn sie den Schiedsvertrag als *Unternehmer* (§ 1 Abs. 1 Ziff. 1 KSchG[102]) geschlossen haben[103], *auf die Aufhebung wegen eines Wiederaufnahmegrundes verzichten.*

bb) Form

Dieser Verzicht muß schriftlich erfolgen[104]. Obwohl der Wortlaut dieser Bestimmung den Parteien diese Möglichkeit bis zum Erlaß des Schiedsspruchs einräumt, wird empfohlen, diesen Verzicht bereits in die Schiedsvereinbarung aufzunehmen[105].

Zusammenfassend: Die neu eingeführte Verzichtsmöglichkeit sollte die mit der zehnjährigen Frist verbundene *Rechtsunsicherheit*, die für den internationalen Wirtschaftsverkehr als besonders untragbar erschien, beseitigen[106] und die Attraktivität der österreichischen Schiedsgerichte erhöhen. Dies führt aber zu dem unbefriedigenden Ergebnis, daß die Aufhebung eines Schiedsspruchs wegen strafbarer Handlungen der Parteien, von Vertretern oder Schiedsrichtern wirksam ausgeschlossen werden kann[107]. Man könnte deshalb fragen, warum der österreichische Gesetzgeber das Problem der Rechtsunsicherheit nicht dadurch gelöst hat, daß er die zehnjährige Frist gekürzt hat. Art. 42 schweiz. Konk. schränkt z. B. das Recht auf die Revision auf fünf Jahre nach Zustellung des Schiedsspruches ein. Das Argument der Rechtsunsicherheit sollte dem *Rechtsstaatsgebot* weichen, wenn es sich darum handelt, mit so schweren Urteilsmängeln belastete Schiedssprüche nochmals zu überprüfen.

3. Belgien

a) Vorhandene Rechtsmittel

Das belgische Schiedsrecht aus dem Jahre 1972 gibt der unterlegenen Partei das Recht zur *Anfechtung* des Schiedsspruches gemäß Art. 1704

---

102 Konsumentenschutzgesetz.

103 Im Gegensatz zum schweizerischen Recht setzt das österreichische Recht *nicht* voraus, daß *beide Parteien Ausländer* sind.

104 S. *Hans W. Fasching*, Lehrbuch des österreichischen Zivilprozeßrechts, 2. Aufl., Wien 1990, Rdnr. 2225.

105 *Werner Melis*, Zur Neuordnung der Bestimmungen über die Schiedsgerichtsbarkeit in der österreichischen Zivilprozeßordnung, in: FS Arthur Bülow, München 1981, S. 139.

106 Vgl. *Klaus Peter Berger*, Die Regelung der gerichtlichen Anfechtbarkeit internationaler Schiedssprüche in europäischen Schiedsgerichtsgesetzen, in: RIW 1989, S. 854.

107 Vgl. *Fasching*, a.a.O., Rdnr. 2225.

belg. ZPO und stellt dafür einen Katalog von 13 Anfechtungsgründen bereit, von denen zwei Wiederaufnahmegründe[108] sind.

b) Rechtsmittelverzicht

Die belgische Lösung hinsichtlich eines Rechtsmittelverzichts ist zweifellos die radikalste. Das neue *Reformgesetz vom 27. März 1985* hat *Art. 1717 ZPO* einen *vierten Absatz* hinzugefügt, der wie folgt lautet:

„4. Les tribunaux belges ne peuvent connaître d'une demande en annulation que lorsqu'au moins une partie au différend tranché par la sentence arbitrale est soit une personne physique ayant la *nationalité* belge ou une *résidence* en Belgique, soit une personne morale *constituée* en Belgique ou y ayant une *succursale* ou un *siège quelconque d'opération.*“[109, 110].

Während Art. 192 des schweizerischen IPRG den Anfechtungsausschluß lediglich auf Parteivereinbarung hin zuläßt, geht Art. 1717 Abs. 4 belg. ZPO von einem *automatischen, gesetzlichen Anfechtungsausschluß* aus, *sobald keine der Parteien eine Beziehung zu Belgien hat.* Andernfalls (d. h. wenn eine natürliche Person die belgische Nationalität oder Wohnsitz in Belgien hat, oder wenn eine juristische Person in Belgien gegründet wurde, eine Zweigniederlassung oder eine sonstige Niederlassung in Belgien hat) gilt der gesetzliche Anfechtungsausschluß nicht und eine Anfechtung nach Art. 1704 belg. ZPO ist zulässig[111].

Wie das schweizerische IPRG schweigt die belgische ZPO darüber, wann die Voraussetzungen des Anfechtungsausschlusses (keine Beziehung der Parteien zu Belgien) erfüllt sein müssen. Die Antwort muß wohl wie folgt lauten: die Voraussetzungen müssen *am Anfang des Schiedsverfahrens* und nicht erst bei Erhebung der Anfechtungsklage erfüllt sein[112]. Es bestünden sonst Umgehungsmöglichkeiten, etwa daß eine Partei nach Erlaß des Schiedsspruches eine Zweigniederlassung in Belgien nur zu dem Zweck eröffnet, eine zunächst ausgeschlossene Anfechtung nachträglich zu ermöglichen. Sobald das Schiedsgericht mit dem Rechtsstreit befaßt

---

108 Vgl. Art. 1704 Abs. 3 lit. a) und c) belg. ZPO.

109 Hervorhebung durch den Verfasser.

110 Englische Übersetzung in: International Handbook on Commercial Arbitration I, National Report Belgium, S. 1.

111 Art. 1704 belg. ZPO enthält, wie gesagt, 13 Anfechtungsgründe. Neben der Anfechtungsklage sieht die belg. ZPO kein anderes Rechtsmittel (wie z. B. die Wiederaufnahme) vor.

112 Gl. M. *Michael Bühler*, Staatsgerichtliche Aufhebungskontrolle am Schiedsort? Zur Reform Belgiens, in: IPRax 1987, S. 255.

ist, soll eine spätere „Statusänderung" der Parteien keinen Einfluß mehr auf den Anfechtungsausschluß haben.

Fragt man nach den *Gründen*, die den Gesetzgeber zu diesem radikalen Anfechtungsausschluß[113] veranlaßt haben, finden sich zwei durchaus unterschiedliche Motive[114]: erstens werde die gerichtliche Kontrolle des Schiedsspruches oft zu rein *dilatorischen Zwecken* (Aufschub der Vollstrekkung) verwandt. Indem diese Verzögerungsmöglichkeiten durch einen Anfechtungsausschluß beseitigt würden, solle der belgische Schiedsplatz attraktiver werden. Zweitens wurde auf die *Überlastung der Staatsgerichte* hingewiesen[115].

Fraglich ist nach der belgischen Rechtslage allerdings, ob die unterlegene Partei den gesetzlichen Anfechtungsausschluß nicht über Art. 1703 belg. ZPO umgehen könnte. Nach dieser Vorschrift wird ein Schiedsspruch rechtskräftig, wenn er hinterlegt worden ist und vor dem Schiedsgericht nicht mehr angefochten werden kann, es sei denn, der Schiedsspruch widerspreche dem ordre public oder der Rechtsstreit sei nicht schiedsfähig. Die unterlegene Partei könnte sich also z. B. auf die ordre public-Klausel berufen, um den Schiedsspruch durch den Staatsrichter für „nicht rechtskräftig" erklären zu lassen. Daraus ergäbe sich vermutlich, daß der Schiedsspruch, weil nicht mehr rechtskräftig, auch im Ausland nicht vollstreckbar wäre[116]. Da jedoch ein solches Vorgehen dem Sinn des Gesetzes widerspräche – der Gesetzgeber hat jede gerichtliche Kontrolle auf das Vollstreckungsland verschieben wollen –, würde ein solches Gesuch um Aufhebung der Rechtskraft (wegen Verstoßes gegen den ordre public) durch den Staatsrichter sicher abgelehnt[117]. Art. 1717 Abs. 4 belg. ZPO kann dementensprechend nicht über Art. 1703 belg. ZPO umgangen werden.

---

[113] Scharfe Kritik auch bei *Schlosser*, Schiedsgerichtsbarkeit, Rdnr. 755 und bei *Flavia Lattanzi*, Riv. Arb. 1991, S. 130.

[114] Vgl. *H. Van Houtte*, La loi belge du 27 mars 1985 sur l'arbitrage international, in: Rev. arb. 1986, S. 32–33, mit Verweis auf die parlamentarischen Beratungen.

[115] *Van Houtte*, a.a.O., S. 32, wendet dagegen jedoch ein, daß die Anwendungsfälle von Art. 1704 belg. ZPO (Anfechtungsklage), bei denen keine der Parteien eine Beziehung zu Belgien hatte, nicht sehr zahlreich gewesen seien.

[116] Vgl. Art. V Ziff. 1 lit. e New Yorker Konvention („noch nicht verbindlich").

[117] Vgl. auch *Van Houtte*, a.a.O., S. 41, der darauf hinweist, daß dieses Gesuch sowieso durch die Anfechtungsklage i. S. von Art. 1704 belg. ZPO ersetzt wird.

4. Die Schweiz

a) Vorhandene Rechtsmittel

Am 1. Januar 1989 ist das neue schweizerische Bundesgesetz über das Internationale Privatrecht (*IPRG*) in Kraft getreten. Das 12. Kapitel des IPRG hat für internationale Schiedsverfahren die Regelung des Konkordats[118] abgelöst[119]. Das IPRG hat die neun Nichtigkeitsgründe des Art. 36 Konk. auf fünf Anfechtungsgründe eingeschränkt. Gemäß Art. 190 Abs. 2 IPRG ist eine *Nichtigkeitsbeschwerde* möglich in folgenden Fällen:

a) wegen vorschriftswidriger Ernennung des Einzelschiedsrichters oder Zusammensetzung des Schiedsgerichts;
b) wegen unrichtigen Entscheids des Schiedsgerichts über seine Zuständigkeit;
c) wegen eines Entscheides ultra oder infra petita partium;
d) wegen Verletzung des Grundsatzes der Gleichbehandlung der Parteien oder des Grundsatzes des rechtlichen Gehörs und
e) wegen Verletzung des ordre public.

Während die Anfechtungsgründe der litterae a) bis d) den Beschwerdegründen des Konkordats entsprechen, bringt Art. 190 Abs. 2 *lit. e)* IPRG (Verletzung des ordre public) eine für die internationale Schiedsgerichtsbarkeit in der Schweiz wichtige Neuerung. Der Begriff der „Willkür" von Art. 36 lit. f) Konk., der sich auf den Grundsatz der Rechtsgleichheit der Bürger stützt (Art. 4 Bundesverfassung), hat zu einer außerordentlich reichen und komplizierten Rechtsprechung geführt; dies soll für den Bereich der internationalen Schiedsgerichtsbarkeit vermieden werden[120].

Das 12. Kapitel des IPRG hat das außerordentliche Rechtsmittel der *Revision* (deutsche Restitutionsklage), die in Art. 14 Konk.[121] vorgesehen ist, *nicht übernommen*[122]. Es stellt sich daher die Frage, ob der Gesetzgeber

---

[118] Das Konkordat über die Schiedsgerichtsbarkeit vom 27. 8. 1969 gilt in allen Kantonen außer in Luzern (Stand 1. 7. 1991).

[119] Durch schriftliche Übereinkunft können die Parteien immerhin die Anwendung des Konkordats vereinbaren (Art. 176 Abs. 2 IPRG).

[120] Der neue Begriff des ordre public ist denn auch an der New Yorker Konvention von 1958 ausgerichtet (vgl. Art. V Abs. 2 lit. b) New Yorker Konvention).

[121] Gemäß Art. 41 kann die Revision verlangt werden, wenn:
a) der Schiedsspruch auf einer strafbaren Handlung beruht;
b) erhebliche Tatsachen oder Beweismittel aufgedeckt werden, bezüglich deren es dem Revisionskläger nicht möglich war, sie im Schiedsverfahren vorzubringen.

[122] Die Tatsache, daß Revisionsverfahren sehr selten sind, soll hier keine Rolle spielen; die einfache Möglichkeit eines Revisionsfalles reicht für dessen Rechtsschutz.

dies gewollt hat oder ob nicht eine Gesetzeslücke besteht. Zwar wird den Bedürfnissen der internationalen Schiedsgerichtsbarkeit nach einem Minimum an Kontrolle des Schiedsspruchs immerhin mit den Möglichkeiten der Nichtigkeitsbeschwerde gem. Art. 190 Abs. 2 IPRG Rechnung getragen. Doch sollte die Berücksichtigung der besonderen Situation der internationalen Schiedsgerichtsbarkeit nicht so weit gehen, daß die Revision dem Wunsch nach Straffung und Beschleunigung des Verfahrens geopfert wird. Ich bin deshalb der Auffassung, daß die Revision auch in einem Fall von internationaler Schiedsgerichtsbarkeit gegeben ist.

Zwar kann ein Beklagter, wenn nachträglich entdeckte Tatsachen einen Schiedsspruch geradezu als „unwirksam" erweisen sollten, sich noch im Vollstreckungsverfahren[123] zur Wehr setzen. Aber ein abgewiesener Kläger befindet sich in einer üblen Lage, wenn jede – auch eine stark eingeschränkte – Revisionsmöglichkeit ausgeschlossen wird[124]. Die herrschende Lehre vertritt denn auch wenigstens die Meinung, daß die Revision trotz Schweigens des IPRG (*praeter legem*) in den schwersten Fällen, d. h. bei Nachweis von strafrechtlichen Handlungen, welche auf den Entscheid eingewirkt haben, möglich sein sollte[125].

---

[123] Der ausländische Richter könnte aufgrund von Art. V Abs. 2 lit. b) der New Yorker Konvention (Verletzung des ordre public) die Vollstreckung des Schiedsspruchs versagen – aber das ist eine unsichere Hoffnung.

[124] Vgl. *Hinderling*, a.a.O., S. 331.

[125] Vgl. *Robert Briner*, Die Anfechtung und Vollstreckung des Schiedsentscheides, in: Die Internationale Schiedsgerichtsbarkeit in der Schweiz (II), Schriftenreihe des Deutschen Instituts für Schiedsgerichtswesen, Bd. 1/II, hrsg. von Karl-Heinz Böckstiegel, Köln et al. 1989, S. 109 („Es dürfte sich jedoch hierbei um ein grundlegendes durch Artikel 4 BV geschütztes Recht handeln"); *Andreas Bucher*, Die neue internationale Schiedsgerichtsbarkeit in der Schweiz, Basel und Frankfurt am Main 1989, Rdnr. 409; *Walter J. Habscheid*, Rechtsstaatliche Aspekte des internationalen Schiedsverfahrens mit Rechtsmittelverzicht nach dem IPR-Gesetz, hrsg. von der Vereinigung für Rechtsstaat und Individualrechte, Solothurn 1988 (im folgenden: *Habscheid*, „Rechtsmittelverzicht"), S. 16–19 und *derselbe*, Das neue schweizerische Recht der internationalen Schiedsgerichtsbarkeit nach dem Bundesgesetz über das Internationale Privatrecht, in: RIW 1988, S. 772, der die Revision aus rechtsstaatlichen Gründen zulassen will; *Hans Hinderling*, Probleme der privaten Schiedsgerichtsbarkeit, in: SJZ 1979, S. 331: *Lalive/Poudret/Reymond*, Le droit de l'arbitrage interne et international en Suisse, Lausanne 1989, S. 443 f.; *Jean-François Poudret*, L'application du concordat de 1969 à l'arbitrage international en Suisse, in: Les étrangers en Suisse, publié par la faculté de droit à l'occasion de l'assemblée de la Société suisse des juristes à Lausanne, du 1er au 3 octobre 1982, Lausanne 1982, S. 279.

b) Rechtsmittelverzicht

Die Möglichkeit eines Vorausverzichts auf die Nichtigkeitsbeschwerde gem. Art. 190 Abs. 2 IPRG wird weithin als eine der wichtigsten Neuerungen des IPRG gegenüber dem Konkordat erachtet. *Art. 192 Abs. 1 IPRG* sieht nämlich vor, daß die Parteien durch eine ausdrückliche Erklärung in der Schiedsvereinbarung oder in einer späteren schriftlichen Übereinkunft[126] die *Anfechtung* des Schiedsentscheides vollständig[127] *ausschließen* können; gemäß Abs. 1 Halbsatz 2 können sie auch nur einzelne Anfechtungsgründe ausschließen[128]. Da Art. 192 IPRG ausdrücklich auf Art. 190 Abs. 2 IPRG (Nichtigkeitsbeschwerde) verweist, ist die Revisionsmöglichkeit davon jedoch nicht betroffen.

Voraussetzung für den Ausschluß der Anfechtung ist nun, daß keine der Parteien Wohnsitz, gewöhnlichen Aufenthalt oder Niederlassung[129] in der Schweiz hat (sog. „Sonderrecht für Ausländer"[130]). Wie die belgische ZPO sagt das IPRG nicht, in welchem Zeitpunkt diese Voraussetzungen (d. h. keine Beziehung der Parteien zur Schweiz) erfüllt sein müssen: beim Abschluß des Rechtsmittelverzichts, zu Beginn des Schiedsverfahrens oder erst bei Erhebung der Nichtigkeitsbeschwerde? Maßgeblich ist indessen die Situation *im Zeitpunkt der Vereinbarung des Rechtsmittelverzichts*[131].

Durch den Rechtsmittelverzicht wollte der schweizerische Gesetzgeber die sog. „*Doppelkontrolle*" des Schiedsspruchs (Kontrolle im Ursprungsland und Kontrolle durch den Exequaturrichter im Vollstreckungsland) *vermeiden*, indem nur noch der ausländische Exequaturrichter eine Kontrolle unter Anwendung der New Yorker Konvention ausübt.

---

126 Nach einhelliger Meinung genügt ein Verweis auf eine Verfahrensordnung (wie z. B. auf Art. 24 Abs. 2 der ICC-Schiedsgerichtsordnung) im Gegensatz zu England (vgl. oben *III. 1. b) bb)) nicht.* Auch die Formel: „der Entscheid ist endgültig" oder ähnliches entspricht der formellen Voraussetzung von Art. 192 Abs. 1 IPRG nicht: vgl. *Marc Blessing*, Das neue Internationale Schiedsgerichtsrecht der Schweiz – ein Fortschritt oder ein Rückschritt?, in: Die Internationale Schiedsgerichtsbarkeit in der Schweiz (II), Schriftenreihe des Deutschen Instituts für Schiedsgerichtswesen, Bd. 1/II, hrsg. von Karl-Heinz Böckstiegel, Köln et al. 1989, S. 84; *Briner*, a.a.O., S. 102; *A. Bucher*, a.a.O., Rdnr. 401; *Habscheid*, „Rechtsmittelverzicht" S. 13; *Lalive/Poudret/Reymond*, a.a.O., S. 449; *Walter/Bosch/Brönnimann,* Internationale Schiedsgerichtsbarkeit in der Schweiz, Bern 1991, S. 255.

127 Im folgenden „vollständiger Rechtsmittelverzicht" genannt.

128 Tatbestand des „teilweisen Rechtsmittelverzichts".

129 Ähnlich wie in Belgien, s. oben unter *III. 3.*

130 S. *Habscheid*, „Rechtsmittelverzicht" S. 11.

131 S. auch *Marc Blessing*, a.a.O., S. 84; *A. Bucher*, a.a.O., Rdnr. 399; *Lalive/Poudret/Reymond*, a.a.O., S. 449.

Die Regelung war deshalb nur für die Fälle gedacht, in denen die Streitsache nichts mit der Schweiz zu tun hat.

Daraus erklärt sich auch *Absatz 2* von Art. 192: Haben die Parteien eine Anfechtung des Entscheides vollständig ausgeschlossen und soll er entgegen allen Erwartungen *in der Schweiz vollstreckt* werden, so gilt die *New Yorker Konvention* vom 10. Juni 1958 *sinngemäß* (Art. 192 Abs. 2 IPRG). Die Kontrolle, die sonst der Exequaturrichter im Ausland ausüben kann, soll bei Vollstreckung im Inland also unter Zugrundelegung der Anerkennungsversagungsgründe von Art. V der New Yorker Konvention erfolgen. Das Gesetz sagt aber nicht, welche Folgen ein nur *teilweiser* Verzicht hätte: die nicht ausgeschlossenen Anfechtungsgründe könnten also zwar mit der Nichtigkeitsbeschwerde vor die Beschwerdeinstanz, im Normalfall das Bundesgericht[132], gebracht werden. Dieses kann aber die ausgeschlossenen Beschwerdegründe nicht berücksichtigen. Dies führt zu dem unbefriedigenden Ergebnis, daß die Parteien durch einen teilweisen Verzicht jede Kontrolle in der Schweiz – sei es mit Anfechtungsgründen des Art. 190 Abs. 2 IPRG oder mit Versagungsgründen des Art. V der New Yorker Konvention (z. B. Verletzung des ordre public) – ausschließen könnten. Dieses gesetzgeberische Versehen muß korrigiert werden: Art. 192 Abs. 2 IPRG soll daher nach Auffassung mancher dahin ausgelegt werden, daß der Vollstreckungsrichter die New Yorker Konvention sinngemäß anwenden soll bezüglich all derjenigen Beschwerdegründe, welche von den Parteien ausgeschlossen wurden[133].

Walther J. Habscheid hat an Art. 192 IPRG zu Recht heftige Kritik geübt: „eine Vorschrift, die mit jeglicher oder teilweiser Freizeichnung von außerordentlichen Rechtsmitteln den Schiedsrichtern einen Blankoscheck ausstellt"[134]. Die Unzulässigkeit des Vorausverzichts entspreche einem rechtsstaatlichen Grundanliegen[135]. Allerdings werde das Bundesge-

---

[132] Gemäß Art. 191 Abs. 2 IPRG können die Parteien vereinbaren, daß anstelle des Bundesgerichtes der Richter am Sitz des Schiedsgerichtes entscheidet – also ein kantonaler Richter.

[133] S. *Marc Blessing*, The New International Arbitration Law in Switzerland – A significant Step towards Liberalism, in: JnL of Intl Arb 1988, Bd. 5, Nr. 2, S. 76; *Briner*, a.a.O., S. 110; *A. Bucher*, a.a.O., Rdnr. 403; *Lalive/Poudret/Reymond*, a.a.O., S. 451–452; a. M. zu Recht *Habscheid*, „Rechtsmittelverzicht" S. 8, 22, 25, der auf den Wortlaut des Gesetzes abstellt: demnach ist beim Teilverzicht der Schutz durch die New Yorker Konvention nicht gegeben.

[134] *Walter J. Habscheid*, Schweizerisches Zivilprozeß- und Gerichtsorganisationsrecht, 2. Aufl., Basel/Frankfurt am Main 1990 (im folgenden: *Habscheid*, „ZPR"), Rdnr. 940.

[135] *Habscheid*, „Rechtsmittelverzicht", S. 7.

richt diese bundesgesetzliche Regelung anzuwenden haben[136]. Habscheid nimmt jedoch an, daß bestimmte Mängel zur *absoluten Nichtigkeit des Schiedsspruches* führen könnten, wie z. B. ein Verstoß gegen den ordre public[137]. Eine solche Nichtigkeit könnte mit einer Feststellungsklage überprüft werden.

Auch ich bin der Meinung, daß der Schweizer Gesetzgeber mit seiner Lösung klar eine rechtsstaatliche Grenze überschritten hat. Kommt es z. B. im Laufe des Schiedsverfahrens zu solch schwerwiegenden Verfahrensverstößen, daß der Grundsatz der Gleichbehandlung oder der des rechtlichen Gehörs verletzt wird: soll hier gleichwohl wegen des zuvor erklärten Verzichts ein Rechtsbehelf ausgeschlossen sein? M. E. ist die Situation vergleichbar mit dem Verzicht auf ein Rechtsmittel gegen ein staatliches Urteil: eine einseitige Verzichtserklärung ist erst dann zulässig, wenn die verzichtende Partei einen Überblick über die Konsequenzen ihrer Verzichtserklärung haben kann, also erst *nach* dem Erlaß des Urteils. Darüber hinaus würde ich aber auch generell einen Verzicht – sei er nun einseitig oder gemeinsam, vor oder nach Erlaß des Schiedsspruches – dann für unwirksam halten, wenn gegen das Verfahren oder gegen den Entscheid Rügen vorgebracht werden können, die einen ordre public-Verstoß ergeben würden. Insoweit halte ich einen gleichwohl ausgesprochenen Verzicht für *unwirksam*.

Es bleibt abzuwarten, ob die Praxis von dieser Möglichkeit des Rechtsmittelverzichts Gebrauch machen wird. Da die Anfechtungsgründe von Art. 190 Abs. 2 IPRG gegenüber dem Konkordat erheblich eingeschränkt wurden und da es nur noch eine Beschwerdeinstanz, das Bundesgericht[138], gibt, sollte das Interesse an einem solchen Verzicht schon aus praktischen Gründen gering sein. Ob die Gefahr eines „willkürlichen" Schiedsspruchs beim Rechtsmittelverzicht in der Praxis wirklich so klein ist, weil auch Schiedsrichter sich um ihr Ansehen, ihren Ruf und ihre mögliche Wiederernennung sorgen[139], möchte ich hier

---

136 Gemäß Art. 113 Abs. 3 der schweizerischen Bundesverfassung sind die von der Bundesversammlung erlassenen Gesetze für das Bundesgericht maßgebend.

137 Vgl. *Habscheid*, „ZPR" Rdnr. 940 und allgemein *Habscheid*, „Rechtsmittelverzicht"; eingehend: *Walter/Bosch/Brönnimann*, a.a.O., S. 256 ff.

138 Im Falle von Art. 191 Abs. 2 IPRG eine kantonale Instanz, die aber endgültig entscheidet.

139 Vgl. *Bühler*, a.a.O., S. 255. Nach seiner Meinung dürfte es in diesem Zusammenhang auch nicht ohne Bedeutung sein, ob die Parteien sich für ein ad hoc oder ein institutionelles Schiedsverfahren entschieden haben: bei institutionellen Schiedsverfahren, wie sie von der IHK angeboten werden, könnten Ansehen und Ruf des Schiedsrichters in weit stärkerem Maß in Mitleidenschaft gezogen werden als in ad hoc Verfahren, was ein

einmal offen lassen; zuzuraten ist einer Partei zu einem Rechtsmittelverzicht jedenfalls nicht.

IV. Schlußbemerkung

In seinen den Berliner Vortrag 1979 abschließenden Bemerkungen[140] verweist *Fritz Baur* darauf, daß die private Schiedsgerichtsbarkeit Anfeindungen ausgesetzt sei und möglicherweise künftig noch mehr ausgesetzt sein werde. Die Gründe dafür seien neben anderen auch grundsätzlicher politischer und ideologischer Natur: Wer eine staatlich gelenkte Gesellschaftsordnung und eine staatliche Planwirtschaft befürworte, werde auch für eine private Schiedsgerichtsbarkeit kein Verständnis aufbringen. Aber auch in einer freien Gesellschafts- und Wirtschaftsordnung dürfe das Mißtrauen gegenüber der Schiedsgerichtsbarkeit nicht gering geschätzt werden. Um so mehr sei es angebracht, diesem Mißtrauen keine Gründe zu liefern.

Während sich zwar die Vorbehalte gegenüber der Schiedsgerichtsbarkeit aus *ideologischen* Gründen durch den Niedergang der kommunistischen Regime, symbolisiert durch den Fall der Berliner Mauer, gewissermaßen von selbst erledigt haben, bleibt die Mahnung für die (jetzt fast überall) freie Welt: „Nur wenn die Schiedsgerichtsbarkeit es in ihrer Ausgestaltung und Wirkung mit der staatlichen Gerichtsbarkeit aufnehmen kann, wird sie auch künftig Bestand haben“[141].

Schiedsrichter vor allem dann vermeiden möchte, wenn er an einer Wiederernennung durch die betreffende Institution interessiert sei.

[140] *Fritz Baur,* a.a.O., S. 25, 26.

[141] *Fritz Baur,* a.a.O., S. 26.

Schlußwort

von

Fritz Baur †

Tübingen

Nun ist wohl für mich die Zeit gekommen, einige Worte an Sie zu richten. Dies fällt mir nicht leicht, denn ich fühle mich am Ende dieses Symposions so rundum glücklich, daß mir die Worte fehlen auszudrükken, was mich bewegt. So möchte ich mich darauf beschränken, herzliche Worte des Dankes zu sagen, an Sie alle und vor allem an die, welche dieses festliche Symposion geplant und organisiert haben, das sind Sie, Ew. Spektabilität, und die Herren Kollegen der Fakultät und meine Schüler auf Lehrstühlen des In- und Auslands, die sie soeben in ihren Vorträgen kennengelernt haben. Was hier – sozusagen im inneren Kreis – an gedanklicher und organisatorischer Arbeit geleistet wurde, zumal am Ende eines arbeitsreichen Semesters, erfüllt mich mit tiefer Dankbarkeit.

Mein Dank gilt aber auch Ihnen allen, den Tübinger und den auswärtigen Kollegen, meinen ehemaligen Doktoranden und den Studenten dieser Fakultät. Hierzu erlauben Sie mir, bitte, einige Worte. Wenn ich um mich blicke, sehe ich viele Freunde und wissenschaftliche Mitstreiter aus dem In- und Ausland. Ich würde sie Ihnen gerne alle einzeln hier vorstellen. Das ist leider unmöglich. Aber ich möchte doch sagen, daß sich unter ihnen weithin bekannte Namen aus allen Regionen der Erde finden. Vor allem durch die verbindende Beschäftigung mit dem Verfahrensrecht habe ich viele Gelehrte als dauernde Freunde gewonnen. Viele sind gekommen oder haben sich freundschaftlich gemeldet, so aus Österreich, Griechenland, der Schweiz, aus Italien, Portugal, Frankreich, den Niederlanden, Belgien, Polen, Ungarn. Meine Arbeit hat weiter besonders Lateinamerika gegolten, vor allem Brasilien und Mexiko. Lange Jahrzehnte bestehen meine freundschaftlichen Beziehungen zu Japan und

Taiwan. Ich hatte das Glück, in all diesen Ländern Vorträge und Vorlesungen zu halten.

Eng waren und sind meine Verbindungen zur Internationalen Prozessualistenvereinigung. Was hier zur Verbesserung des internationalen verfahrensrechtlichen Rechts geleistet wurde und wird, wird erst in einer künftigen Zeit voll deutlich werden.

Eine weitere Gruppe der hier Anwesenden rekrutiert sich – darf ich so sagen – aus den Damen und Herren, die während der 21 Jahre meiner Tübinger Lehrtätigkeit an meinem Lehrstuhl zu Doctores iuris – insgesamt ca. 120 – promoviert wurden. Die Fakultät hat mir die Freude gemacht, sie und ihre Angehörigen – ohne mein Dazutun – zu dem Symposion einzuladen. Auf sie bin ich besonders stolz. Denn der Weg zum Dr. iuris Tübingensis war nach meiner Praxis nicht gerade einfach: Er ging vom Hörsaal über die juristische Übung zum Seminar und einem guten Examen. Und erst wer sich hier bewährt hatte, konnte dann sein Thema vorschlagen, und zwar nicht ein landläufiges, längst von anderen vorgekautes. Entsprechend waren die Arbeiten: sie betreffen durchweg wissenschaftlich hochstehende, ja nicht selten Pionierleistungen auf dem Gebiet der Rechtsdogmatik und der praktischen Jurisprudenz. Daß heute so viele von Ihnen – nun alle im selbst errungenen Beruf, in Amt und Würden – hier sind, erfüllt mich mit tiefer Freude.

Und nun zu den anwesenden Jurastudenten. Wenn ich heute durch das Juristische Seminar gehe oder dort arbeite, so kennt mich keiner mehr: „sic transit gloria mundi" denkt man dann bei sich. Aber ich freue mich an den jungen Gesichtern, der eine oder die andere hilft mir dann über meine Unfähigkeit in technischen Dingen – z. B. beim Fotokopieren – hinweg. Und wenn ich dann frage, ob sie oder er schon einmal den „Baur, Sachenrecht" oder „Zivilprozeßrecht" in der Hand gehabt hätte, dann geht ein leicht ungläubiges Lächeln über die Mienen. Ich war immer ein begeisterter Dozent und hatte deshalb – ich darf wohl sagen – interessierte Hörer, weil ich mich an den Grundsatz hielt, nur das vorzutragen, was ich selbst restlos verstanden hatte, und dies in einfachen Worten vortragen konnte. Man hat mich wohl gelegentlich – offen oder insgeheim – unter die „terribles simplificateurs" eingereiht; das war mir aber gleichgültig. Was bei den Hörern ankam, was sich in ihren Arbeiten und Examina, ihrem späteren beruflichen Werdegang widerspiegelte, war und ist entscheidend.

Schließlich sehe ich unter den Anwesenden noch so manche Damen und Herren, die auch nicht in weiterem Sinne zur Zunft der Juristen zu rechnen sind, darunter so manche Tübinger Freunde, Kollegen aus anderen Fakultäten, Bürger und Bürgerinnen. Sie sind – angesichts des gewählten zentralen Themas des Symposions und der hochsommerlichen Temperatur – die stillen Dulder dieses Nachmittags. Daß Sie dennoch gekommen sind und ausgeharrt haben, sagt mir, daß sie mich als Weggenossen in all den Tübinger Jahren betrachten und akzeptieren, als einen vielleicht nicht immer bequemen, aber doch stets im Grunde gutwilligen und für eine freundschaftliche Geste offenen Zeitgenossen. Der alte Tübinger, der ich nun bin, dankt dieser Stadt und ihren Bürgern für das Heimatrecht, das er erworben hat. –

Es wäre vermessen, wollte ich zu den gehaltvollen Vorträgen, die wir hier gehört haben, Stellung nehmen; abwegig schon deshalb, weil jeder dieser Vorträge ein eigenes intensiveres Nachdenken erfordert. Daher nur einige Worte zu dem Gesamtthema: „Wege zu einem europäischen Zivilprozeßrecht". Wie auch immer ein solches gesamteuropäisches Zivilprozeßrecht aussehen mag, ob eine Globallösung gesucht wird oder Teillösungen für bestimmte Gebiete des materiellen Rechts gefunden werden, man sollte sich darüber im klaren sein, daß ein einheitliches materielles Recht, insbesondere ein gesamteuropäisches Wirtschaftsrecht, auf die Dauer auch ein einheitliches Verfahrensrecht erfordert. Denn dieses Verfahrensrecht sollte den Rechtsschutz gewähren gegenüber den Organen der Gemeinschaft und der Mitgliedstaaten – also sozusagen „nach oben" – wie den Rechtsschutz im Verhältnis der Angehörigen dieser Gemeinschaft untereinander. Dieser Rechtsschutz muß aber – sowohl in seinem gerichtsverfassungsrechtlichen Teil wie im verfahrensrechtlichen – inhaltlich gleich sein, jedenfalls in seinen maßgeblichen Grundzügen. „Gleiches Recht für alle" heißt eben auch „gleicher Rechtsschutz für alle". Wer also als Gesetzgeber über ein einheitliches gesamteuropäisches Recht nachdenkt – das wird zunächst in erster Linie für das Wirtschaftsrecht gelten –, der muß sich im klaren sein, wie der Rechtsschutz für dieses materielle Recht gestaltet sein soll. Man kann die Antwort auf diese Frage nicht auf die lange Bank schieben. Gerade dann nicht, wenn sich die europäische Gemeinschaft räumlich weiter ausdehnt – auch auf Staaten mit nicht vollentwickelten rechtsstaatlichen Grundsätzen – und ihr wirtschaftliches Gewicht sich verstärkt. Ein regional gespaltenes Verfahrensrecht würde nicht nur die Gleichheit im Rechtsschutz gefährden, sondern à longue auch an die Wurzel des einheitlichen materiellen Rechts gehen. Man denke als Beispiel nur daran, daß das Wettbewerbsrecht stark, ja häufig entscheidend von seiner Ausgestaltung in gerichtlichen Entscheidungen abhängt, wobei in der Praxis diese Entscheidungen vielfach in Verfahren des einstweiligen Rechtsschutzes ergehen. Wie wir in den Vorträgen des heutigen Nachmittags gehört haben, finden sich im bisherigen vertraglichen Gemeinschaftsrecht Regelungen, die eine Difformität der Entscheidungsinhalte zu vermeiden suchen. Aber es sind erst Ansätze, die weiter ausgebaut werden müssen.

Meine Damen und Herren! Sie werden gespürt haben, daß mir das Zivilprozeßrecht und seine weitere Ausgestaltung am Herzen liegen. So war auch die Vorlesung über Zivilprozeßrecht – neben der über das Sachenrecht – mit besonderer Vorliebe, auch mit starkem Engagement gehalten. Um so mehr bedaure ich, hören und lesen zu müssen, daß dieses Fach in dem Justizausbildungsrecht immer noch oder wieder einmal im akademischen Unterricht und im Prüfungswesen auf eine Schmalspuridentität zurückgeschraubt wird oder werden soll. Mir ist das unverständlich, und es ist dies dem juristischen Nachwuchs gegenüber unverantwortlich, insbesondere wenn man die betonte Rolle des Prozeßrechts in anderen Ländern der Europäischen Gemeinschaft bedenkt. Hoffen wir, daß hier das letzte Wort noch nicht gesprochen ist.

Erlauben Sie, bitte, zum Ende meiner Dankesworte noch eine Bemerkung: Ich bin unbeschreiblich glücklich darüber, daß es mir vergönnt ist, diesen Geburtstag in einem wiedervereinigten Deutschland zu feiern. Wer hätte das für möglich gehalten? Die unbändige Freude darüber hat nichts mit einem übersteigerten Nationalismus zu tun. Die Verwirklichung der Zusammengehörigkeit in *einem* staatlichen Gemeinwesen beglückt mich mit Recht. Und vergessen wir nicht: Die nun zu uns gestoßenen Deutschen haben lange Jahrzehnte – seit 1933 – in einem Unrechtsstaat ohne die für uns heute selbstverständlichen Freiheitsrechte leben müssen; Freiheitsrechte, die auch für das Leben des Einzelnen entscheidend sind. Denken Sie nur an die Freiheit der Berufswahl, der Berufsausübung, den jederzeitigen Zugang zum Gericht, die Freizügigkeit, die Religionsfreiheit u. a. m. Daß diese Freiheitsrechte jetzt auch für unsere Mitbürger in den neuen Ländern Geltung erhalten haben, wirksam geworden sind, ist für mich die wesentliche Folge der Vereinigung. Gerade wir Juristen sollten dies den Kleinmütigen, Nörglern, Besserwissern unter uns immer wieder vor Augen halten. Diese Freiheitsrechte sind auch die Basis für ein europäisches Verfahrensrecht, ein Rechtsgebiet, dem wir diesen Nachmittag gewidmet haben.

Mitarbeiterverzeichnis

Dr. jur. *Wolfgang Grunsky* ist o. Professor für Bürgerliches Recht, Zivilprozeßrecht und Arbeitsrecht an der Universität Bielefeld

Dr. jur. *Nikolas Kan. Klamaris* ist Professor für Bürgerliches Recht und Zivilprozeßrecht an der Universität Athen

Dr. jur. *Wolfgang Münzberg* ist o. Professor für Bürgerliches Recht und Prozeßrecht an der Universität Tübingen

Dr. jur. *Egbert Peters* ist o. Professor für Bürgerliches Recht, Handelsrecht und Zivilprozeßrecht an der Universität Tübingen

Dr. jur. *Rolf A. Schütze* ist Rechtsanwalt in Stuttgart und Honorarprofessor an der Universität Tübingen

Dr. jur. *Rolf Stürner* ist o. Professor für Bürgerliches Recht und Zivilprozeßrecht an der Universität Konstanz

Dr. jur. *Gerhard Walter* ist o. Professor für Bürgerliches Recht und Zivilprozeßrecht an der Universität Bern und Professor associé an der Universität Genf

Dr. jur. Manfred Wolf ist o. Professor für Zivilrecht und Verfahrensrecht an der Universität Frankfurt

Tübinger Rechtswissenschaftliche Abhandlungen

Alphabetische Übersicht

Arzt, Gunther: Der strafrechtliche Schutz der Intimsphäre. 1970. *Band 30.*

Bach, Albrecht: Wettbewerbsrechtliche Schranken für staatliche Maßnahmen nach europäischem Gemeinschaftsrecht. 1992. *Band 72.*

Baumann, Jürgen / Tiedemann, Klaus (Hrsg.): Festschrift für Karl Peters: Einheit und Vielfalt des Strafrechts. 1974. *Band 35.*

Baur, Fritz: Studien zum einstweiligen Rechtsschutz. 1967. *Band 20.*

Bayer, Hermann W.: Die Bundestreue. 1961. *Band 4.*

–: Die Liebhaberei im Steuerrecht. 1981. *Band 52.*

Belke, Rolf: Die Geschäftsverweigerung im Recht der Wettbewerbsbeschränkungen. 1966. *Band 16.*

Beuthien, Volker: Zweckerreichung und Zweckstörung im Schuldverhältnis. 1969. *Band 25.*

Brehm, Wolfgang: Die Bindung des Richters an den Parteivortrag und Grenzen freier Verhandlungswürdigung. 1982. *Band 55.*

Brugger, Winfrid: Grundrechte und Verfassungsgerichtsbarkeit in den Vereinigten Staaten von Amerika. 1987. *Band 65.*

Cramer, Peter: Der Vollrauschtatbestand als abstraktes Gefährdungsdelikt. 1962. *Band 6.*

Dittmann, Armin: Die Bundesverwaltung. 1983. *Band 56.*

Ebel, Friedrich: Berichtigung, transactio und Vergleich. 1978. *Band 48.*

Ernst, Wolfgang: Eigenbesitz und Mobiliarerwerb. 1992. *Band 71.*

Eser, Albin: Die strafrechtlichen Sanktionen gegen das Eigentum. 1969. *Band 28.*

Fechner, Erich: Probleme der Arbeitsbereitschaft. 1963. *Band 7.*

Festschrift für Eduard Kern. 1968. *Band 24.*

Fezer, Gerhard: Möglichkeiten einer Reform der Revision in Strafsachen. 1975. *Band 37.*

Gernhuber, Joachim: Neues Familienrecht. 1977. *Band 45.*

– (Hrsg.): Festschrift gewidmet der Tübinger Juristenfakultät zu ihrem 500jährigen Bestehen: Tradition und Fortschritt. 1977. *Band 46.*

Gitter, Wolfgang: Schadensausgleich im Arbeitsunfallrecht. 1969. *Band 26.*

Göldner, Detlef: Integration und Pluralismus im demokratischen Rechtsstaat. 1977. *Band 43.*

Grasnick, Walter: Über Schuld, Strafe und Sprache. 1987. *Band 64.*

Großfeld, Bernhard: Aktiengesellschaft, Unternehmenskonzentration und Kleinaktionär. 1968. *Band 21.*

Grunsky, Wolfgang: Die Veräußerung der streitbefangenen Sache. 1968. *Band 23.*

Grunsky, Wolfgang, Rolf Stürner, Gerhard Walter und *Manfred Wolf* (Hrsg.): Wege zu einem europäischen Zivilprozeßrecht. 1992. *Band 73.*

Heckel, Martin: Staat – Kirche – Kunst. 1968. *Band 22.*

Huber, Hans: siehe Schüle, Adolf

Jesch, Dietrich: Gesetz und Verwaltung. 1961, ^{2}1968. *Band 2.*

Kästner, Karl-Hermann: Anton Menger (1841–1906) Leben und Werk. 1974. *Band 36.*

Kaiser, Günther: Verkehrsdelinquenz und Generalprävention. 1970. *Band 29.*

Kisker, Gunther: Kooperation im Bundesstaat. 1971. *Band 33.*

Köndgen, Johannes: Selbstbindung ohne Vertrag. 1981. *Band 53.*

Kotzur, Hubert: Kollisionsrechtliche Probleme christlich-islamischer Ehen. 1988. *Band 66.*

Kübler, Friedrich: Feststellung und Garantie. 1967. *Band 17.*

Kuhn, Ottmar: Strohmanngründung bei Kapitalgesellschaften. 1964. *Band 10.*

Lenckner, Theodor: Der rechtfertigende Notstand. 1965. *Band 14.*

Lichtenstein, Erich: Die Patentlizenz nach amerikanischem Recht. 1965. *Band 13.*

Lieb, Manfred: Die Ehegattenmitarbeit in Spannungsfeld zwischen Rechtsgeschäft, Bereicherungsausgleich und gesetzlichem Güterstand. 1970. *Band 31.*

Meyer, Jürgen: Dialektik im Strafprozeß. 1965. *Band 12.*

Möschel, Wernhard: Pressekonzentration und Wettbewerbsgesetz. 1978. *Band 50.*
Mülbert, Peter O.: Mißbrauch von Bankgarantien und einstweiliger Rechtsschutz. 1985. *Band 60.*
Müller-Graff, Peter-Christian: Unternehmensinvestitionen und Investitionssteuerung im Marktrecht. 1984. *Band 59.*
Nörr, Knut Wolfgang: Naturrecht und Zivilprozeß. 1976. *Band 41.*
– (Hrsg.): 40 Jahre Bundesrepublik Deutschland – 40 Jahre Rechtsentwicklung. 1990. *Band 69.*
Ott, Claus: Recht und Realität der Unternehmenskorporation. 1977. *Band 42.*
Peters, Egbert: Richterliche Hinweispflichten und Beweisinitiativen im Zivilprozeß. 1983. *Band 58.*
Pietzcker, Jost: Der Staatsauftrag als Instrument des Verwaltungshandelns. 1978. *Band 49.*
Reul, Jürgen: Die Pflicht zur Gleichbehandlung der Aktionäre bei privaten Kontrolltransaktionen. 1991. *Band 70.*
Rothoeft, Dietrich: System der Irrtumslehre als Methodenfrage der Rechtsvergleichung. 1968. *Band 18.*
Rudolf, Walter: Völkerrecht und deutsches Recht. 1967. *Band 19.*
Rütten, Wilhelm: Mehrheit von Gläubigern. 1989. *Band 68.*
–: Das zivilrechtliche Werk Justus Henning Böhmers. 1982. *Band 54.*
Rupp, Hans Heinrich: Grundfragen der heutigen Verwaltungsrechtslehre. 1965. ²1991. *Band 15.*
Schlaich, Klaus: Neutralität als verfassungsrechtliches Prinzip. 1972. *Band 34.*
Schlüchter, Ellen: Irrtum über normative Tatbestandsmerkmale im Strafrecht. 1983. *Band 57.*
Schnoor, Christian: Kants Kategorischer Imperativ als Kriterium der Richtigkeit des Handelns. 1989. *Band 67.*
Schüle, Adolf / Huber, Hans: Persönlichkeitsschutz und Pressefreiheit. 1961. *Band 3.*
Schüle, Adolf: Koalitionsvereinbarungen im Lichte des Verfassungsrechts. 1964. *Band 11.*
Schünemann, Wolfgang B.: Selbsthilfe im Rechtssystem. 1985. *Band 61.*
Schumann, Heribert: Strafrechtliches Handlungsunrecht und das Prinzip der Selbstverantwortung der Anderen. 1986. *Band 63.*
Seiter, Hugo: Streikrecht und Aussperrungsrecht. 1975. *Band 39.*
Stree, Walter: In dubio pro reo. 1962. *Band 5.*
Stürner, Rolf: Die Aufklärungspflicht der Parteien des Zivilprozesses. 1976. *Band 44.*
–: siehe *Grunsky, Wolfgang*
Summum ius summa iniuria. Individualgerechtigkeit und der Schutz allgemeiner Werte im Rechtsleben. 1963. *Band 9.*
Teubner, Gunther: Gegenseitige Vertragsuntreue. 1975. *Band 38.*
–: Organisationsdemokratie und Verbandsverfassung. 1978. *Band 47.*
Tiedemann, Klaus: Tatbestandsfunktionen im Nebenstrafrecht. 1969. *Band 27.*
–: siehe *Baumann, Jürgen*
Walter, Gerhard: Freie Beweiswürdigung. 1979. *Band 51.*
–: siehe *Grunsky, Wolfgang*
Weber, Helmut: Die Theorie der Qualifikation. 1986. *Band 62.*
Weber, Ulrich: Der strafrechtliche Schutz des Urheberrechts. 1976. *Band 40.*
Wolf, Manfred: siehe *Grunsky, Wolfgang*

Einen Gesamtkatalog »Recht« erhalten Sie vom Verlag
J. C. B. Mohr (Paul Siebeck), Postfach 2040, D-7400 Tübingen.